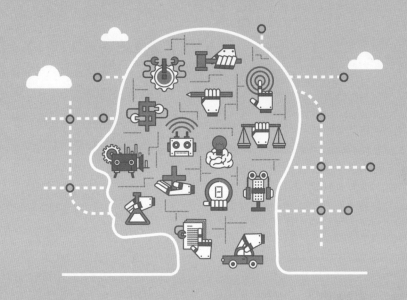

# 코로나 이후
# 제조업의 대전환

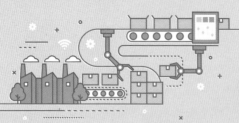

# 코로나는 기회다!

2020년도 1월부터 시작한 코로나19는 몇 달을 견뎌내면 끝날 줄 알았지만 멈출 줄 모르고 확산되고 있다. 해외 뉴스를 통해 보이는 선진국의 상황은 더욱 더 심각성을 더하고 있다. 영국과 미국 등에서 접종하기 시작한 백신으로 코로나19가 미약하나마 잡혀가고 있는 상황이긴 하지만 2021년 하반기쯤이 되어야 전체 면역이 생기고 안전한 치료제가 나온다고 한다. 백신과 치료제가 나왔다고 해도 새로운 코로나의 변종이 나타날 것이라는 전문가들의 전망은 우리를 우울하게 만들고 있다.

중소 제조기업은 2020년 상반기에는 2019년의 실적 연결로 그런대로 견딜 수 있었지만 2020 하반기에 들어서면서 어려움을 겪게 되었다. 자본력이 취약한 소상공인부터 중소기업이 가장 먼저 경제적 어려움을 겪게 되었고, 정부의 지원이 있었지만 위로 수준의 지원으로 관심을 준다는 것에 감사할 뿐 실질적인 비즈니스의 정상화에는 어림도 없는 수준이었다.

오늘과 같은 혼동의 시대에는 혼동을 일으키는 요인 속에서 우리가 갈 길을 찾아야 한다. 무엇이 어떤 과정을 통해 변화하며 그 속에서 우리가 찾아야 할 것은 무엇인지 깊은 고민을 하여야 한다.

모든 사회는 이제 언컨텍트(UNCONTACT) 세상으로 변화하고 있다. 가장 빠르게 변화하는 것은 우리 제품을 구입해 주던 소비자들이다. 온라인 쇼핑이 늘고 주문 음식으로 끼니를 해결하며, 여행 대신 홈엔터테인먼트로 생활의 지루함을 해소한다. 소비자는 꼭 필요한 필수 소비만 할 뿐 과도한 소비를 위해 지출하지 않는다. 과소비는 모두 자제하고 있어 물가는 제자리걸음이고 유통의 분위기는 저조한 상태가 지속되고 있다.

삶의 방식 또한 바뀌고 있다. 온택트(ONTACT)를 통하여 사람을 연결하는 세상이 되었다. 코로나19로 인하여 자신의 의지와는 상관없이 시작한 것이지만 이제는 생활 속의 자연스러움으로 받아들여지고 있다. 온택트(ONTACT)가 불편할 것이고 어느 정도 지나면 다시 되돌아갈 것이라 생각했지만 실제 사용을 통해 적응하면서 오히려 편리하다는 생각을 하고 있다.

기업체에서는 권위주의적 회의가 없어지고 목적 중심의 회의가 원격으로 이루어짐으로 업무의 효율이 올라간다. 온라인 회의를 하기 위해 시간 약속을 하고 필요 인원이 참여하여 정해진 시간에 계획적으로 진행하면서 편리함을 깨닫게 되었다. 업무를 계획적으로 수행하니 자신의 시간을 유익하게 사용하면서 워라밸의 효과를 누리게 되었다. 개인의 시간과 가족과 함께 하는 시간이 늘면서 가족의 유대 관계가 좋아지고 있다는 긍정적 반응도 많아진다. 코로나19가 가져온 순기능들이다.

코로나19의 역기능도 존재한다. 경제활동이 침체되고 매출 감소로 인한 수익이 감소함에 따라 미래에 대한 두려움이 생겨났다.

라이프 스타일의 변화는 소비자의 소비 형태가 변하는 것을 의미하며 소비의 형태 변화는 기업에게는 마케팅 방식과 생산방식, 공급방식의 변화를 요구하는 요소가 된다. 기업이 변하면 경제가 변한다. 성장하는 기업과 후퇴하는 기업이 발생하고 흡수하는 기업과 흡수당하는 기업이 발생하므로 업계의 서열과 판도가 변한다. 코로나19 환경의 수혜기업이 발생하는가 하면 위협기업이 발생하여 기업 간에 희비가 엇갈리고 있다. 이러한 현상이 1년만 지속된다면 세상은 완전히 달라질 것이다. 소상공인이 견딜 수 있는 한계는 3개월이고, 중소기업이 견딜 수 있는 한계는 6개월로 본다. 이렇게 1년이 지속된다면 산업별 업종 간, 업체 간 판도가 바뀌고 새로운 판이 짜일 것이다.

코로나19가 기업체 경영에 미치는 영향은 1차적으로 매출의 변화이다. 매출이 급격하게 늘어나는 기업도 있지만 대다수의 기업들은 적게는 20%에서 많게는 60% 이상 매출이 감소되는 경우도 생기고 있다. 이는 손익에 지대한 영향을 주는 손익분기점(BEP)에 대한 인식을 더욱 깊게 하고 있다.

마케팅 방식에도 많은 변화가 생겼다. 수출하는 기업이 바이어를 만날 수 없고, 산업박람회를 할 수 없는 상황에서 자사 상품과 기업 홍보를 어찌해야 할지 모르는 무기력한 상황이 이어지고 있다. 구매나 협력사에서도 변화가 일고 있다. 지금까지 지속적인 거래가 유지되던 업체가 축소 경영을 선택하고 업종 전환을 시도하면서 거래처가 변해 공급의 불안정이 이어지고 있으며 그동안의 수량을 유지하지 못하는 소량구매로 원가상승의 원인을 제공하고 있다. 지난날처럼 팔릴 것이라 생각하여 선행주문을 할 수 없으니 재고확보가 어렵고 주문생산 방식으로 다품종극소량생산이 되고 있다. 원가상승과 품질에 미치는 영향이 커지는 현상이 나타나고 있다.

생산은 일거리가 없으니 휴무가 늘고 종업원의 수익은 줄 수밖에 없으며 이는 노동구조의 전환으로 발전할 수밖에 없는 상황이 전개될 것이다. 이에 대책을 마련하여 준비하는 기업은 기회를 얻을 수 있지만 아무런 대책이 없는 기업에게는 커다란 어려움에 직면하게 되어 업계의 판도 변화가 일어날 것이다. 기회를 잡을 것인가 위협에 처할 것인가는 현재의 선택에 달려 있다.

# *Prologe*

이 책에서는 총 4부로 나누어 코로나19 환경에 대해 우리가 취해야 할 태도와 자세를 말하고 있다.

1부에서는 코로나19의 본질과 변화의 흐름을 알아보고 코로나19가 우리에게 위협을 주는 두려운 존재가 아닌 우리들의 미래를 새롭게 정의하는 존재라는 사실을 알려 준다.

2부에서는 코로나19 현상이 우리 제조업에 어떤 영향을 미치고 있는지 각 부문별로 알아보고 부문별 조직들의 생각을 깨우쳐 위기를 기회로 전환시키기 위해 어떤 변화가 필요한지 말해 준다.

3부에서는 코로나19 위기를 기회로 받아들여 성공적인 성과를 거둔 사례를 통해 우리의 변화가 자율적으로 이루어졌을 때 어떤 기회가 올 수 있는지 설명해 준다.

4부에서는 지금의 코로나19 극복 노력이 결국은 제조업 1.0 시대를 종결하고 제조업 2.0 시대를 여는 것임을 알려 주며, 제조업 2.0 시대의 부가가치 창출은 이전의 시대와는 다르다는 사실을 깨닫고 우리 기업의 지속성장을 위해 무엇을 준비해야 하는지 그 방법을 구체적으로 말해 준다.

기업의 10년, 100년의 길을 제조업 역사의 변화와 함께 설명하면서 길을 잃은 젊은이들에게 새로운 희망의 불씨를, 코로나19 위협에 낙심하고 있는 중소 제조기업의 직원, 관리자, 임원, CEO들에게 희망의 불씨를 전해 주고 싶은 마음이다.

그동안 산업 현장에서 오랜 세월 보고 듣고 경험했던 체험을 근거로 작성했지만 아쉽고 부족한 부분이 있음을 고백한다. 부디 독자들이 이 책에서 채우지 못한 부분들을 메꿔 제조 현장에서 실제적인 도움이 되기를 기대해 본다.

2021년 4월
ACCS 미래의 방에서 경영컨설턴트 *이한희 & 김우찬*

# Cotents

# Cotents

# *Cotents*

1부

# 코로나19란
## 무엇인가?

# 1장

# 코로나19는 쉽게 끝나지 않는다

위협적으로 다가오는 코로나19 환경에서
젊은이들과 중소기업의 종사자들은
현 시대를 올바로 이해하고 이에 맞게 변화해야 한다.

## 초췌한 모습으로 나타난 아들

인천공항 입국장에서 아들을 기다리는 아내는 초조한 모습으로 안절부절못하고 이리저리 왔다 갔다 한다.

"왜 이렇게 늦게 나오는 걸까요?"

드르륵~ 입국장 문이 열리자 멀리서 손을 흔드는 아들의 모습이 보인다. 순간 와락 하고 눈물이 쏟아진다. 날씨가 추운 3월인데 반팔 티셔츠 차림에 작은 배낭 한 개 지고 손을 흔드는 초라한 모습에 감정이 복받쳐 오른다.

"저런 모습일 거라 생각했으면 두꺼운 옷을 챙겨 왔을 텐데요…. 당신이 입은 외투를 벗어 주어도 괜찮겠지요?"

난 아랑곳도 안 하고 오직 아들 걱정이 먼저인 아내를 보며 허허 하고 웃고야 말았다.

2000년 9월 나와 함께 캐나다로 출국하던 날이 생각난다. 벌써 20년이 지난 일이다. 밀레니엄(Millennium) 시대가 열리자 새로운 꿈을 가진 젊은이들이 해외로 유학 갔던 1세대가 바로 내 아들이다. 조기유학 1세대인 셈이다. 대한민국이 IMF 외환위기로 국가부도 사태가 벌어진 때에 아메리칸드림을 꿈꾸고 비행기를 태웠었다. 그런 아들이 20년 만에 돌아왔다.

백마 탄 기사처럼 성공한 모습의 아들이 아닌 홀쭉해진 얼굴에 티셔츠 차림의 배낭 하나 달랑 메고 나타난 모습에 만 가지 상념이 교차되는 순간이었다. 코로나19라는 생각지도 못했던 팬데믹 사태로 인류의 재앙에 가까운 전염병에 모두가 놀라고 자기의 원래 자리로 돌아가는 모습이다. 자국 우선주의로 국가 간에 봉쇄가 이루어지고 외국인들이 자국으로 귀환하는 현상이 전 세계적으로 이루어지고 있다. 추방이 아닌 자진 귀국 또는 국가가 보호 차원에서 귀환시키는 모습이다.

그러나 잠시 있다가 돌아가면 된다고 가벼운 티셔츠 차림으로 입국한 아들은 귀국한 지 10개월이 지났지만, 점점 더 심각해지는 상황만 지켜보고 있다. 전 세계 감염자가 약 1억 4천만명, 사망자가 310만명이 넘는다(2021년 4월 기준). 반가운 마음에 아들의 입국을 환영하면서 기쁨으로 맞이했지만 과연 다시 돌아갈 수 있을지 마음속에 근심과 의문은 계속된다.


"아버지! 언제쯤 코로나19가 끝날까요? 앞으로 어떻게 될까요?"

아들의 질문은 계속 이어졌지만 난 한마디도 시원하게 답을 못했다. 근심하고 있는 아들을 위해 며칠 동안 생각을 정리한 후에 다시 이야기를 꺼냈다.

"사실은 아빠가 현재 벌어지고 있는 상황에 대해 알아봤는데… 한번 들어볼래?"

"무슨 이야기인데요?"

"코로나19와 너의 귀국과 관련된 이야기란다."

아들은 하던 말을 멈추고 자세를 바로잡는다.


사실 코로나19라는 전염병은 이번에 처음 나온 신종이 아니라 과거부터 지금까지 지속해서 변화해 왔으며, 역사를 볼 때 그때마다 인류가 대응하고 대책을 세워 가면서 오늘날까지 이어진 것이다. 기원전 430년에 있었던 장티푸스로 시작해서 최근에 발생했던 사스나 메르스와 같은 전염병 등이 역사적으로 기원전부터 지금까지 계속됐었다. 이러한 전염병은 거의 다 동물로부터 전염된 것으로 사람에게 전염되는 과정이 있었다. 처음에는 쥐로부터 옮겨오더니 낙타, 돼지, 박쥐 등에 의해서 새로운 바이러스가 계속 나타난 것이 특징이다.

"아버지! 짐승들이 인간과 어떤 관계가 있어서 그런 전염병이 생긴 건가요?"

"좋은 질문이구나! 그 원인을 알아야 코로나19로부터 인류가 해방될 것 같다."

## 코로나19 환경과 전염병의 역사

산업혁명 이후 인간들이 집단생활을 하기 시작하면서 도시가 형성되고 그곳에 모인 많은 사람들은 쓰레기와 오물을 만들 수밖에 없었다. 그런 오물이 넘쳐나는 지저분한 환경에서 서식하는 동물인 쥐가 사람들이 사는 헛간 등에 있다가 사람들이 먹는 음식을 접하게 되면서 페스트라는 엄청난 전염병을 가져오게 되었다.

"아마 페스트로 인해 죽은 사람만 해도 그 당시 중세 유럽 인구의 3분의 1가량이었으니 엄청난 재앙이라 할 수 있었지?"

여기서 인간들은 살아남기 위해 다시는 페스트 같은 전염병이 생기지 않게 하려고 도시 구조를 바꾸는 일을 시작했다. 하수도와 상수도를 만들어 각 가정에서 버려지는 오염수 등을 흘려보내는 도시구조가 만들어지고 집단 거주지에는 폐수처리 장치를 하는 등 과거 농노시절에 살던 방식이 근본적으로 바뀌게 되었다.

"전염병으로 많은 사람이 죽었지만 살아남은 자들은 새로운 도시를 건설하는 계기를 만든 결과가 된 것이지. 역설적인 이야기이지만 전염병으로 인한 많은 희생 끝에 새로운 도전을 하게 되었다는 말이다. 오늘날의 도시 구조가 페스트로 인해 만들어졌다는 말이 믿어지니?"

"듣고 보니 정말 그럴듯하네요! 위기가 결국에는 발전의 계기가 되었다는 말씀이네요!"

내 이야기를 진지하게 듣던 아들은 이내 웃으면서 말한다.

"엄청난 수업료를 지급한 거네요."

사실 그렇다. 항상 전염병은 새로운 모습으로 진화하고 사람들은 이를 막기 위해 노력하고 연구하는 가운데 오늘날 인류 문명이 여기까지 발전하게 된 것이다.

## 전염병의 역사

전염병이 인류사를 바꾸고 있다는 역사적 사실을 알아야 한다. 기원전 430년에 발생한 장티푸스로 최대 도시 국가인 아테네가 스파르타에 패하게 되었다. 그리고 235년부터 284년 사이에 발병한 홍역과 장티푸스, 천연두로 로마 인구 3분의 1이 사망하여 로마 제국이 몰락했다. 1346년부터 1353년 사이에 발생한 페스트는 중세 인구의 3분의 1을 죽게 하였지만, 살아있는 농노에게 발언권을 높여 줌으로써 중세 봉건질서가 붕괴되는 결과를 가져다주었다. 1600년대 초 발생한 천연두는 대륙의 원주민 다수를 사망에 이르게 하여 아메리카 대륙이 점령당하는 결과를 가져왔다.

또한 1918년부터 1920년 사이에 발생한 스페인 독감으로 5,000만명이 사망하여 1차 세계대전이 종결되는 결과를 가져왔다. 흑사병이 18세기에 발생했고

콜레라가 19세기에 스페인 독감이 20세기에 발생했다. 그리고 잠시 쉬었다가 2003년 사스, 2015년 메르스, 그리고 2019년 코로나19가 발생했으니 인류 역사와 전염병은 항상 같이 하고 있다고 말할 수 있다.

그런데 공통적인 현상은 사람들은 항상 전염병이 생긴 이후에 백신을 만들고 대책을 세우는 사후관리 형태였기 때문에 희생이 늘 따랐으며, 커다란 고통의 대가를 치른 후에 문제를 해결해 왔다. 당연히 상당 기간이 걸려서 해결되었고 그 기간의 희생은 불가피했다.

이번 코로나19도 예외는 아닌 것 같다. 2019년 12월부터 발생한 코로나19가 1년 4개월이 지난 시점에도 3차 파동을 겪고 있는 것에 우리는 주목해야 한다. 면역력이 취약한 사람들과 고령자들이 걸리면 사망하는 현상이 특이하다고 할 수 있으며, 백신 접종이 시작되기는 했지만 당분간은 계속될 것 같은 분위기다. 2021년 6월까지 아니면 그 이상의 기간이 되리라 생각된다.

"그러니 아들아! 조급하게 생각하지 말고 장기적으로 준비해야 한다. 적어도 1~2년은 걸린다고 보고 무언가를 준비하는 기간이 되어야 한다."

"네! 아버지!"

잠시 무거운 침묵이 흘렀지만 아들은 곧 질문을 이어갔다.

"그런데 아버지! 아무것도 할 수 없는 모든 것이 중단된 상황에서 무엇을 해야 하나요?"

아들은 나에게 다가서며 질문한다. 아무도 이와 관련해서 말해 주는 사람이 없다. 마스크를 써야 하고, 사회적 거리를 두어야 하며, 손 씻기 등 위생관리를 잘해야 한다는 방역수칙은 매일 문자로 방송으로 알려 주고 홍보하고 있지만, 아들이 질문한 '무엇을 해야 하나요?'에 대한 대답은 없다. 경제가 멈추고 모든 사회 활동이 정지된 상황에서 무엇을 해야 하느냐는 질문은 모든 사람이 듣고 싶어 하는 말이고 답답함을 해소하는 말이 될 것이다.

"아들아! 너는 무엇을 했으면 좋겠니?"

나는 오히려 역으로 질문했다.

"제가 할 수 있는 일은 아무것도 없네요! 학교를 갈 수도 없고, 자유롭게 일을 할 수도 없고, 취미생활도 할 수 없고, 친구도 자유롭게 만날 수 없는 상황에서 제가 무엇을 할 수 있나요?

## 코로나19가 우리 삶에 주는 과제

이 질문이 나로 하여금 깊은 생각을 하게 하였다. 이것은 아들의 질문일 뿐 아니라 모든 사람의 질문이며, 소상공인과 중소기업인들의 질문이라는 생각이 들었다.

'지금 우리는 무엇을 해야 하는가?'

내가 이 책을 쓰는 이유이다.

이 책을 통하여 이 질문에 대한 답을 찾아가길 바란다. 답을 찾은 사람에게는 행운이 올 것이고 지금이 최고의 기회가 될 것이다. 이 질문을 받은 후 나는 깊은 사색에 빠졌고 수많은 관련 서적과 석학들의 이야기, 지금 내가 겪고 있는 상황을 정리하기 시작했다.

이에 대한 답을 찾으려면 먼저 현재 상황에 대한 깊은 이해와 코로나19의 본질부터 이해해야 한다. 코로나19는 과연 무엇인가? 트럼프가 이야기하듯이 감기 같은 것인가? 잠시 왔다 사라지는 유행병 같은 것인가? 코로나19의 본질을 알아야 답을 찾을 수 있고 본질을 알아야 길이 보인다.

전염병은 끝나야 끝나는 병이다. 결코, 만만한 게 아니다. 결단코 함께 갈 수 없는 병이다. 여기까지 생각이 미치니 '쉽게 끝나지 않을 것이다'라는 결론을 얻어, 나는 아들에게 말하기로 했다. '코로나19의 본질! 첫째, 코로나19는 쉽게 끝나지 않는다'이다.

그림 1-1 » 코로나19 조기 진정은 어려울 전망

| 기후 및 습도의 영향 | 치료제 및 백신의 개발 |
|---|---|

**기후 및 습도의 영향**

◐ 코로나19는 사스와 마찬가지로 계절적 패턴을 가진 바이러스일 가능성 높으나 계절 영향을 추측하기 어려움

- 일반적으로 기후는 바이러스의 확장과 생존에 영향을 주는 것으로 알려져 있음
  - 미국 메릴랜드대 연구팀 : 코로나19 발병은 주로 기온 5~11도, 습도 47~49%의 조건을 유지하는 춥고 건조한 북위 30~50도 지역에서 집중적으로 발생하였다고 분석
- 그러나 계절 영향만으로 전세계 발생 추이를 설명하기 어려움
  - 덥고 습기가 많은 싱가포르는 확진자가 100명을 넘어섰으며, 현재 한여름인 중남미에도 확진자가 증가세에 있음

◐ 기후 외 자가격리 등 각국의 방지 정책, 각 국가별 공중보건 수준, 의료 수준, 국민의 협조 등 변수가 많음

- 코로나19 확산은 바이러스 숙주(인간)의 행동패턴, 각 국가별 공중보건 수준, 국민들의 위생상태, 면역력 등 많은 변수에 영향을 받음
- 코로나19 관련 계절 변동에 대한 데이터 부족으로 전문가들도 미래에 어떤 추세로 확산될지 예측이 어려움

**치료제 및 백신의 개발**

◐ 코로나19 치료제는 아직까지 없으며, 증상을 완화하는 치료에 집중
◐ 변이가 빈번하고 빠른 코로나 바이러스의 특성상 치료제 개발 어려움

치료제 개발 현황
- 해외 : 리토나비르(Ritonavir) · 로피나비르(Lopinavir) 병행요법
- 임상평가 진행 중 미국 : 데시비르(Remdesivir) · 인터페론(Interferon) 치료제 병행요법 임상연구 중
- 중국 : 글루코코르티코이드(Glucocorticoid) 임상연구 중
- 한국 : 메르스 코로나 바이러스 항체 치료제 개발 시스템을 활용하여 치료제 개발 추진 중

◐ 코로나19에 대한 백신은 임상 · 비임상 시험 및 승인과정이 요구되므로 1년 이상의 장기간 시간이 소요될 것으로 예상

백신 개발 현황
- 전염병예방혁신연합(CEPI) : 코로나19 백신 개발을 위해 12.5억달러 지원
- 미국 : 핵산백신인 메신저 RNA백신, DNA백신 개발 착수
- 호주 : 합성항원 백신개발 착수
- 한국 : 국립보건연구원을 중심으로 DNA백신, 바이러스 벡터기반 백신, 바이러스 유사입자 백신 개발 추진 중

자료 / 질병관리본부, 삼정KPMG경제연구원 재구성

질병관리본부의 초기 발표 내용을 보면, 코로나19 조기 진정은 어려울 전망이라고 했다. 그 이유는 코로나19가 계절적 패턴을 가지고 있으나 명확하지 않다는 것이며, 치료제와 백신이 없기 때문이라고 했다. 다행이도 처음의 우려와는 다르게 현재는 백신이 개발되어 일부 국가에서는 접종이 시작되었고, 우리나라도 그 반열에 들어섰다. 접종이 시작된 나라에서 몇몇 부작용 사례가 보고되긴 하지만 이제 멀리 터널 끝 작은 빛 하나를 본 듯한 상황이다.

코로나19가 쉽게 끝나지 않는다는 말은 무엇을 의미하는가? 코로나19는 계속 진화할 것이고 신종 코로나19가 계속 나오므로 사람들의 생활 속에 깊이 자리 잡는다는 것을 말한다. 코로나19가 멈추지 않는다는 것은 코로나19가 변하는 것이 아니라 사람들이 여기에 적응하려고 스스로 변화를 추구한다는 것을 말한다.

마스크 쓰는 것이 처음에는 어색하고 불편했지만 이제는 자연스러워졌고, 오히려 안 쓴 사람을 보면 불안하고 접근하기 싫어하는 본능적인 행동이 나오는 것은 사람들이 변하고 있다는 뜻이다. 방역 당국이 모이는 것을 주의하라 하고 사회적 거리두기를 강조하다 보니 혼자 있는 시간이 늘어나고 자신에게 충실할 수 있는 시간이 많아지면서 그동안 우리가 혈연·학연 중심으로 모임을 중시하던 문화가 왠지 비합리적이었다고 느껴지기도 한다.

요즘 젊은 세대들에게는 자기 시간을 소중히 생각하고 과거와 같이 상사의 눈치나 주변의 눈치를 보지 않고 당당하게 자기 생각대로 사는 문화가 자연스러워지고 있다. 처음에는 비대면 미팅과 모임이 불편하고 감정의 교류가 없는 상황이 비합리적이라고 생각했지만 지금은 비대면의 편리성을 오히려 즐기는 분위기이다.

비대면 만남은 비용적으로나 시간적으로나 사람들과의 관계를 효율적으로 유지하는 수단으로 정착되어 가고 있다. 기업에서도 출장 가는 횟수와 비용이 절감되어 오히려 수익이 증가하는 현상이 생기고 있다.

## '코로나19가 쉽게 끝나지 않는다'는 의미란?

코로나19의 종식을 기다리는 마음보다 기다릴 수 없는 사람들이 스스로 생각하여 이 환경에서 살아남기 위해 무언가를 한다는 것이며, 그 무언가가 삶의 변화를 가져온다는 것이다. 그 변화의 물결은 코로나19가 종식되어도 되돌아가지 않는 상황이기 때문에 나 또한 무엇을 해야 할 것인지 깊은 생각이 필요하다는 것을 의미한다.

# 2장

# 시장과 고객이 변하고 있다

◇◇◇◇◇◇◇◇◇◇◇◇◇◇◇◇◇◇◇◇◇◇◇◇◇◇

코로나19는
우리의 삶을 불안하고 불편하게 하는 존재가 아니라
변화를 추구하게 하는 동력이 된다.

◇◇◇◇◇◇◇◇◇◇◇◇◇◇◇◇◇◇◇◇◇◇◇◇◇◇

## 변해버린 오프라인 사업

오늘은 오랜만에 맞이하는 아들의 생일이다. 그동안 오랜 세월 해외에서 혼자 지낸 아들이 안타깝고 안쓰러워서 크게 한턱내려고 큰소리로 생색을 냈다.

"아들아! 축하한다! 네 생일을 이렇게 한국에서 같이 보내다니…. 아빠가 멋진 식당을 예약했으니 맛있는 거 먹으러 가자! 생선요리를 맛있게 하는 집인데 아주 유명한 곳이야!"

그런데 아들의 반응은 시큰둥하다. 무슨 기분 나쁜 일이 있었는지 궁금해진다.

"여보! 얘가 왜 저러지?"

"당신은 아들의 마음을 그렇게 모르세요?"

아내는 나에게 핀잔을 준다.

"생일을 축하해 주는 아빠의 마음은 고마운데 식당에 가자는 말에 거절할 수도 승낙할 수도 없으니 말없이 가만히 있는 것 아녜요."

아들은 사람들이 모이는 장소인 식당에서 혹시라도 코로나19에 전염될까 봐

걱정되는 모양이다. 마스크를 쓰고 식당에 갈 수는 있지만 음식을 먹을 때는 마스크를 벗어야 하는 상황이 마뜩치 않은 모양이다. 말없이 밥을 먹는 것도 사실 즐거운 식사 시간에 예의는 아닌 것 같아 무척이나 고민스러운 표정이다.

"사실 아빠의 제안이 감사해서 거절을 못 했지만, 솔직히 말씀드리면 식당에 가서 식사를 하는 것이 저에게는 불편해요. 오히려 집에서 맛있는 것을 주문해서 먹는 것이 어때요?"

"그래? 그럼 그렇게 하자!"

자신의 말에 내가 선뜻 동의하자 아들은 갑자기 밝은 표정을 지으면서 스마트폰으로 이것저것 주문하고 곧 음식이 배달될 것이라고 말한다. 30분 정도 지나니 아파트 초인종이 울리고 배달 음식이 도착했다. 푸짐하고 맛있어 보이는 여러 음식으로 생일상이 차려졌다. 아내가 좋아하는 해물찜에, 아들이 좋아하는 치킨으로 집에서 아들의 생일잔치를 했다.


코로나19가 가져온 새로운 생활문화이다. 사람들이 코로나19 환경에 적응하면서 외식 문화가 바뀌고 있다. 찾아오는 손님보다 배달을 요구하는 손님이 늘어 배달하는 라이더는 모든 음식점의 필수가 되고 있다.

이전에는 멋진 실내 장식에 분위기를 한껏 낸 식당들이 이제는 테이블과 실내 장식 대신 음식 맛에 승부를 겨루며, 배달시간 단축이 곧 매출로 이어지는 상황으로 변하고 있다. 주문은 스마트폰으로 하고 배달을 통해 매출을 올리고 있다. 비즈니스 방식의 변화가 일어나고 있는 것이다.

삼정KPMG경제연구소가 발표한 자료는 코로나19가 5대 소비 트렌드를 바꾸고 있다고 말한다. '불안CARE', '언택트', '홈코노미', '에고이즘', '본원적 가치'의 변화를 가져오고 있다고 지적한다. 이는 살아가는 방식과 가치관, 심리가 변화하고 있다는 것을 말하며, 점차 사람들이 이러한 생활 습관에 익숙해져 간다는 것을 암시한다.

그림 1-2 » 코로나19와 5대 소비 트렌드 : 소비의 New Reality

## 코로나19

**언택트 (Untact)**

### 언택트(Untact)
코로나19로 인해 대면 접촉에 대한 두려움이 증대되어 사람들과 접촉하지 않은 채 소비하는 비대면 방식의 '언택트(Untact)' 소비가 확산됨

**홈코노미 (Home + Economy)**

### 홈코노미(Home + Economy)
코로나19로 자택에서 보내는 시간이 늘면서 '집콕족'이 증가. 집 밖에서 여가를 즐기던 것과 같이 집에서 다양한 여가 생활을 즐길 수 있도록 집에서 할 수 있는 활동을 지원하는 제품·서비스에 대한 소비가 확대

**본원적 가치 (Essential Value)**

### 본원적 가치 중시(Essential Value)
바이러스가 확산되면서, 인간에게 본질적으로 중요한 가치가 무엇인지 스스로에게 반문하게 된 소비자가 증가하여 '건강, 안전, 생명, 환경, 행복, 가족' 등 본원적 가치를 중시하는 현상이 강화됨

**불안CARE (Anxiety Care)**

### 불안CARE(Anxiety Care)
감염의 불안감, 경기침체의 두려움, 장기화에 대한 우울감(코로나 블루)을 경감하고 마음을 위안하는 불안CARE 소비 확대. 위생 제품을 구매하며 안심하거나, 작은 행복이지만 불안·우울감을 덜어주는 상품이라면 구매하는 패턴이 나타남

**에고이즘 (Egoism)**

### 에고이즘(Egoism)
타인 대면 시간이 줄고, 불특정 다수와 한 공간에 있는 것을 기피하며, 집에 머무는 시간이 늘어나면서 '나를 위한' 자기중심적 소비 강화. 본인이 고관여도를 지닌 상품은 세심히 선택하고 지갑을 여는 소비 패턴이 관찰됨

자료 / 삼정KPMG경제연구원

## 비즈니스 모델의 변화

　비즈니스 모델의 변화란 비즈니스 모델의 가치가 바뀌어 간다는 뜻이다. 지금까지 식당의 비즈니스 모델은 손님이 찾아오면 편안한 분위기로 맞이하여 종업원이 친절하게 안내하고 맛있는 음식을 제공하여 한 번 찾은 고객이 다시 찾아오도록 하는 것이 성공 모델이었다. 그런데 지금은 이 모든 것이 의미가 없어졌다. 멋진 실내 장식도, 친절한 종업원도, 깨끗한 테이블 세팅도 눈에 잘 띄는 식당의 위치와 장소도 중요한 조건이 아니다.

　좋은 장소 대신 검색하면 즉시 나오는 웹사이트가 필요하고 주문과 동시에 빠른 배달을 이용해 음식이 식기 전에 먹을 수 있도록 신선도를 유지하는 것이 성공요소가 된 것이다. 이전에는 손님이 식당에 머무는 시간이 길어질수록 주문이 많아져 매출이 늘어 좋아했지만, 이제는 필요한 것만 주문하고 즉시 대응해야 하는 속도전이 필수 항목이 되고 있다.

　지금까지 위치, 장소, 실내 장식, 친절, 음식 맛, 오랜 시간 머무는 것이 성공요소였다면 이제부터는 주문 검색을 위한 검색의 용이성, 접속의 용이성, 음식메뉴 설명의 구체성, 단순 메뉴, 준비시간 단축, 배송시간 단축이 성공 요소가 되었다. 식당의 장소가 중요해지지 않게 되었다. 오프라인 비즈니스 성공방식이 바뀐 것이다.

　이러한 소비 트렌드는 기업의 방향성에 영향을 줄 것이며, 소비자가 변한다는 것은 수요의 형태가 변한다는 것이므로 당연히 공급하는 방식의 변화가 필연적으로 필요하다는 것을 말한다.

그림 1-3 » 코로나19 소비 트렌드 대응을 위한 기업 방향성

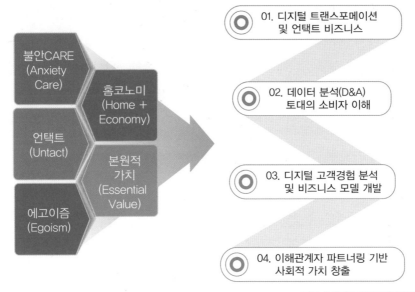

자료 / 삼정KPMG경제연구원

코로나19 소비 트렌드에 대비하여 기업은 어떤 방향성을 가져야 하는지 삼정 KPMG경제연구원에서는 네 가지 형태의 변화를 분석하고 있다. 디지털화와 언택트화로 변화된 기업 전략은 고객과 소비자를 데이터로 분석하여 이해하여야 한다. 그리고 그를 바탕으로 비즈니스 모델을 개발하여 이해관계자들과 파트너십을 유지하며 사회적 가치창출 방식이라는 변화를 가져와야 한다.

이는 나 자신이 가만히 있는 동안 다른 사람들과 기업들은 빠르게 변화한다는 것이며, 이러한 변화를 먼저 이루어낸 기업들에게 코로나19의 위협은 기회로 바뀐다는 것을 말한다. 상대적으로 가만히 있었던 나에게는 커다란 위협이 되는 것이다.

과거에는 좋은 길목에 주차장 시설을 갖추고 멋진 실내 장식에 신경을 썼다면 지금은 인터넷 검색이 가능해야 하고 배달이 신속해야 하며 음식이 신선해야 하

는 소위 콜드체인이 중요해진 것이다. 장 보러 가는 것을 부담스러워하는 사람들의 심리를 이용해서 새벽 배송으로 비즈니스를 1조 단위까지 키운 오아시스와 같은 기업이 성공 기업의 모델이 되는 이유와 같다.

코로나19가 사람들을 바꾸고 있다. 아니다. 사람들이 코로나19에 적응하고 있다. 코로나19로 인해 사람들이 변하고 있고, 고객과 시장이 변하고 있다.

그림 1-4 》 오프라인 vs. 온라인 양극화 소비

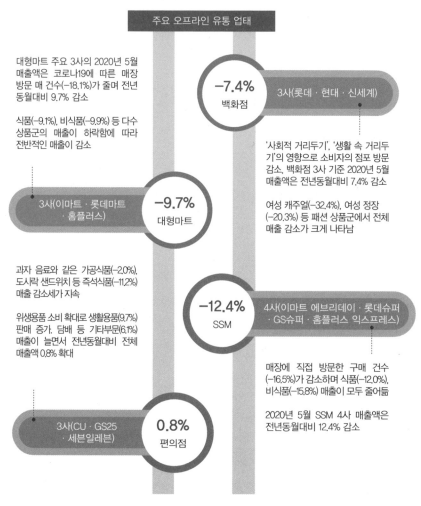

주요 오프라인 유통 업태

대형마트 주요 3사의 2020년 5월 매출액은 코로나19에 따른 매장 방문 매 건수(-18.1%)가 줄며 전년 동월대비 9.7% 감소

식품(-9.1%), 비식품(-9.9%) 등 다수 상품군의 매출이 하락함에 따라 전반적인 매출이 감소

3사(이마트 · 롯데마트 · 홈플러스) · **-9.7%** 대형마트

-7.4% 백화점 · 3사(롯데 · 현대 · 신세계)

'사회적 거리두기', '생활 속 거리두기'의 영향으로 소비자의 점포 방문 감소, 백화점 3사 기준 2020년 5월 매출액은 전년동월대비 7.4% 감소

여성 캐주얼(-32.4%), 여성 정장(-20.3%) 등 패션 상품군에서 전체 매출 감소가 크게 나타남

과자 음료와 같은 가공식품(-2.0%), 도시락 샌드위치 등 즉석식품(-11.2%) 매출 감소세가 지속

위생용품 소비 확대로 생활용품(9.7%) 판매 증가. 담배 등 기타부문(6.1%) 매출이 늘면서 전년동월대비 전체 매출액 0.8% 확대

**-12.4%** SSM · 4사(이마트 에브리데이 · 롯데슈퍼 · GS슈퍼 · 홈플러스 익스프레스)

매장에 직접 방문한 구매 건수(-16.5%)가 감소하며 식품(-12.0%), 비식품(-15.8%) 매출이 모두 줄어듦

2020년 5월 SSM 4사 매출액은 전년동월대비 12.4% 감소

3사(CU · GS25 · 세븐일레븐) · **0.8%** 편의점

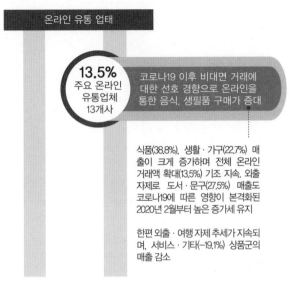

온라인 유통 업태

**13.5%**
주요 온라인
유통업체
13개사

코로나19 이후 비대면 거래에
대한 선호 경향으로 온라인을
통한 음식, 생필품 구매가 증대

식품(38.8%), 생활·가구(22.7%) 매
출이 크게 증가하며 전체 온라인
거래액 확대(13.5%) 기조 지속. 외출
자제로 도서·문구(27.5%) 매출도
코로나19에 따른 영향이 본격화된
2020년 2월부터 높은 증가세 유지

한편 외출·여행 자제 추세가 지속되
며, 서비스·기타(-19.1%) 상품군의
매출 감소

자료 / 산업통상자원부

유통업계의 매출 증감에서도 변화가 일어났다. 오프라인 유통은 줄어들고 온라인 유통이 증가하고 있다. 물건을 사기 위해 사람들은 시장에 가지 않는다. 집에서 물건을 고르고 선택하며 주문한다. 유통 체인이 오프라인에서 온라인으로 변화한 것이다.

여기서 잠시 생각해 보아야 한다.

오프라인 구매 시절에는 물건이 상점 안에 진열되어 있었고 사람들은 물건을 사러 왔었다. 지금은 상점이 필요 없어졌고 그 상점이 온라인상의 플랫폼 안에 있다. 물건이 상점에 없으면 물건이 팔릴 수 없는 것처럼 이제는 내 물건이 플랫폼 안에 없으면 팔리지 않는다는 아주 상식적인 원칙이 변화했다는 뜻이다.

과연 우리 회사의 상품은 어느 플랫폼에 진열되어 있는가? 사람들이 많이 찾는 플랫폼인가? 검색이 쉬운가? 접근이 쉬운가? 외국인도 접근 가능한가? 이 질문에 명확하게 대답할 수 없다면 그 기업과 개인 사업자는 위기와 위협에 처해 있다고 생각해야 한다.

사람들이 스스로 변하고 있다. 작년 추석에는 과거에 볼 수 없었던 기현상이 벌어졌다. 부모님들이 도시에서 찾아오는 자식들이 부담스러운 것이다. 젊은 사람은 면역력이 높아 괜찮지만 노인들은 면역력이 낮아, 도시 사람들을 만나는 것이 부담스러운 것이다. 귀향은 하지 않고 명절을 보낼 비용을 부모님께 보내 드리고 자식들은 제주도로 놀러 가는 장면을 연출했다. 본의 아닌 여행에 며느리들은 횡재한 느낌이다. 명절증후군으로 인한 이런저런 뒷얘기가 줄어들었고 스트레스로 이어졌던 명절 문화가 바뀌게 되었다. 화상으로 인사하고 안부를 물으면서 효도를 대신하는 새로운 방식의 변화를 어쩌면 젊은이들은 내심 즐기는 것 같다.

사람들이 바뀌고 있으니 고객이 변하는 것이고, 고객이 변하고 있으니 시장이 변하는 것이다. 재료를 사다가 음식을 직접 해서 먹던 문화도 이제는 만들어진 음식을 사서 즐기는 문화로 바뀌고 있다. 그러면서 주문형 음식이 증가하고 있다.

"아버지! 이제는 친구들끼리도 서로 만나는 것을 좋아하지 않아요. 함께 노는 것보다 혼자 노는 것이 더 즐겁대요. 요즘 재미있는 게임이 무척 많아지기도 했고요!"

"혼자 놀면 무슨 재미가 있다고…."

평생을 사람들과 어울리면서 그 안에서 희로애락을 느꼈던 나 같은 사람들에게는 이해가 쉽게 되지 않았지만 세상의 변화를 어찌할 수 없는 지금의 상황을 받아들여야 한다는 생각에 공허한 느낌을 지울 수는 없었다.

# 생각과 생활을 바꾸게 하는 코로나19

코로나19가 사람들의 생각과 생활을 바꾸고 있다. 집단주의에서 개인주의로, 단체에서 개인 중심으로 변화되고 있다. 비대면 업무, 사회적 거리두기, 재택근무, 화상회의, 온라인 쇼핑 등의 증가로 직장인은 노트북과 스마트폰으로 집에서 업무를 보는 시간이 증가하고 있으며, 이에 따라 디지털 기술의 수요는 급증하고 있다.

주거 문화와 아파트 설계 개념도 달라지고 있다. 올인룸(all in room) 현상이 빠른 속도로 확산되고 있는데, 집에서 일도 하고 휴식도 취해야 한다면 룸의 구조는 변하게 될 것이다. 룸이 모든 기능을 하려면 천장을 높게 하고 거주공간을 넓게 하여야 한다.

사람들의 생활방식이 변하고 있으니 당연히 수요에서 새로운 변화가 일어날 것이다. 인터넷, 반도체, 방역, 게임 관련 기업 등은 수요가 폭발하고 있고, 그에 비해 전통적인 산업은 매출이 급감하고 있다. 3차 산업인 서비스 산업은 그야말로 초토화되었다. 항공업, 여행업, 호텔업, 관광산업은 그야말로 대공황 상태이다. 선진국형 산업으로 인간다운 삶을 추구하고자 하는 서비스 산업이 모두 코로나19로 전멸 직전에 있다. 산업의 구조적인 변화가 생기고 있는 것이다.

글로벌 국가 간 산업의 가치사슬도 붕괴되고 있다. 식량 산업에 강한 나라와 공산품을 만드는 나라, 부품과 원재료를 공급하는 나라 간에 상호 협조하여 제품을 만들던 글로벌 공급망에 커다란 구멍이 생겼다.

인적 및 물적인 교류가 막히면서 이제는 국제화가 로컬 중심으로 전환되고 있다. 유럽에 있는 나라들이 마스크, 화장지 같은 상품에 대한 품귀 현상으로 사재기하는 기현상이 발생하는 것은 이들 나라에서 생산하지 않는 것이기 때문이다. 유럽에서는 생산할 필요가 없었던 제품이 코로나19로 인해 공급이 막히니 품귀 현상이 생긴 것이다.

당연한 것을 할 수 없는 세상이 되었다. 가고 싶어도 갈 수 없고, 오고 싶어도 올 수 없는 세상이 되었다. 자유로운 국가이지만 행동의 통제와 출입의 통제를 받는 자유민주주의 국가가 독재 통제 국가처럼 되고 있다.

각국 나라별 자국민들을 이주시키고 외국인을 추방하는 국가 이기주의, 국수주의, 자국 보호주의가 일반화되었다. 이런 현상을 당연하게 받아들이고 수용하는 외교 문화가 형성되고 있다. 자급자족의 시대로 되돌아가는 분위기이다.

2차 세계대전으로 인해 산업의 모든 구조가 군수산업 중심으로 변했던 것처럼 코로나19라는 세계대전에 버금가는 재앙 앞에 산업구조, 의식구조, 생활구조가 변하고 있다. 특별한 대안이 없이 속수무책 당하고만 있다. 선진국, 후진국 간의 차이가 없다. 젊은이와 늙은이, 남자와 여자 간의 차이가 없이 모든 것이 평등한 상태에 놓여 있게 되었다. 모두가 동일선상에서 동시에 출발하는 듯하다.

## 코로나19가 만든 평등 시대

미국 대통령도 코로나19 앞에 속수무책으로 당하고 있고, 길거리에 사는 노숙자도 속수무책으로 당하고 있다. 모두가 같은 입장이다. 코로나19 앞에서는 모두가 평등하고 대등하다. 코로나19가 만든 평등 사회이다. 누가 위생관념을 가지고 주의하는가, 사회적 거리두기를 하는가, 마스크를 잘 쓰는가에 따라 결과가 달라진다. 지식과 경험, 지위와 권력은 통하지 않는다.

여기에 엄청난 새로운 기회 요소가 숨겨져 있다. 전쟁 후에 물자 부족을 느낄 때 엄청난 비즈니스 기회가 있었듯이 코로나19로 모든 것이 정지되고 멈추어 있을 때 사람들은 어떤 필요를 느낄지 곰곰이 생각해 보면 지금이야말로 새로운 기회의 시기다. 모든 신제품과 신기술은 사람들의 필요로 나타난 결과이다. 비즈니스 역시 모든 필요에서 생겨나는 것이다. 그렇다면 지금 사람들의 필요는 무엇일까? 여기까지 생각이 미치니 "혼자 노는 게 더 즐겁네요!"라고 한 아들의 말이 뇌리를 스친다.

혼자! 홀로! 혼술! 혼밥! 이러한 유행어들이 코로나19로 인해 더 깊이 마음에 다가온다. 이 모든 것은 독립적이고 독자적인 생활을 말한다. 이것이 이 시대를 사는 사람들의 필요인 것이다. 여기서 독립적이고 독자적이란 말은 '일대일 맞춤형'이란 말과 그 의미가 같다.

사람들은 자신의 가치관과 상황, 의식에 맞춘 개별적 맞춤의 시대를 향해 가고 있다. 집단으로 획일화되고 표준적인 삶이 아닌, 자신의 것으로 만족하려 하는 개성 있는 삶을 살고 싶었던 욕구가 코로나19로 인해 더 커진 것이다. 이처럼 사람들의 욕구가 변하는 것은 고객의 요구가 변하는 것이며, 이것은 기업에는 생산제품, 생산방식, 공급방식이 변해야 하는 것을 말한다.

개별적인 욕구가 커진다는 것은 극다품종변량생산이 된다는 뜻이다. 시장은 변동성이 커지고 불확실성이 커지며 복잡성은 증대되고 모호성도 커진다는 것을 말한다. 다품종생산이 변종변량생산을 고려해야 하기 때문에 생산계획 변경과 개별공급 방식을 고려해야 한다는 것을 의미한다. 이런 상황을 아직 사회경험이 부족한 아들에게 어떻게 설명해야 할지 막막하기만 하다.


"아버지! 사람들이 혼자 노는 게 좋아서 혼자 무언가를 하는 사람들이 늘어난다면 사회는 어떤 변화가 오나요?"

"이 시대를 대변하는 아주 좋은 질문이네…?"

"혼자 사는 사람이 늘어나고 혼자 노는 걸 좋아하는 사람이 많아지면 인구는 줄겠지만 집에 대한 수요는 늘어날 거야. 그런데 상대적으로 공급은 부족하니 집값은 오르겠지. 전셋값도 덩달아 오를 테고…."

사람들은 다른 사람의 통제 없이 자기만의 삶의 방식을 추구하고 싶어 하기 때문에 맞춤형 콘텐츠를 원할 것이다. 그래서 다양한 종류의 상품이 만들어질 것이며, 비싼 것보다는 필요한 상품 중심의 소비가 일어나게 될 것이다. 사람들은 편리성과 간편함을 원하기 때문에 소유보다는 사용가치 중심으로 가치관이 변할 것이다. 좋은 제품을 오랫동안 사용하기보다는 일반적인 제품을 자주 바꾸어가며 새로운 것을 사용하고 싶어 한다. 또한 대여 문화가 보편화되는 사회가 되면서 집도 빌려서 살고, 옷도 빌려서 입고, 차도 빌려서 타는 세상이 된다. 그리고 신차종과 신제품을 제일 먼저 사용하는 세대들이 소비를 주도하는 사회로 변한다.

---

### ○ ONE POINT LESSON

#### '시장과 고객이 변하고 있다'의 의미란?

시장과 고객들이 변하고 있기 때문에 가만히 있는 나에게는 커다란 위협이 된다. 고객과 시장의 변화를 유심히 관찰하고 그 변화가 나에게 미치는 영향을 파악하여 나도 빨리 변화해야 생존이 가능하다. 코로나19 환경이 기회인지 위협인지는 환경 그 자체가 아니라 '내 자신이 지금 가만히 있는가, 무언가 변화하고 있는가'에 달려 있다는 말이다. 나의 문제가 아니라 다른 사람들이 변하는 것이 문제이다. 절대적 경쟁력이 문제가 아니라 상대적 경쟁력이 더 큰 문제라는 말이다.

# 3장

# 시장과 고객은 코로나19 이전으로 돌아가지 않는다

코로나19로 변해 버린 사회와 사람들의
삶의 방식은 지속될 것이며,
사람들은 바뀐 세상에서 생활하게 될 것이다.

## 코로나19가 만들어 가는 세상

"아버지! 저 오늘 친구들을 만나기로 했는데 사실 마음이 편하지 않네요."

아침 식사를 하면서 침울한 기분으로 아들이 슬며시 자기 마음을 이야기한다.

"왜? 무슨 일이 있어? 고민 같은 건 빨리 이야기하는 것이 좋아! 뭔데?"

결혼 정년기를 넘은 아들의 친구들이 하나둘씩 청첩장을 보내줘 결혼식에 참석하는 것인데 마음 한구석이 불편한 것이다. 많은 사람이 모인 자리가 불안하고 함께 식사하는 것이 왠지 께름칙한 모양이다. 친구들을 만나 오랜만에 외국에서 왔다고 악수하며 포옹이라도 하게 된다면 코로나19 전파를 걱정하지 않을 수 없기 때문이다. 지금까지 당연했던 삶이 변화하는 것이다. 사람들과의 만남이 조심스러워지고 부담스러워지면서 다른 사람과 직접적인 접촉 없이 관계를 이어갈 수 있는 길을 찾기 시작한 것이다.

"요즘은 결혼식에 안 간다고 해서 섭섭해하지 않아…. 그 대신 축의금을 온라인으로 보내면 더 좋아하더라! 청첩장에 계좌번호를 적는 것이 그리 실례가 되는 일이 아니야. 요즘 청첩장에는 이런 문구가 쓰여 있어! '마음을 전하고 싶은 곳, ○○ 은행 계좌번호 ○○○ 성명 ○○○'

인사는 문자로 하고, 축의금은 계좌로 보내 주면 오히려 감사하다는 회신이 즉시 온다. 사실 그동안 봄과 가을이 되면 결혼식 때문에 개인생활이 문제가 될 정도였지. 돈도 문제지만 모처럼의 주말 휴식시간을 빼앗아 갔거든. 그런데 요즘은 코로나19가 우리의 시간을 찾아 주고 있단다. 그러니 문자로 축하 인사하고 축의금은 계좌로 보내 주어라!"

코로나19로 좋아진 환경의 변화도 있다. 가장 큰 변화는 미세먼지가 없어졌다는 것이다. 중국에서의 공장 가동이 적어지니 미세먼지가 줄어 하늘이 맑고 깨끗해졌다. 또한 처음에는 불편했는데 매일 마스크를 사용하다 보니 이제는 환절기 감기, 특히 코감기가 없어졌다. 습관화된 손 씻기는 눈 질환, 감기, 독감, 피부병 등을 감소시켰다.

회사에서 일을 마치고 늘 하던 회식과 술자리가 없어지다 보니 건강관리와 가정생활에 충실해졌다. 귀가시간이 일정하고 아이들과 놀아줄 시간이 생겨 가정적인 아빠가 늘어나고 있다고 한다. 상사의 눈치로 별 보고 출근하고 별 보고 퇴근하던 관행이 정시출근, 정시퇴근 문화로 바뀌고 있다. 개인적으로 자기계발에 쓸 수 있는 시간을 코로나19가 벌어준 것이다.

## 경제활동의 변화

코로나19로 경제활동도 변화하고 있다. 과소비, 충동구매 등이 없어지고 필요한 소비, 불가피한 지출을 하는 검소한 가정경제로 바뀌고 있다. 사용할 수 있으면 고쳐서 재사용하고, 쓸 수 있는 것들을 버리는 습관이 줄어들고 있다.

신차를 사는 것보다 중고차를 알아보고, 새 기계에 투자하기보다 기존의 시설을 개조해서 사용하려 한다. 검소한 생활, 투자의 최소화, 재활용 활성화의 방향으로 삶의 방식에 변화가 일어나고 있다.

최근에 현대 자동차가 중고차 시장에 진입했다는 것은 중고시장이 활성화되었다는 것을 의미한다. 또한 대여 비즈니스가 갈수록 증대되고 활성화될 것으로 보인다. 우리를 두렵고 힘들게 했던 코로나19가 이제는 선순환의 건전사회를 만드는 역할을 하고 있다. 노래방, 클럽, 술집 등에서의 경제활동이 줄어들고 건전한 문화의 경제활동이 발전해 가고 있다. 코로나19와 함께 사는 것이 나쁘지 않다는 생각이 들 정도의 착각이 든다.

사람들은 비대면 방식으로 접촉하고 살아간다. 시장에 가지 않고 인터넷 쇼핑을 한다. 식당에 가지 않고 온라인으로 음식을 주문한다. 주문한 물건은 택배로 지정한 장소까지 가져다준다. 굳이 선물 고르는 데 시간을 낭비하지 않고 좋고 싼 물건을 검색해 주는 사이트를 활용하여 필요한 물건을 골라 보낼 수 있다. 또한 은행에 가지 않고도 현금을 보낼 수 있는 경제활동이 가능해졌다.

모든 소상공인들에게 비대면 시스템을 구축하라면서 쿠폰 자금을 정부가 지원해주고 있다. 개인적으로 돈을 들이지 않고 시스템 구축이 가능해졌다. 또한 길거리에서 택시를 기다리지 않아도 이제는 시간에 맞추어 정확하게 내가 있는 곳으로 택시를 부를 수 있게 되었다. 이런 편리함 속에 익숙해진 사람들의 삶이 다시 옛날로 돌아가리라 생각한다면 그것은 엄청난 계산 착오이다.


코로나19 환경 속에서 기업들이 생존하려면 4가지 방면에서 변해야 한다고 삼정KPMG경제연구원은 다음과 같이 분석했다. 즉 4R의 변신이다. 4R은 Reaction, Resilience, Recovery, New Reality다.

## 그림 1-5 ≫ 포스트 코로나 시대를 대비한 온·오프라인 유통의 대응

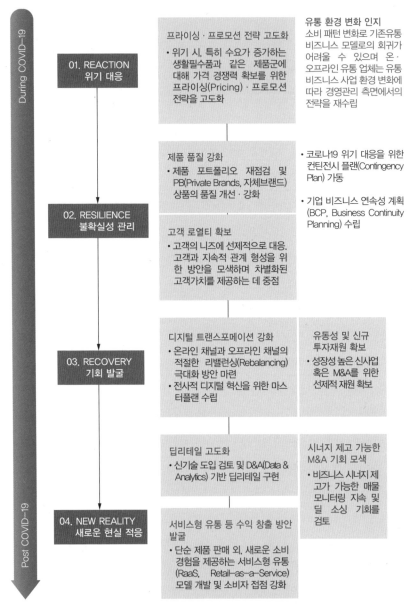

| | | 유통 환경 변화 인지 |
|---|---|---|
| **01. REACTION**<br>위기 대응 | **프라이싱·프로모션 전략 고도화**<br>• 위기 시, 특히 수요가 증가하는 생활필수품과 같은 제품군에 대해 가격 경쟁력 확보를 위한 프라이싱(Pricing)·프로모션 전략을 고도화 | 소비 패턴 변화로 기존유통 비즈니스 모델로의 회귀가 어려울 수 있으며 온·오프라인 유통 업체는 유통 비즈니스 사업 환경 변화에 따라 경영관리 측면에서의 전략을 재수립 |

**02. RESILIENCE**
불확실성 관리

**제품 품질 강화**
• 제품 포트폴리오 재점검 및 PB(Private Brands, 자체브랜드) 상품의 품질 개선·강화

**고객 로열티 확보**
• 고객의 니즈에 선제적으로 대응. 고객과 지속적 관계 형성을 위한 방안을 모색하며 차별화된 고객가치를 제공하는 데 중점

• 코로나19 위기 대응을 위한 컨틴전시 플랜(Contingency Plan) 가동

• 기업 비즈니스 연속성 계획 (BCP, Business Continuity Planning) 수립

**03. RECOVERY**
기회 발굴

**디지털 트랜스포메이션 강화**
• 온라인 채널과 오프라인 채널의 적절한 리밸런싱(Rebalancing) 극대화 방안 마련
• 전사적 디지털 혁신을 위한 마스터플랜 수립

유동성 및 신규 투자재원 확보
• 성장성 높은 신사업 혹은 M&A를 위한 선제적 재원 확보

**딥리테일 고도화**
• 신기술 도입 검토 및 D&A(Data & Analytics) 기반 딥리테일 구현

시너지 제고 가능한 M&A 기회 모색
• 비즈니스 시너지 제고가 가능한 매물 모니터링 지속 및 딜 소싱 기회를 검토

**04. NEW REALITY**
새로운 현실 적응

**서비스형 유통 등 수익 창출 방안 발굴**
• 단순 제품 판매 외, 새로운 소비 경험을 제공하는 서비스형 유통 (RaaS, Retail-as-a-Service) 모델 개발 및 소비자 접점 강화

During COVID-19

Post COVID-19

자료 / 삼정KPMG경제연구원

## 코로나19에서의 4가지 생존 방식

첫째, 위기대응 차원에서 위기 시에 수요가 증가하는 생필품 등에 대한 가격과 경쟁력 확보를 위한 전략이 필요하다. 마스크, 소독약, 진단 키트 등과 같은 수요증가 품목을 말한다.

둘째, 불확실성에 대응하는 것으로 가장 우선해야 할 일이 품질의 개선과 브랜드 가치 증대이다. 경기침체로 수요가 급감하면 초경쟁 분위기가 되고 고객의 선택은 까다로워지기 때문에, 이를 극복하는 길은 믿고 선택하게 하는 품질과 브랜드 경쟁력이라는 것이다.

셋째, 디지털 트랜스포메이션을 말한다. 오프라인과 온라인의 동시 판매를 고려해야 한다는 것이다. 점차 온라인의 판매와 구매가 증가할 것이므로 이에 대한 준비가 필요하다는 점이다.

넷째, 새로운 현실과 환경에 적응하여 새로운 수익원을 창출해야 한다는 것이다. 제품을 통한 수익 창출에서 벗어나 제품과 관련된 서비스에서 수익을 창출할 수 있는 길을 찾아야 한다.

대한민국이 코로나19 방역 측면에서 선진국이 될 수 있었던 것은 대부분의 사람들이 모바일을 사용하고 있었기 때문이다. 확진자의 경로, 역학조사 등 철저하게 추적이 가능했던 것은 모바일로 연결된 인터넷 덕분이다. 디지털로 연결된 국민의 네트워크가 국민을 살리고 있는 것이다. 방역 당국이 힘을 쓸 수 있는 인프라를 대한민국이 가지고 있었던 것이 힘의 근원이다.

## 코로나19가 가져온 새로운 사회 질서

이번 코로나19 방역은 정부의 행정관리에 관한 여러 가지 방법을 학습하는 기회가 되었다. 집단적인 모임과 유세 등에서 사람들을 선별하는 방법, 유해 업소의 현황 파악, 확진자의 경로 추적 방법, 격리 대상자의 관리 방법 등의 비결이 앞으로 사회질서 유지 방법으로 사용될 것이다. 과거에 일본이 군수산업을 민수산업으로 전환하면서 70~80년대 제조업의 르네상스를 누렸던 것처럼, 코로나19를 다룰 줄 아는 행정관리의 비결이 효과적인 나라 살림을 운영하는 수단으로 활용될 것이다.

미국 MIT에서 발행하는 미래기술에 대한 분석에서 가장 저명하고 신뢰성 있는 간행물로 평가 받는 〈MIT Technology Review〉에 기고한 에디터 길든 리치필드(Gideon Lichfield)의 '우리는 정상으로 돌아가지 않는다(We're not going back to nomad)'라는 글은 우리에게 시사하는 바가 크다.

'코로나19 이후 다시 과거처럼 정상으로 돌아올 수 있을까?'라는 질문에 단호히 'NO'라고 답한다. 그러면서 18개월간 사회적 거리두기를 하게 될 것이라고 예상했다. 확실한 백신이 나오기까지 사회적 거리두기가 가장 효과적인 대응책이라고 말한다. 강력한 사회적 거리두기 기준을 정해 놓고 확진자 발생 수에 따라 거리두기를 단계별로 운영해야 한다는 것이다. 백신 개발에 대해서는 가장 낙관적인 일수로 18개월을 이야기했다. 2021년 말까지 상당수의 공공외교 사업이 축소하거나 진행하지 못할 수 있으며, 백신이 확실히 보급될 때까지는 사회적 거리두기보다 더 좋은 조치는 없다고 보는 것이다. 그러면서 '앞으로 사회적 거리두기가 새로운 일상(New Normal)이 될 것'이라고 예상했다.

그 결과로 자영업과 서비스업종(식당, 카페, 술집, 소규모 체육관)이 가장 큰 피해를 볼 것이고, 영화관, 미술관, 호텔, 공연, 관광, 여행, 스포츠, 이벤트, 컨벤션 등의 타격이 확산될 것이며, 학교와 학원도 비정상의 정상화가 되면서 부모들의 돌봄 부담이 가중되리라 전망했는데 이것이 현실이 되고 있다.

비즈니스의 경우에는 사회적 거리두기에 적응한 폐쇄경제(Shut-in Economy), 모여서 하던 것을 혼자, 혹은 소규모이지만 오픈형 사무실의 넓은 공간에서 운영하는 비즈니스가 새로 부상할 것이다.

공중보건 및 의료시스템이 발달하고 IT가 발달한 경우 가장 효과적으로 바뀐 환경에 적응할 수 있다. 전염 가능성의 조기발견 및 조치와 위험군에 대한 일상적인 추적(스마트폰의 위치 추적, 접촉자 추적, 관련 다양한 앱)이 가능한 나라가 유리하게 되며, 이로 인한 생활방식의 변화가 일어난다.

대중교통 이용 최소화 현상, 재택근무의 증가, 공간 배치의 변화, 여행 시 건강증명서 및 추적 증명, 예방접종 증명 앱의 필요 현상 등이 나타나며 이러한 조건을 관리할 수 있는 나라와 그렇지 못한 나라 간에 극단적인 양극화 현상이 일어난다.

4차 산업혁명군에 먼저 진입한 기업들이 약진하게 될 것이다. 공급사슬과 가치사슬이 현지화될 가능성이 커졌으며, 사회적 접촉과 여행의 정도가 축소되어 좁은 공간에 군집하는 행사나 회의장이 매우 불편하게 될 것이기에 상당 부분 온라인 네트워크와 콘텐츠로 그 행동을 대신하게 될 것이다. 이는 디지털 플랫폼 시대를 더 재촉하게 될 것이며, 우리가 경험했듯이 금융위기 이전과 이후의 생활이 달라진 것 같이 코로나19 이전과 이후 세상이 달라질 것이라고 이 책은 전망했다.

사이먼 존슨 전 국제통화기금(IMF) 수석 경제학자의 말이 예사롭지 않게 들린다. "우리는 이미 코로나19 이후(포스트 코로나19) 세상에 살고 있다."

## 과거로 돌아갈 수 없는 이유

우리가 알던 코로나19 이전의 세계는 끝났다.

**그림 1-6 》 온 · 오프라인 유통의 밸류체인별 대응 전략**

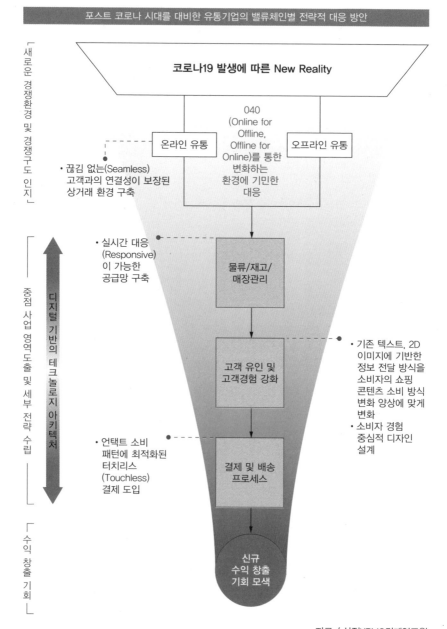

포스트 코로나 시대를 대비한 유통기업의 밸류체인별 전략적 대응 방안

새로운 경쟁환경 및 경쟁구도 인지

코로나19 발생에 따른 New Reality

040
(Online for Offline, Offline for Online)를 통한 변화하는 환경에 기민한 대응

온라인 유통

오프라인 유통

• 끊김 없는(Seamless) 고객과의 연결성이 보장된 상거래 환경 구축

중점 사업 영역 도출 및 세부 전략 수립

디지털 기반의 테크놀로지 아키텍처

• 실시간 대응 (Responsive) 이 가능한 공급망 구축

물류/재고/ 매장관리

고객 유인 및 고객경험 강화

• 기존 텍스트, 2D 이미지에 기반한 정보 전달 방식을 소비자의 쇼핑 콘텐츠 소비 방식 변화 양상에 맞게 변화
• 소비자 경험 중심적 디자인 설계

• 언택트 소비 패턴에 최적화된 터치리스 (Touchless) 결제 도입

결제 및 배송 프로세스

신규 수익 창출 기회 모색

수익 창출 기회

자료 / 삼정KPMG경제연구원

삼정KPMG경제연구원 자료에서는 코로나19가 만든 세상은 O4O 세상이라고 정의했다. 온라인과 오프라인이 만나 함께 만들어진 세상이다. 각자가 분리될 수 없고 분리하지 않는 세상이다. 상품을 생산하고 유통하는 영역은 온라인과 오프라인이 공존하지만 그 이후의 밸류체인은 이미 디지털화되어 운영되고 있다는 말이다.

물류창고 관리 및 재고 관리, 고객을 유인하고 만나는 일, 고객의 경험이 반영된 제품 개발 및 선행 생산, 결재와 배송하는 일들은 이미 온라인상에서 이루어지고 있다. 소위 말하면 도어 투 도어(Door to Door) 시대가 열린 것이다.

이로 인해 소비자는 편해지고 시간을 벌게 되었으며, 자신의 시간을 다른 방면에 활용할 수 있게 되었다. 소비자의 움직임이 다른 곳을 향하고 있다는 뜻이다. 사람들이 모이는 곳에 비즈니스의 기회가 있다.


지금, 사람들은 어디에 모여 있는가? 플랫폼에 모여 있다. 온라인으로 만나고 플랫폼에서 교류한다. 당연히 사람들이 모인 곳으로 기업의 관심은 옮겨져야 한다.

수익 기회 창출 영역이 사이버 영역이 되고 있다. 사이버피지컬(Cyber Physical) 세상을 코로나19가 앞당겨 만들고 있다.

**○ ONE POINT LESSON**

### '시장과 고객은 코로나19 이전으로 돌아가지 않는다'의 의미란?

코로나19로 인해 편리해진 온라인과 오프라인의 조화와 플랫폼의 편리성으로 인해 만들어진 디지털 사회와 문화는 앞당겨진 4차 산업혁명의 한 단면으로서 사람들의 생각과 생활패턴의 변화를 가져왔으며, 삶의 질을 향상시키는 방향이기 때문에 사람들은 과거로 돌아갈 이유가 없다는 뜻이다. 코로나19가 더 편리하고 쉽게 살 수 있는 환경을 만들었고 사람들이 자신의 시간을 이제는 좀더 자신을 위한 것으로 활용하게 될 것이다. 이런 새로운 세계에 적응할 준비를 기업들은 서둘러 해야 한다는 말이다.

# 4장

# 코로나19가 개인의 삶과 기업, 경제를 변화시킨다

◇◇◇◇◇◇◇◇◇◇◇◇◇◇◇◇◇◇◇◇◇◇◇◇◇◇◇◇◇◇◇◇

코로나19로 인해
개인의 삶과 기업, 경제가 변화한 사실을
잘 알고 있어야 생존할 수 있다.

◇◇◇◇◇◇◇◇◇◇◇◇◇◇◇◇◇◇◇◇◇◇◇◇◇◇◇◇◇◇◇◇

## 경영자의 관심과 중점관리 활동의 변화

"아버지! 큰일 났어요! 어제 뉴스에서 사회적 거리두기 2.5단계를 발표했는데 회사들은 괜찮은 건가요?"

아침 일찍 출근하려고 나서는데 아들이 걱정되는 표정으로 막 뛰어나오면서 이야기한다.

"아직은 괜찮은데 외부 사람의 회사 출입을 철저히 통제하고 출입하는 모든 사람의 열을 체크하는 등 자신의 신상을 기록하는 전수방역 관리에 들어갈 거야!"

사회적 거리두기 2.5단계는 모든 업종을 불문하고 제한 조치를 한다는 방침이다. 3.0단계가 되면 전 국민이 집에만 있어야 하고 2.5단계는 부분적으로 제한하는 것이다. 소상공인들은 당장 타격을 입고, 중소기업들은 전수방역 대상이 되며, 단체나 집단활동은 제한되어 5명 이상 모임이 억제된다. 공장은 가동이 되지만 전체가 모일 수는 없고 회의마저도 자유롭게 할 수 없는 상태가 된다.

"점심시간에는 투명 칸막이를 사이에 두고 식사하고, 배식을 받기 전에는 손소독을 철저히 하고 있으니까 너무 걱정하지 않아도 될 거야."

"아! 그렇군요. 회사들은 철저하게 방역하네요! 역시 기업이 가장 선두에 있군요."

아들은 안심이 된 듯 출근하는 나를 향해 손을 흔들며 미소를 짓는다.

요즘 회사 내의 풍경은 그야말로 전에 보지 못한 모습으로 가득하다. 출근부 대신 체온을 측정하고 직원이든 아니든 모든 출입자는 자신의 신상을 반드시 기록해야 한다. 서로가 1m씩 떨어져 보행해야 하고, 식당에서는 일정한 간격을 유지한 채 배식을 받아야 한다. 식탁에는 지그재그로 앉아야 하고 식사할 때는 떠들지 않아야 한다. 전에는 볼 수 없던 풍경이다. 회사에 출입한 모두가 마스크를 쓰고 업무하며, 유일하게 식사할 때만 마스크를 벗는다. 여기에는 사장과 종업원 간의 차이가 없다.

회사에서의 행동이 확실하게 변했다. 방역과 안전 그리고 기본준수, 원칙준수 문화가 기업에 정착되어 가고 있다. 방역으로 인한 통제를 자연스럽게 받아들이고 이 통제를 거부하는 개인과 집단을 오히려 비난하는 분위기는 확실히 코로나19가 가져온 변화의 물결이다.

어색하고 불편했던 지난 시간은 지나고 이제는 이런 분위기가 자연스럽게 느껴진다. 경비원이 이제는 방역의 첨병이다. 모든 사람이 출입할 때 체온을 측정했는지 감시하고 점검한다. 곳곳에는 손소독제가 비치되어 있고 여러 사람들이 지나간 곳은 소독이 이루어진다. 회사 내에서 확진자가 발생하면 2주간 전체가 격리된다. 생산에 미치는 영향을 따지면 가히 치명적이다. 직원 모두가 방역원의 역할을 한다. 언제 이런 모습들이 있었는가? 참으로 변화가 계속되는 세상이다.

## CEO의 중점관리 항목

경영자의 중점관리 항목이 변했다. 바로 방역으로 확진자 발생 가능성의 배제이다. 그리고 가능성 있는 직원의 격리 및 사전 봉쇄조치이다. 이는 공장운영에서 가장 중요한 관리 항목이 되었다.

지난번에는 전혀 생각하지 못했던 일이 일어났다. 제품을 생산한 후에 베트남에 있는 회사에 출하하고 장비설치를 위해 서비스 요원이 출장을 가야 하는데 베트남에서 출입금지 조치를 한 것이다. 한국인 출입을 제한한다는 방침이다. 장비가 도착했지만 사람이 갈 수 없어서 도착한 장비가 그대로 방치되고 있다. 전혀 생각하지 못한 일이다. 수출하는 기업들이 겪는 일들이다.

서비스 요원도, 영업하는 사람도 갈 수 없고, 올 수도 없는 상황이 되었다. 전 세계 120여 개국 이상에서 출입국을 통제하고 있다. 이런 상황에서 어떻게 경영해야 하는가? 이 제약을 극복하지 못하면 비즈니스를 할 수 없다.

코로나19가 모든 분야에 '비대면 디지털 전환'이라는 과제를 던져 주었다. 디지털 경제로의 가속화는 1990년대 미국을 중심으로 진행되던 흐름이다. 코로나19로 인해 전 세계 모든 분야에서 디지털 경제가 생존수단임을 인식하게 되었다. 온라인 플랫폼 및 이를 기반으로 하는 활동이 우리를 먹여 살리는 수단이 된 것이다.

인구감소와 정보통신기술로 시공간의 제약을 넘어 부가가치 구조의 전환을 가져오려는 산업의 변화 흐름인 4차 산업혁명이 정치 · 사회 · 경제 · 종교 등 모든 부문에서 비대면 온라인화를 요구하고 있다. 인구의 구조적 변화인 저출산 · 고령화로 인한 생산가능 인구의 감소를 극복하기 위해 스마트 공장이 도입되고 IT를 통한 일인다역의 업무수행 능력을 높이려는 활동을 전개하고 있다.

4차 산업혁명의 목표는 시공간의 제약을 없애고 어디서든, 언제든 일할 수 있는 환경을 만들어 업무의 부가가치를 증대시켜 새로운 수익원을 만들려는 산업계의 자연스러운 변화 흐름이다. 이는 비대면으로 일할 수 있는 환경의 구축을 의미한다.

코로나19가 이러한 흐름을 앞당겼다. 비대면의 지속화와 일상화가 계속되면서 나홀로 문화는 더욱더 가속화될 것이며, 사회적 거리두기는 일상화될 것이다. 비대면화의 추세는 디지털 시대의 민주주의를 확산시킬 것이다. 따라서 각 분야에서 디지털 확산을 위한 투자가 강화되고 있다. 금융기관에서는 핀테크 투자가 일어나고 있고, 비대면 고객 서비스가 증대되고 있다. 반도체 수요 증가가 이런 현상을 증명하고 있으며, 정보통신 분야의 서비스는 지속해서 확대되고 있는 추세다. 제조 분야에서는 스마트 공장화·무인화에 대한 투자가 이루어지고 있는데 과거에는 인건비 때문이었다면 지금은 질병에 대한 안전망 차원에서 이루어지고 있다.

## 비대면과 디지털로의 전환

소비자들은 온라인화의 흐름으로, 기업들은 스마트 워크와 스마트 공장으로 변화하고 있다. 소비자들은 쇼핑, 교육 심지어 의료서비스까지 온라인화를 선호하고 있으며 기업들은 회사라는 공간적 개념을 벗어나 근무할 수 있는 스마트 워크를 빠르게 추진하고 있다. 이렇게 주변 일상이 디지털 경제로 빠르게 전환되고 있다는 사실을 인지해야 한다..

오늘 집에 가서 아들에게 설명해 줄 내용을 정리하기 위해 마음먹고 책상에 앉았다.

소비 형태의 디지털화 변화는 다음 5가지로 요약된다.

- ✅ 오프라인 대형업체들의 부진
- ✅ 오프라인 업체가 온라인 업체의 하도급 업체로 전락
- ✅ 플랫폼 노동자의 급증
- ✅ 오프라인 업체의 온라인 연계 노력
- ✅ 온라인 자영업자들의 증가

기업체의 스마트 워크 변화는 다음 5가지로 요약된다.

- ✅ 저출산·고령화 사회로 생산 인구 감소에 대한 대책
- ✅ 시간과 공간의 제약 해소로 근무시간의 유연성 증대
- ✅ 내부·외부 인력의 효율적 활용 가능한 구조
- ✅ 주 52시간의 제약에 따른 여력 관리 효율화 대안
- ✅ 노동 인력의 탄력성, 유연성 확대, 재택근무 가능 구조

이런 사회적 현상은 천천히 변화하고 있었지만, 코로나19로 인해 빠르게 앞당겨졌다. 이미 선진국에서는 이전부터 진행해 오던 일이다. 미국에서는 여성의 사회 진출과 고령화 인구증가로 인한 인력구조 변화에 대응하기 위해 1990년부터 스마트 워크로의 변화가 시작되었다. 일본은 저출산 극복의 대안으로 유연근무제 채택, 원전사고 이후 전력 부족현상 극복을 위해 재택근무 확산을 추진하고 있다. 영국에서는 저출산 인구 감소를 막고자 2013년 유연근무 청구권을 모든 근로자에게 근로권으로 법제화한 바 있다. 이미 스마트 워크는 저출산·고령화 인구구조 변화의 대안으로 추진되고 있으며, 해외 기업 사례가 많이 있다.

근로시간 유연화를 채택한 대표적인 기업은 구글, 유니클로, 바이엘 같은 회사로 재택근무, 주 4일 근무, 근로시간 계좌제 등을 채택하여 운영하고 있다. 근

무장소의 다양화를 채택한 대표적인 기업은 CISCO, 도요타, 아지노모도 등으로 모바일 오피스를 구축하여 영상회의를 활성화하여 주 1회 재택근무를 하고 있다. 2016년 고용노동부 자료에 따르면 미국 기업들은 시차출퇴근제 81%, 탄력근무제 66%, 재택근무제 38%를 유지하고 있다.

　반면 한국은 근로시간 유연화의 비중이 12% 정도였지만 코로나19의 영향으로 24% 수준까지 늘어난 상태이다. 삼성전자, SK텔레콤, 네이버, 카카오, 우아한 형제들, 인비전 등의 기업들이 선택근무제, 유연근무제, 원격근무제 등을 시행하고 있다. 근무장소의 다양화를 위해 정부기관에서는 스마트 워크 센터를 설치하여 운영 중이며, 신한은행은 은행권 최초로 스마트 워킹을 도입하였다. 하나투어는 재택, 거점 근무 등의 유연근무를 실시함에 따라 스마트 워크 추진 이후 이직률이 줄어드는 효과를 보고 있다.

　스마트 워크는 협업에 대한 효율성이 떨어진다는 지적이 있지만, 업무 효율성과 업무 연속성 면에서 긍정적인 효과가 더 크다. 해외기관의 분석에 따르면 약 7~22% 정도 생산성 향상의 효과가 있다고 했다. 스마트 워크는 선택의 문제가 아니라 당연한 근무형태인 것이다.

　일하는 방식의 변화는 남들이 변하니까 나도 변해야 한다는 말이 아니다. 기업의 근무형태 변화는 대부분 기업이 필요한 인력을 구하는데도 영향을 미칠 것이다. 스마트 워크가 일반화되다 보면 스마트 워크 방식에 익숙해진 사람들은 스마트 워크 시스템이 있지 않는 기업에서는 일하지 않을 것이다. 이러한 현상은 구인구직의 개념에 변화가 일어나는 것이며, 인재 확보 방식에도 변화가 생긴다는 것이다.

# 소비 형태의 변화와 제조업의 스마트화

그림 1-7 ≫ 코로나19로 나타난 일하는 방식의 변화와 디지털 워크

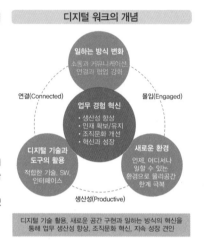

**코로나19로 나타난 근무 방식의 변화**

❶ 감염 방지를 위한 비대면(Untact) 근무 확산
 - 직장 폐쇄, 사회적 거리두기 권장에 따른 재택근무 시행
 - 재택근무 종료 후에도 대인간 접촉을 최소화하기 위해 부분 재택근무, 순환출근, 출퇴근 시간 유연근무제 시행

❷ 비대면 업무 처리를 위한 디지털 기술 도입
 - 비대면 업무 처리를 위해 협업 도구, 화상회의 등 소프트웨어와 VPN(가상사설네트워크), 보안 솔루션 등 인프라와 듀얼(외부) 모니터 등 하드웨어도 필요

❸ 포스트 코로나19를 대비한 실험과 전환
 - 기업은 코로나19로 인한 변화가 장기화될 포스트 코로나19 시대를 대비하기 위해 부분적 재택근무, 거점센터 근무, 비대면 기술 활용 등 각종 실험을 진행
 - 이를 통해 장기적으로 업무 처리와 인력 운영을 효율화할 수 있는 새로운 근무 체계를 도입 가능

**디지털 워크의 개념**

자료 / 삼정KPMG경제연구원

삼정KPMG경제연구원의 자료에 따르면 코로나19는 기업이 일하는 방식을 변화시킨다고 분석했다. 생산성과 업무효율 향상, 인재 확보의 용이성 때문에 일하는 방식의 변화를 가져오게 되며 그 방법으로 디지털 기술을 활용한다는 것이다. 디지털로 일하는 방식은 연결의 용이성과 몰입도 향상으로 생산성이 올라가게 될 것이다. 이것이 기업의 경쟁력을 높이고 지속성장 엔진이 된다고 믿고 있으며, 이러한 조직문화를 만들기 위해 노력하고 있다.

스마트폰으로 결제하는 문화에 익숙해진 사람들이 이전처럼 현금을 가지고 다닐까? 이런 사람들은 앞으로도 계속 스마트폰으로 결제할 것이며, 이런 결제를 할 수 없는 식당과 업소에는 가지 않을 것이다. 누가 변해야 하는가? 사람들의 변화에 맞추어 기업들이 서둘러 변하여, 고객을 잡기 위한 준비를 해야 한다.

고객을 만나는 방법도, 상품을 파는 방법도, 인재를 확보하는 방법도 변해가고 있다는 것을 알아야 한다.

이러한 추세에 발맞추어 정책 역시 변하고 있다. 노동환경의 개선을 위한 워라밸(Work & Life Balance)의 강화와 주 52시간 준수 정책 등으로 경영 환경보다 노동 환경의 개선이 우선시되는 세상으로 변화되고 있다. 이러한 변화는 생산인구의 감소 현상과 고령화 사회의 흐름에 맞춘 자발적 변화의 흐름이라 생각한다.

디지털 직원이 동원되어 24시간 일하는 환경이 만들어지고 있다. 사람들은 주 52시간 이내에만 일하고 대신 디지털 직원이 24시간 근무하는 형태가 될 것이다. 사람들은 디지털 직원이 한 일을 점검하고 감독하는 일을 하게 될 것이며, 지시하고 판단하는 일을 맡게 될 것이다. 이것이 먼 미래라고 생각한다면 당신은 시대를 망각하고 사는 사람이다. 지금 이루어지고 있는 현실이라는 점을 잊지 말아야 한다. 이러한 것들이 미적미적하고 있는 우리에게 코로나19가 일깨워 준 것이다.

삼정KPMG경제연구원는 디지털 직원이 일하는 모습을 다음과 같이 예상했다.

그림 1-8 ≫ 디지털 직원(RPA+AI) 확대 (사무실의 디지털 트랜스포메이션)

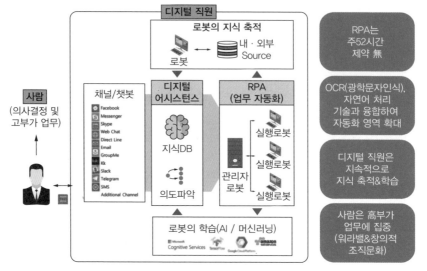

자료 / 삼정KPMG경제연구원

## RPA와 AI

디지털 직원은 사무실에서 24시간 동안 일한다. 디지털 직원의 이름은 RPA와 AI이다. 사람이 채널과 챗봇을 통해 일을 지시하면 디지털 직원인 RPA가 일을 하고 그 곁에 디지털 어시스턴트가 지속적으로 서비스를 한다. 로봇이 의도하는 내용의 자료를 검색하고 지원한다. 일을 하면 할수록 AI가 학습하여 점점 지식 D.B는 커지고 정확해져서 업무의 효율과 부가가치는 더 커진다. 사람의 지식과 경험, 능력의 중요성은 점점 작아진다. 고임금자의 역할이 줄어든다. 경험 위주의 일하는 방식이 줄어든다.

이는 생산가능 노동인구의 감소 문제를 해결해 주어 고령화 시대의 극복대안이 될 것이다. 사람은 나이가 들수록 늙어가지만 디지털 직원은 나이가 들면 들수록 젊어지는 아이러니를 보게 될 것이다. 이러한 시대가 앞당겨졌다. 개인의 삶과 기업의 경영 환경이 완전히 바뀔 것이다. 만드는 제품은 그대로일지라도 관리하고 일하는 사람들의 일하는 방식은 엄청난 변화를 가져올 것이다. 지금까지 살았던 사람들이 전혀 경험하지 못한 세상이 되어 가고 있다. 개인과 기업들은 이런 세상을 맞이할 준비를 해야 한다.

코로나19가 주는 교훈은 다음과 같다.

- ✔ 지금까지 경험해 보지 못한 환경으로 변하고 있다.
- ✔ 변하는 방향은 명확하기 때문에 속도 경쟁의 싸움이다.
- ✔ 이전에 경험하지 못한 변화이기에 기존의 조직과 사람들이 적응하기 어렵다.
- ✔ 모두가 새롭게 출발하는 세상이 되었다.
- ✔ 기득권의 우위가 사라지고 동일선상에서 경쟁하는 세상이 되었다.

### 🔎 ONE POINT LESSON

**'코로나19가 개인의 삶과 기업, 경제를 변화시킨다'의 의미란?**

환경에 적응하기 위한 생존방법을 찾아 사람들은 변화한다. 현재는 아날로그에서 디지털로의 변화이다. 이런 현상은 인위적인 현상이 아니라 인구 감소와 고령화 사회로의 변화, 노동 환경의 변화에서 생존하기 위한 수단으로 선택이 아닌 필수이다. 코로나19에 대비해 먼저 준비한 사람과 기업에 기회가 찾아온다. 전혀 경험해 보지 못한 세상이 열리면서 기존의 세대가 변하되거나 새로운 세대로 교체되어야 살 수 있는 세상이 된다는 뜻이다.

# 2부

# 코로나19와
# 중소기업은
# 어떤 관계인가?

# 5장

# 코로나19가 중소기업의
# 경영구조를 바꾸고 있다

코로나19 환경으로 인해
각 분야에서 일어나는 변화가
중소기업의 전체 밸류체인에 영향을 미치게 되며,
결국에는 비즈니스 시스템 전체를
재검토해야 하는 상황을 맞이하게 될 것이다.

"아버지! 지금까지 코로나19가 사회 전반에 미치는 영향에 대해서는 이해했는데 우리나라 경제의 주축인 기업에는 어떤 영향을 미치는지 궁금해요."

오늘 아침, 아들이 나에게 커다란 숙제를 던진다.

"오~ 이런 질문을 다 하다니 우리 아들 대단하구나! 어려운 질문이라 나도 한번 생각해 보고 저녁에 이야기해 줘도 될까?"

"네, 그럼요!"

코로나19로 시장과 고객이 변하다 보니 당연히 기업의 경영에 영향을 미친다. 다만 그 심각성을 못 느낄 뿐이다. 기업은 실물경기 변화의 맨 마지막에 있기 때문이다.

코로나19가 기업의 주요 5개 분야에 어떠한 영향을 주고 있는지 살펴보자.

- ✅ 영업과 매출에 미치는 영향
- ✅ 구매나 자재에 미치는 영향
- ✅ 생산과 제조에 미치는 영향
- ✅ 개발과 연구에 미치는 영향
- ✅ 배송과 서비스에 미치는 영향

1부에서 언급한 것처럼 소비자의 생활방식 변화는 반드시 기업에 중요한 경영적인 요소가 된다. 소비자와 소비 형태가 변하기 때문에 수요가 변하게 되고, 이에 따라 공급하는 기업에 반드시 영향을 주기 때문이다.

기업이 사업계획을 수립할 때 제일 먼저 하는 것은 환경 분석이다. 일반적으로 4가지를 고려하는데 '시장과 고객 변화의 흐름은 어떠한지', '경쟁자의 움직임은 어떠한', 그리고 '일반 환경 변화에 대응은 잘했는지', 또 '새로운 변화에 적응을 잘할 수 있는지'를 파악하고 사업전략을 수립한다.

## 사업계획 수립 시 검토사항

제일 먼저 검토하고 조사하는 것이 고객과 시장의 변화이다. 기업이 비즈니스를 하기 위해서는 3가지의 조건을 갖추어야 하는데 이는 '마케팅 역량', '상품개발 역량', '제조생산 역량'이다.

마케팅 역량이란 시장과 고객의 요구를 미리 알고 시장에서 원하는 상품과 서비스를 개발하는 활동을 말한다. 성장하지 못하는 기업들의 공통점이 있는데 시장이 원하는 상품을 필요한 시기에 출시하지 못했거나, 필요한 시기에 출시했어도 경쟁사와의 차이로 고객이 기피하는 현상이 나타나기 때문이다. 따라서 3C를 파악하는 것을 마케팅 역량이라 한다. 1C는 고객(Customer)의 요구를 먼저 아는 것이고, 2C는 경쟁사(Competitor)의 움직임을 아는 것이며, 3C는 자사(Company)의 대응능력을 아는 것을 말한다.

상품은 지속적으로 진화한다. 성능 측면에서 발전하기도 하고 시장의 요구에 맞추어 변화하기도 한다. 고급 제품을 원하는 고객에게는 고가 제품을 제공해 주고, 싼 가격의 제품을 원하는 고객에게는 저가 제품을 공급할 수 있어야 한다. 고급, 중급, 저급 제품을 다양하게 가지고 있어야 넓은 시장을 흡수하고 진입이 가능하다. 이러한 역량을 상품개발 역량이라고 한다.

제조생산 역량이란 시장의 수요 변화에 공급이 균형 있게 조화를 이루는 능력을 말한다. 물량이 많고 적을 수 있으며, 고객의 요구 납기가 길수도 짧을 수도 있다. 제품의 종류가 증가하여 다품종이 될 수도 있다. 때로는 공장의 보유능력보다 물량이 증가하여 공급능력(CAPA)이 부족할 경우에 사내 생산과 외주 생산을 겸하여 할 수도 있어야 한다. 때로는 까다로운 사양의 제품이 수주되었을 때 자사 내에 특수장비와 공정이 없다면 외주를 통한 협력도 할 수 있어야 한다. 특수원자재가 필요할 때는 원자재 공급원을 확보할 수도 있어야 한다. 이러한 능력을 제조생산 능력이라고 한다.

경제가 고도로 성장하던 시절에는 상품이 먼저 개발되었고 그 상품을 제조하기만 하면 곧 판매되었다. 그래서 상품개발이 제일 먼저였다. 그러나 고도성장이 끝나고 저성장기가 된 현 시점에서는 기업이 임의로 만든 상품을 고객이 사준다는 보장은 사라졌다.

고도성장기에는 수요가 많고 공급이 부족했기에 소품종을 대량 생산했다. 그러나 저성장기에는 반대로 수요가 적고 고객의 요구가 다양해 다품종을 소량으로 생산하게 되었다. 저성장기에는 고객이 원하는 제품을 만들어야 하기 때문에 마케팅을 먼저 하고, 그 후에 상품을 개발하며, 생산을 그다음으로 진행한다. 코로나19 환경은 확실히 저성장기이다. 저성장을 넘어 경제가 중단된 상태라고 말해도 과언이 아니다.

"비즈니스도 게임을 하는 것과 비슷하네요? 게임도 경쟁 상대가 있고 게임 규칙이 있어서 이기고 지는 결과를 가져오는데, 비즈니스도 같은 원리인 거 같아요!"

설명을 들은 아들이 자신이 하는 디지털 게임에 비추어 경영을 이해하는 것을 보니 흐뭇해졌다. 경영은 게임과 같다. 반드시 싸우는 상대가 있고 이기기 위한 전략이 필요하다. 그 전략은 환경과 자신이 가지고 있는 무기, 즉 역량에 따라 달라진다.

다윗과 골리앗의 싸움을 생각하면 쉽게 이해할 수 있다. 다윗은 양치는 소년이고 골리앗은 엄청나게 큰 거인이다. 이 둘이 싸우면 누가 이기겠는가? 상식적으로 보면 당연히 거인인 골리앗이 이길 것 같지만, 결과는 다윗이 이겼다. 다윗이 골리앗에 가까이 다가가서 싸웠다면 다윗은 절대 이길 수 없었을 것이다. 그러나 다윗의 전략은 달랐다. 다윗은 골리앗과 멀리 떨어져 싸워서 이기는 방법을 생각해 냈다. 다윗은 골리앗의 이마에 물맷돌을 맞춤으로써 한방에 골리앗을 제압했다.

여기서 경영관리자는 교훈을 얻어야 한다. 작은 몸짓의 다윗과 거인인 골리앗은 환경적 요소이고, 다윗이 원거리에서 골리앗과 싸움을 하겠다고 생각한 것은 전략이며, 다윗이 물맷돌을 선택한 것은 전술이다. 전략과 전술이 일치해서 다윗이 이긴 싸움이 된 것이다.

환경이 좋고 나쁜 것과 싸움에서 이기고 지는 것은 다른 것이다. 코로나19는 단순한 환경에 불과하다. '이기는가? 지는가?'의 여부는 전략과 전술에 달린 것이다.

## 영업과 매출에 미치는 영향

"아버지! 첫째 날에는 코로나19가 기업에 미치는 영향을 말씀해 주신다고 했죠?"

턱을 괴고 메모할 준비를 한 아들이 식탁에 앉아 눈을 빤짝인다.

기업을 경영한다는 것은 이익을 창출하는 것이 목적이다. 이익은 판가에서 제조원가를 공제한 후에 남은 것이다. 높은 이익을 내려면 판가를 높이든지 제조원가를 낮춰서 생산해야 한다.

### 변동비와 고정비

제조원가는 비용을 말하는데 비용은 변동비와 고정비로 나누어진다. 변동비는 매출과 비례해서 움직이는 비용을 말하며, 고정비는 매출과 관계없이 지급되는 비용을 말한다. 매출이 없어도 은행의 이자는 일정하게 나가고, 직원의 월급을 지급해야 하며, 건물 임대료도 내야 한다. 이런 비용이 고정비이다.

그에 비해 상품을 만드는 데 필요한 재료비라든지, 외주 공장을 활용하여 제품을 생산할 때 지급되는 외주비 등은 매출과 비례하여 발생하는 돈이므로 변동비라고 한다. 이러한 변동비와 고정비를 합친 금액과 매출액이 같아진 점을 손익분기점(BEP)이라고 한다. 매출액이 손익분기점보다 많으면 이익이 나고 적으면 손해를 보기 때문에 이를 주의 깊게 살펴봐야 한다.

코로나19로 인해 생긴 가장 큰 변화는 시장이 침체되어 매출액이 급감했다는 사실이다. 손익분기점에도 도달하지 못하는 매출액으로 기업은 적자가 나고 손실금액이 커진 것이다. 2019년 대비 2020년 매출 감소가 30~50% 이상 늘어난 업종이 많다.

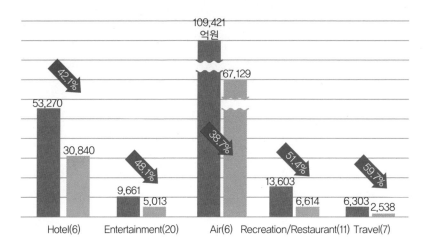

그림 2-1 » 코로나 이후 Heart 업종에 속한 주요 50곳 매출 변동 현황

■ 2019년 반기  ■ 2020년 반기

109,421
억원

67,129

53,270

42.1%

30,840

48.1%

38.7%

9,661

5,013

51.4%

13,603

6,614

59.7%

6,303  2,538

Hotel(6)　　Entertainment(20)　　Air(6)　Recreation/Restaurant(11)　Travel(7)

자료 / 한국CXO연구소

물론 수요의 변화에 따라 매출이 변하는 것이 일반적인 현상이지만 이러한 현상이 3개월 이상 지속된다면 경영을 지속하기가 어려운 상황을 맞이하게 된다. 매출이 감소하는 경우 경영에 미치는 영향은 매출이 20%, 40%, 60% 수준으로 감소할 때마다 달라지므로 조치해야 할 내용도 바뀐다.

## 매출 감소에 따른 조치사항

20% 정도 매출이 감소하면 흑자가 줄어들거나 적자로 전환될 가능성이 크다. 이럴 때는 관리혁신을 통하여 비용의 낭비와 불요불급의 지출을 줄이고 매출 감소를 LOSS 개선으로 극복하는 것이 필요하다.

40% 정도 매출이 감소하면 커다란 손실이 예상되므로 체질 개선과 리스크(RISK) 관리를 동시에 검토해야 한다. 손익 악화 요인을 발굴하여 제거하는 일과 실현 가능한 매출을 기준으로 추정손익을 계산해 보고, 자금 조달의 가능성을

점검해 보아야 한다. 기업의 생존은 자금순환에 있으므로 보유자금과 부족자금을 산출하여 수지 과부족을 추정해 본 후 조달 가능성을 찾아야 한다. 수금과 현금회수, 금융기관을 통한 자금조달 방안 등을 검토하는 것이 필요하다.

매출이 60% 이상 감소한다면 경영유지가 어려운 수준이므로 실현 가능한 매출을 기준으로 손익분기점을 조절하는 것을 검토해야 한다. 고정비를 축소하거나 고정비의 변동비화로 경영하는 방식을 바꾸는 조치가 필요하다.

20% 수준은 관리 혁신, 40% 수준이면 체질 혁신, 60% 수준이면 구조 혁신을 검토해야 한다.

각 기업이 처한 상황은 다르지만, 수요와 공급의 균형을 이루는 것이 경영의 기본이므로 반드시 상황에 맞는 조치가 필요하다. 그동안 축적해 놓은 이익잉여금이 있는 기업의 경우에는 경영자의 판단이 필요하다. 경기가 회복될 때까지 부채경영을 한다든지 이익잉여금으로 견디겠다는 것은 경영자의 결단에 따른 것이다.

이는 포스트 코로나19 이후 경기회복으로 만회가 가능할 것이라는 확신이 있을 때 할 수 있는 일이다. 코로나19로 인한 경영의 위험은 기업의 상황에 따라 다를 것이다.

"아버지! 그렇다면 기업이 노력해서 매출을 늘릴 방법은 없는 건가요?"
침울한 이야기가 계속되니 아들은 걱정 반 근심 반 어두운 얼굴로 질문한다.
"당연히 매출을 늘리기 위해 노력해야지!"
그러나 과거보다 노력할 수 있는 환경이 아니라는 점이 가장 큰 문제이다. 매출을 늘리려면 출장을 가서 구매자를 만나야 하고, 전시회도 참석하여 자사 상품도 소개해야 하는데 이 모든 것을 하기 어려운 환경이 되었다. 다른 나라로 가는 항로가 막혀 외국으로 나가는 것은 물론 외국인 입국조차 제한적으로 시행하다 보니 자유 왕래가 불가능하다. 수출 시장을 열기가 쉽지 않다는 점과 국내 시장 역시 같은 상황이라고 볼 수 있다.

자연히 기존 시장에서 반복적으로 생산 및 공급하던 시장과 불요불급의 대체 수요는 존재하지만, 신제품의 개발과 판매 기회는 없어지거나 축소 지향될 수밖에 없다. 그래서 기업이 선택할 수 있는 길은 실현 가능한 매출을 추정하고 이에 맞는 규모의 운영 방식을 선택하는 것이 최선이다. 거래하는 국가와 고객에 따라 상황은 달라지므로 각국의 상황을 예의주시할 필요가 있다.

그렇다고 모든 산업의 상황이 나쁜 건 아니다. 코로나19 환경에서 매출이 증가하는 기업도 있기 때문에 코로나19의 수혜기업과 위협기업으로 나누어 생각해야 한다. 코로나19 수혜기업은 IT 관련 기업, 방역 관련 기업, 비대면 관련 기업으로 그야말로 이들 기업은 행운을 맞이한 상황이다.

표 2-1 》 주요 기업 수익률

| 종 목 | 수익률(2020.03.19~2020.05.29) | 시가총액(십억원)(2020.05.29) |
|---|---|---|
| NAVER | 56.9% | 37,123.5 |
| 카카오 | 97.6% | 22,966.4 |
| 더존비즈온 | 116.2% | 3,560.7 |
| NHN한국사이버결제 | 129.6% | 1,210.6 |
| 유비케어 | 254.5% | 568.9 |
| 알서포트 | 176.4% | 352.6 |
| KG모빌리언스 | 162.3% | 320.3 |
| 동국S&C | 233.8% | 253.7 |
| 제이브이엠 | 190.6% | 225.4 |
| 비트컴퓨터 | 209.3% | 192.8 |

자료 / 하이투자증권

이들 기업은 매출이 증대하여 공급능력(CAPA)이 부족한 상황이므로 산업계의 명암을 나누는 환경이 되었다. 지금까지 유망했던 기업의 생존이 어려워지고 그야말로 관심 밖의 기업이 도약하는 상황이 되고 있다. 이외에 대부분의 기업은 피해기업이라고 봐야 한다.

매출을 이길 장사가 없다는 혁신 용어가 있는데 사실 기업의 매출이 감소하면 견뎌낼 기업이 많지 않다. 그래서 매출 감소에 대한 특별한 대안과 개척 방안을 찾는 것이 중요하다.

## V매출 P매출 C매출

일반적으로 매출은 3가지로 구성되어 있다. 실현 가능한 V매출(Visible 매출)이 있고, P매출(Potential 매출)과 C매출(Challenge 매출)이 있다. 기업 입장에서 볼 때 진입한 시장의 매출은 V매출이고, 진입 가능한 시장의 매출은 P매출이며, 진입하고 싶은 시장의 매출은 C매출이다.

"아들아! 여기서 질문 하나! 코로나19 환경에서는 어느 시장으로 접근하는 것이 가장 쉬울까?"

"당연히 진입한 시장이 아닐까요?"

"맞다. 실현 가능한 시장은 이미 진입한 시장을 말한다. 따라서 코로나19 환경 아래에서는 진입하고 싶은 시장이나 진입 가능한 시장보다, 진입한 시장을 지키는 것이 중요하다."

이것은 매출 계획을 수립할 때 실현 가능한 V매출에 중점을 두어 보유하고 있는 기존 거래처를 잃어서는 안 된다는 뜻이다. 그런데 실제로 현장에서는 반대 현상이 많이 나타난다. 시장이 어렵고 경기가 좋지 않으면 영업사원은 어떻게 해서든지 수주를 늘리려고 P매출과 C매출을 늘리려고 한다. 거기에 신경을 쓰다 보면 기존 고객을 잃어버리거나 빼앗기는 사례가 발생한다.

"코로나19 환경에서는 V매출에 BEP를 맞추는 준비를 해야 한다."

"아버지가 이런 말씀을 하시는 것은 실제로는 기업들이 그렇게 실천하지 않고 있기 때문인가요?"

많은 기업은 중요한 것을 놓치고 있다. P매출은 진입은 가능하지만 영업활동을 강화해야 얻을 수 있는 매출이다. 하지만 교통과 교류가 막힌 상황이므로 시장개척이 어려운 매출이다. 영업을 통하여 사람을 만나고 관계를 구축해야 하지만 이것이 쉽지 않다. C매출은 투자와 시간이 필요한 매출을 말한다. 상품을 개량·개발해야 하고 샘플 시험을 통과해야 하며 승인을 받아야 하는 과정이 필요하기에 중·장기적인 관점에서 미래를 준비하는 매출이다.

"코로나19 환경에서는 매출 구성비를 다시 검토하고 계획을 재수립해야 하며 영업이 제시한 V매출에 맞춘 공급계획을 조절해야 한단다."

앞서 얘기한 것처럼 손익분기점을 넘어서는 매출을 기록해야 이익이 나고 부족하면 적자가 나는 것이므로 매출 구성이 실현 가능한 것이어야 한다. 진입하고 싶은 시장의 매출 계획을 세우면 숫자상으로는 이익이 날 것 같아 보이지만, 시간이 지나면 매출 달성이 불가능해져서 기업은 손실이 발생할 수밖에 없다. 적어도 2021년까지는 코로나19 영향권에 있다고 볼 때 단기적인 성과 창출에 초점을 맞추는 것이 필요하며, 단기적인 매출이 가능한 시장과 고객과 제품을 선정해야 한다.

"아들아! 지금 내가 하고 있는 이야기의 요점은 매출이 감소하는 상황에서 생존을 위해 영업 전략과 방향을 상황에 맞춰 선택해야 한다는 것이다."

그림 2-2 ≫ 손익분기점

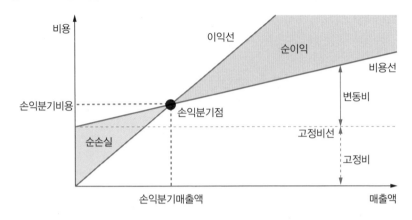

"그러니까 앞만 보고 무조건 달리는 것이 좋은 것만이 아니군요?"

고개를 끄덕이는 아들의 표정이 사뭇 상기된 것 같아 보였지만 아들은 이내 말을 이어간다. "어렵고 힘든 상황일수록 급하게 서두르는 것보다 상황의 본질을 잘 파악하고 난 다음에 전략적 선택을 하는 머리싸움 같은 것이네요!"

모든 상황이 좋으면 특별한 전략이 필요 없는 것이지만 어렵고 힘든 시기에는 반드시 잠깐 멈추고 생각한 후 행동하는 지혜가 필요하다. 그 어느 때보다 숙고가 필요한 시기이며 생각이 앞선 사람과 기업에 기회가 온다는 것을 잊어서는 안 될 것이다.

"아버지! 오늘 말씀 잘 들었습니다. 다음 내용이 더욱 궁금해지네요."

코로나19 환경을 이해하고 변화된 상황에 다가가는 듯한 아들의 모습을 보자 의미 있는 시간을 보낸 듯하여 다행이라는 생각이 들었다. 그리고 이것이 단순히 우리 부자의 이야기가 아니라 우리 모두에게 해당하는 이야기라는 것을 다시 한 번 생각하게 되었다. 코로나19 상황이 어려운 환경이지만 사람의 지혜로 능히 넘어갈 수 있는 것이라는 확신이 있어야 한다. 환경이 좋아지기를 기다리지 말고 환경을 뚫고 나갈 준비가 필요한 것이다.

# 구매와 자재에 미치는 영향

오늘 아침에는 아들의 친구가 집에 와서 내 이야기를 듣겠다고 거실에서 기다리고 있다. 커피를 마시면서 두 젊은이를 물끄러미 쳐다보니 만감이 교차한다. 우리 세대에는 기회가 너무 많아 어느 기업으로 가야 할지 고민했었는데 지금 세대는 기회가 너무 없어 무엇을 해야 할지 막막해하고 있으니 격세지감을 느낀다.

그러나 지금은 코로나19 상황이 그 기회의 문을 열어 주었다. 기득권자와 비기득권자 간의 차이를 좁혀 주고 있다. 출발선이 비슷해진 것이다. 누가 먼저 용기 있게 도전하는가에 따라 그 기회를 잡을 수도, 잡지 못할 수도 있다.

"아버지! 매출이 줄어들면 구매나 자재에는 영향이 없나요? 원자재가 비싸지면 구매를 줄이면 되니까 큰 문제는 없을 것 같은데요. 우리도 경기가 어려우면 지갑을 닫잖아요!"

과연 그럴까? 매출이 줄어들면 경영이 어려워질 뿐 아니라 구매나 자재 영역에도 많은 어려움이 생긴다. 구매 부서는 단순히 물건을 사는 일만 하는 곳이 아니다. 물량과 자사의 공급능력(CAPA)과의 관계를 관리하는 구매 부서로 품목이 수주되면, 자사에서 생산 가능한 품목도 있고 생산하기 어려운 품목도 있다. 그럴 때는 단순하게 물량만을 위해 투자할 수는 없으므로 외주를 활용한다. 자사가 생산할 것인지 외부에서 사올 것인지를 결정하여 행동하는 곳이 바로 구매이다.

또한, 공급능력보다 물량이 일시적으로 증가하여 고객과 약속한 일자를 맞추기 어렵다고 판단될 때 일부 물량을 외주로 위탁 생산할 수 있다. 표준화된 물건은 시중에서 사오면 되지만 비표준화된 제품은 도면을 주고 제작해야 한다. 이를 OEM생산(주문자 생산)이라고 한다. 시설은 있는데 주문이 없는 경우 주문받은 것을 위탁 생산하는 것을 결정하는 것도 구매의 역할이다.

표 2-2 » 글로벌 EMS 기업의 현황

| 회사명 | 공장수 | 진출국가 | 취급품목 | 거래선 |
|---|---|---|---|---|
| Flextronics | 40개 | 싱가폴(본사), 미국, 중국, 멕시코, 스웨덴, 헝가리, 핀란드 | • 컴퓨터 : PC서버용어셈블리 PCB Fab<br>• 정보통신 : 이동전화, 페이저 광통신 부품 등<br>• 게임기 : X-box<br>• 기타 : TV 셋톱박스 | 시스코, 필립스, 지멘스, 모토롤라, 마이크로소프트, 컴팩, 후지쓰, HP 등 |
| Solectron | 48개 | 미국(본사), 멕시코, 프랑스, 영국, 일본, 말레이시아, 중국 | • 컴퓨터 : 메인프레임, 워크스테이션, 서버 등<br>• 정보통신 : 휴대전화, 인터넷스위치, 통신 악세스기기<br>• 컴퓨터 주변기기 : 레이저 및 잉크젯 프린트, 팩스<br>• 네트워킹 : 스위치, 라우터 허브, 모뎀 등<br>• 기타 : 메디컬기기 등 | IBM, 소니, 노키아, 컴팩, HP, 시스코, 노텔, 델컴퓨터, 알카텔, 선마이크로, 엘리슨, 인텔, 에이서, 미쓰비시전기 등 |
| SCI systems | 51개 | 미국(본사), 멕시코, 영국, 스웨덴, 헝가리, 싱가폴, 중국 | • 컴퓨터 : 프로세서, I/O인터페이스 광파이버, 전력장치, 데이터버스커플러<br>• 정보통신 : 모뎀, 기지국장비, DSR<br>• 기타 : 잉크젯 프린트, 의료기기, 플라스틱, 모듈링 | HP, 엘릭슨, 컴팩, IBM, 노키아, 노텔, NEC, 톰슨, 필립스, 델컴퓨터 |
| Celestica | 33개 | 캐나다(본사), 멕시코, 중국, 영국 | • 컴퓨터 : 메인프레임. 워크스테이션즈 서버 등<br>• 정보통신 : 휴대전화단말기, 스위치, 라우터. XDSL<br>• 기타 : 스토리지 에어리어 네트워크, DDR | 모토롤라, 노키아, NEC, IBM. 선마이크로, 시스코, 노텔, EMC, HP, 제록스 |

자료 / 산업통상자원부

자사에 경험과 노하우가 없는 경우에는 ODM생산(제조자설계 생산)을 한다. 자사보다 더 전문성을 가지고 스스로 설계하고 생산하여 공급하는 방식도 구매가 결정한다. 그 이유는 원가를 낮추기 위해 한 분야에서 고도의 전문성을 지닌 기업에게 위탁하면 원가 경쟁력을 확보할 수 있기 때문이다.

## 글로벌 밸류체인

우리나라 기업의 대부분은 부품을 중국에서 조달받았지만 코로나19로 인하여 공급의 차질이 생겼다. 국가 간에 역할이 나누어져 있어서 특정 부품을 전문적으로 생산하는 글로벌 공급 기업이 많았다. 이런 기업을 EMS 기업이라고 한다. 특별히 중국에서 생산하여 공급받는 경우가 많았다. 지금까지는 이러한 방식으로 부품을 값싸게 조달받음으로써 가격 경쟁력을 확보해 왔다.

다품종 소량 시대이지만 글로벌 기업의 수주를 합치면 대량 수요가 되므로 EMS 기업은 대량 생산을 하여 값싸게 공급할 수 있었다. 부품 조달은 이제 글로벌 밸류체인으로 연결되어 있다. 그런데 코로나19가 이러한 국가 간의 관계를 끊어 놓고 있다. 국가 간의 연결이 단절되고 수송 길이 막히면서 부품 조달에서 장애가 생긴 것이다.

작은 부품 한 개도 조달이 어려워 자동차 조립을 못하는 사태가 발생하고 있다. 선진국에서는 마스크가 없어 마스크 대란이 일어나기도 한다. 마스크 같은 간단한 제품은 싼 가격으로 수입했는데 공급이 끊어지니 문제가 생긴 것이다. 자국 내에서는 생산하지 않는 제품이기에 선진국이라도 다른 방법이 없다.

공급 측면에서 자사와 타 기업과의 관계는 커다란 영향을 주는데 이러한 현상은 갈수록 더 심각해진다. 단순 생산이라면 공급처를 바꾸면 가능하지만 최근에는 기술이 고도화되어 부품 생산 등도 설계 능력을 가진 업체에 생산을 의뢰하는 경우가 많아졌다. 자체 설계능력이 부족한 것은 외주에 의존하여 해결하는 방식으로 생산하기 때문이다.

구매의 역할은 이러한 업체를 발굴하고 찾아서 조달을 가능하게 하는 것이다. 그런데 코로나19가 이러한 활동에 발목을 잡았다. 기존의 기업 간의 협업 관계도 어려워졌지만 새로운 기업 발굴 활동에도 제동이 걸린 것이다. 신제품 개발과 출시가 당연히 중단되거나 지연될 수밖에 없는 상황이 되었다. 글로벌 공급망은 국가 간에 분업화 구조로 되어 있었는데 서로 간에 교류가 어려워지면서 이와 관련된 모든 상황이 복잡해졌고 이러한 문제는 구매가 풀어야 할 큰 숙제가 되었다.

"아버지, 구매는 단순하게 돈을 주고 물건을 사는 역할만 하는 것이라고 생각했는데 그런 것이 아니었네요?"

"그렇지! 구매는 고도의 전문성을 가진 조직으로 변했어. 전략적 의미의 제휴와 연계, 소싱처 발굴에 따라 기업의 경쟁력이 달라져서 그 중요성이 점점 더 커지는 조직이라고 할 수 있어."

수요와 공급 측면에서 수요가 작고 공급이 큰 현재 상황에서 기업들은 생존하기 위해 원가 경쟁을 하기 때문에 갈수록 단가는 인하되어 이익률의 폭은 작아진다. 이를 극복하려면 원가 구성비가 가장 큰 재료비를 낮추어야 하는데 이때 '어디서 살 것인가?' '어떻게 살 것인가?' '어떤 조건으로 살 것인가?'에 대한 역할을 구매가 담당해야 한다. 전략적 구매가 가격과 품질, 개발 경쟁력을 높이는 수단으로 변한 것이다.

표 2-3 ≫ OEM/EMS/ODM 사업방식의 특징

| 구 분 | OEM | EMS | ODM |
|---|---|---|---|
| OEM과의 계약 관계에서 종속성 | O | × | × |
| 자체 부품 조달 | × | O | O |
| 부품납품업체 결정권 및 재고 보유 리스크 | × | × | O |
| 연구개발/설계 역량 | × | △ | O |
| 지적재산권 유무 및 자체 브랜드 제품 판매 | × | × | O |
| 글로벌 제조 거점 | × | O | × |
| 제품 포트폴리오의 다양성 | LMLV | HMLV | LMHV |

주1) O : 해당, △ : 약간 해당, × : 해당되지 않음
주2) LMLV(Low-Mix, Low-Volume), HMLV(High-Mix, Low-Volume), LMHV(Low-Mix, High Volume)

자료 / NIPA 2011

또한 다른 측면에서 보면 물량의 크기 변화가 구매의 역할에 커다란 변화를 주고 있다. 물량이 많고 안정적이라면 선행 생산도 가능해져서 미리 생산할 수도 있다. 그리고 남는 일부 재고를 가지고 있다가 팔면 큰 문제가 없기 때문에 생산이 어느 정도 안정된다. 그런데 매출이 없을 때는 선행 생산하여 만들어 놓은 재고가 팔리지 않으면 악성 자산이 되고 현금의 흐름을 악화시키는 원인이 된다.

## 제조업의 악순환 고리

매출과 물량이 많다면 같은 부품과 원부자재를 살 때는 최소물량단위(MOQ)로 사면 싸게 살 수 있다. 최소물량이 100개라면 필요한 물건이 60개라도 100개 단위로 사는 것이다. 이렇게 사면 개당 물건 가격은 싸지는데 60개만 산다면 개당 물건 가격은 비싸진다. 물량이 없으면 필요한 양만 사게 되니까 개당 단가가 비싼 물건을 사게 되어 원가가 올라간다. 이렇게 코로나19로 인한 매출 감소는 구매 처지에서 보면 악성자산, 개당 가격상승 등의 문제를 가져오게 되며 지속적 안정생산이 되지 않으니 품질 또한 불안정하게 된다.

매출이 줄어들면 당연히 재고가 줄어들 것이라고 생각하지만 사실은 그 반대이다. 생산해 놓은 완제품이 팔리지 않아서 재고가 증가한다. 부품이나 원자재도 물량이 없으면 조달이 어려워지므로 미리 주문해 놓아 자연스럽게 부품, 원부자재의 재고도 늘어난다. 생산도 할 일이 없으면 놀 수 없어서 남아 있는 자재, 재공품으로 완성품을 생산하게 되어 재고는 늘어난다. 이를 '제조업의 악순환 고리'라고 한다. 매출이 줄어 물량이 없으면 악순환의 고리의 함정에 빠진다.

## 생산과 제조에 미치는 영향

"아버지! 코로나19가 생산과 제조에는 어떤 영향을 미칠까요? 중소기업의 대부분이 생산 제조 위주의 공장인데, 어떤 영향을 받는지 궁금합니다."

"매출이 줄어들면 당연히 공장가동률이 문제가 된단다. 공장가동률이 떨어지면 3중고의 문제가 발생하지."

설비와 시설 가동이 중단되므로 감각상각비가 분산되지 않아 제품당 제조 경비의 부분이 증가한다. 그에 따라 원가가 상승하고, 종업원의 일이 줄어들어 수입이 줄고 생활고를 겪게 된다. 회사는 생산한 제품 재고가 팔리지 않아 자금의 유동성이 나빠진다. 이러한 현상은 한 공장에만 미치지 않고 여러 기업으로 확산되는데, 우리나라 기업이 수직계열화되어 있어 모체가 어려워지면 관련 협력사가 동반 고난을 겪기 때문이다.

이런 연쇄 반응은 단순한 기업 내의 문제에서 머무르지 않고 사회적인 문제로 발전할 수도 있다. 이보다 더 치명적인 문제는 동종 업계 간의 치열한 이전투구 경쟁이다. 그 싸움에서 버티지 못하는 기업은 부도 혹은 사업 포기라는 극단의 사태를 맞기도 한다.

그림 2-3 ≫ 법인파산 신청 건수(1~3분기 기준)

자료 / 법원행정처

경기가 좋았을 때 물량을 분배하는 방식으로 2원화, 3원화를 시켜놓고 선의의 경쟁이라는 미명 아래 경쟁 아닌 경쟁을 시키는 대기업 수주방식이 강화된다. 그러다 보니 기업 간에 작은 물량을 놓고 경쟁하게 되어 제조원가 이하의 가격으로 입찰하여 수주하는 사례가 발생하기도 한다. 기업은 부채로 유지하고 변동비 수준의 판가로 공장을 가동하는 것은 최악의 상태로 공장 가동을 끌고 가는 것이다.

이것을 견딜 수 없는 기업은 극약 처방인 구조조정을 할 수밖에 없는 상황이 된다. 2021년에도 1~2분기 사이에 이런 기업이 많이 생길 것이라고 예상된다. 3개월은 벌어놓은 돈으로 버티고, 6개월은 부채로 버티며, 1년은 손실을 보면서 버텨왔지만 1년 이상을 이러한 저성장 시대의 터널을 통과할 기업은 그리 많지 않다.

우리나라와 이웃하고 있는 일본도 코로나19와 관련된 상황이 필자의 예상과 크게 다르지 않다. 2021년 2월 현재 코로나19의 영향으로 파산한 일본 기업이 1,000곳이 넘었다고 보도했다.

도쿄 상공 리서치는 2021년 2월 2일 신종 코로나 바이러스에 관련한 전국 기업 도산 건수가 1천건이 되었고, 관련 실업자도 8만 4,773명에 달한다고 발표했다. 영업시간의 단축과 외출 자제 등으로 매출 부진을 겪고 있는 외식산업이 가장 큰 타격을 받고 있다. 코로나19 도산 1천건 가운데 업종별로는 외식사업이 182건으로 가장 많다. 코로나19로 인한 실업자 8만 4,773명 가운데 외식산업 종사자가 1만 1,463명으로 전체의 13%를 차지하고 있어 서비스업종 중에서도 최대이다.

공장은 물량을 먹고 사는 생물체인데 물량이 없으니 파산은 당연한 수순이다.

아무런 대책 없이 가만히 있다가 스스로 파국을 맞이할 것인가? 그러한 국면을 맞지 않기 위해서는 대책을 마련해야 할 것이다.

## 개발과 연구에 미치는 영향

"아버지! 오늘은 무슨 말씀을 해주실 건가요? 어제 하신 말씀을 듣고 불가능과 한계는 없다는 생각을 했는데 오늘도 기대가 됩니다. 하하!"

"오늘은 개발과 연구 부문에 대해 이야기해 보자꾸나."

연구개발 분야는 코로나 환경에서 양극화 현상을 보여 주고 있다. 코로나 백신 개발과 관한 연구와 투자가 대대적으로 이루어지고 있고, 백신이 개발만 된다면 황금알을 낳는 거위가 될 것이다. 특히 의료 관련 기업들에게는 좋은 성장의 기회가 될 것이므로, 좋은 성과를 낼 수 있도록 최선을 다해야 한다.

표 2-4 » 국내 주요기업 코로나19 백신개발 세부 현황

| 기업명 | 백신 유형 | 개발 단계 | 비 고 |
|---|---|---|---|
| SK바이오사이언스 | 합성항원(재조합단백질) | 임상 1상 | 3분기 임상 3상 진행 예정 |
| 유바이오로직스 | 합성항원(재조합단백질) | 임상 1/2a상 | |
| 셀리드 | 바이러스전달체 (아데노바이러스) | 임상 1/2a상 | 8월 긴급사용승인 신청 예정 |
| 제넥신 | DNA | 임상 1/2a상 | 인도네시아 3상 임상 돌입 |
| 진원생명과학 | DNA | 임상 1/2a상 | |

자료 / 질병관리청 중앙방역대책본부

코로나19 치료제와 백신 개발에 여러 기업이 참여하고 있다. 신약 개발 여부에 따라 시장 판도는 달라질 것이다. 수요는 세계 전체의 인구와 같고 비축량까지 고려한다면 가히 상상하기 어려울 정도의 물량이다. 선진국들이 백신 개발에 사활을 걸고 덤비는 이유이다.

코로나19의 기세가 날이 갈수록 더 거세짐에 따라 전 세계 기준 누적 확진자는 1억명을 훌쩍 넘었고, 누적 사망자도 310만명에 육박한다. 우리나라도 신규 확진자가 지난 1월 1천명을 기록한 후 다행히 확진자 수는 줄고 있지만 4~500명대를 유지하고 있는 상황이다(2021년 4월 기준).

이로 인해 국내 및 해외 제약 · 바이오 기업들은 앞다퉈 코로나19 치료제와 백신 개발에 뛰어들고 있다. 국내의 경우, 10곳이 넘는 제약 · 바이오 회사들이 '치료제' 개발에 주력하고 있으며 해외의 글로벌 제약사들은 다양한 플랫폼을 기반으로 '백신' 개발에 열중하고 있다.


그러나 아쉽게도 일반 제조업에 미치는 영향은 이와 반대이다. 코로나19 환경으로 인해 기업의 70% 이상은 부정적인 영향을 받고 있으며, 이는 전 산업 부문으로까지 확대되고 있다. 매출이 줄고 시장은 위축되며 거래는 지연 또는 중단되는 상태가 일어나고 있다. 그렇다면 생존에 영향을 받고 있는 대부분의 기업들은 무엇을 해야 할까?

시장에서 지각 변동이 일어날 때는 두 가지 특성을 보인다는 것을 알아야 한다. 신사업 시장은 정체 또는 지연 중단될 것이고, 성장하는 시장은 줄어들 것이며, 새로운 시장 개척은 어려워지게 될 것이다.

그렇다면 남은 시장은 어디일까? 기존 시장에서는 대체 수요가 남아 있게 된다. 대체 수요는 불요불급한 시장이다. 없으면 당장 생활이 불가능하던지 불편한 영역이다. 자동차를 예로 들면 코로나 환경에서도 차는 필요하다. 차는 여전히 판매되지만 그 내용은 달라진다. 신차보다 중고차 시장이 인기가 있을 것이며, 중대형 차량보다 중소형 차량에 관심을 갖게 될 것이다. 또한 집에만 있으니 답답하여 캠핑을 가고 싶은 생각에 SUV 차량을 선호하게 될 것이다.

여기에 중요한 비즈니스 포인트가 있다. 언제든지 비즈니스는 기회를 수반한다는 점을 생각해야 한다.

- ✅ 고객들의 생각이 변하고 있다는 것
- ✅ 선택제품에 대한 기준이 환경의 변화로부터 온다는 것
- ✅ 새로운 환경에 적응하려는 시도가 제품과 연계된다는 것
- ✅ 투자와 비용의 효율성을 고려한다는 것

## 고객의 생각은 어떻게 바뀌는가?

고객의 생각이 바뀌면서 시장의 흐름은 변하고 제품의 형태와 종류도 변한다. 고객이 차를 사지 않는 것이 아니라 신차보다 중고차를 선택하고, 일반 승용차보다 SUV 차량을 선호하며, 고가보다 저가 차량을 선호하는 방향으로 변하게 된다. 그렇다면 이러한 현상이 차에만 한정된 비즈니스일까? 아니다. 모든 영역에서 동일한 현상이 일어나게 된다.

이에 착안하여 길을 찾아야 한다. 고객의 생각은 어떻게 변하는가? 인간은 생각하는 동물이면서 사회적인 동물이다. 사회와 환경이 변하면 반드시 생각이 바뀌기 때문에 그 생각의 흐름이 어디를 향하는지를 바라보아야 비즈니스의 기회가 생긴다. 생각이 변하면 상품이 바뀌게 되고, 상품이 변하면 연구개발의 방향이 바뀌게 된다.

수입은 줄어들 가능성이 커지기에 소비자는 저가 제품을 선호할 것이다. 그 반대로 수혜환경에 있는 사람은 고가 제품을 선택할 것이다. 그렇다면 시장은 양극화될 것이다. 저가 제품, 경제형 제품과 고가 제품, 프리미엄급 제품으로 나

누어지면서 중간 영역의 제품이 인기가 없어진다. 개발 방향과 제품의 라인업을 조정해야 하는 것이다.

대체 상품의 형태가 저가와 프리미엄급으로 변한다. 연구·개발의 방향이 변하는 것이다. 저가 제품 시장에서의 경쟁이 치열해진다. 가격은 싸지만 좋은 품질을 원하며 즉시 조달되기를 바라는 고객의 마음은 더욱 커진다. 가격은 코로나19 환경에서 살아남기 위한 첫 번째 조건이며 그 다음은 품질의 안정성이다.

수요는 작은데 공급이 넘쳐나니 경쟁은 더 치열해지고 고객의 눈높이는 더 높아져 품질이 까다로워진다. 문제제기, 이의제기, 고객 클레임이 증가한다. 보통 때에는 문제가 없던 것이 까다로운 검사로 불량이 되기도 하고 규격은 더욱더 엄격해진다. 따라서 제품의 규격과 성능을 재검토해야 한다. 경쟁사보다 더 엄격한 균일 품질의 제품이어야 고객에게 선택받을 수 있다. 기존 제품의 결함을 보완하고 개선한 대체 제품의 우선 출시가 시장을 장악하는 데 중요한 수단이 된다.

일거리가 없어 생산은 쉬고 있다 하더라도 연구개발 부서는 밤을 새워야 한다. 제품의 결함을 개선하고, 이의 제기에 대응하며, 더욱 가성비 높은 제품을 설계하여 시장을 넓혀가기 위한 제품군을 마련해 나가야 한다. 시장마다 동일 제품이라고 하더라도 조금씩 사양이 다르다. 전압의 세기도 다르고 장착물의 연결부위가 다르다. 그렇기 때문에 유사 제품군 내에서도 다양한 옵션 사양이 발생한다. 그뿐만 아니라 고객마다 그 특성이 다르다. 유럽은 고급품을 원하고 개발도상국은 중급품을 원하며 후진국은 저가품을 원한다. 제품 종류별로 가격대를 다양하게 책정해야 제품을 판매할 수 있다. 이것을 제품의 제품군 및 시리즈화라고 한다. 저성장기에는 넓은 시장을 찾아 대체 수요를 발굴해야 하므로 연구개발 부서는 그 어느 때보다 바쁘게 뛰어야 한다.

기존 시장에서 시장을 지키기 위해 품질력과 원가격을 높여야 하고, 기존 시장의 불만을 잠재우기 위해 개량제품을 출시해야 하며, 기존 제품의 개선점을 장점으로 신시장을 찾아야 하는 마케팅의 수단으로서의 상품력이 코로나19의 저성장 시대에는 필수 조건이 되고 있다.

고객 선택의 기준이 가성비, 가심비에 맞추어져 있다. 가성비란 고객이 지불하는 가격보다 제품이 지닌 가치가 더 클 때 고객이 느끼는 비용에 대한 개념이다. 가심비는 제품과 관계없이 고객이 원하는 가격, 지불하고 싶은 가격에 제품이 맞는가를 결정하는 개념을 말한다. 제조원가의 개념은 없어졌다. "원가가 이 정도 들었으니 판매가는 이 정도입니다"라고 말한다면 고객은 웃을 것이다. 그만큼 수요는 적고 공급이 넘치는 초경쟁시대에 살고 있다.

**그림 2-4 》 코로나19 발발 이후 소비자의 구매결정 요인**

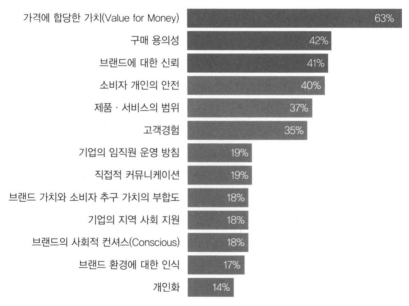

자료 / KPMG Global 'Consumers and the new reality(2020.06)'

코로나19 이후 소비자들의 구매성향을 분석한 삼정KPMG경제연구원 자료를 보면 가격에 합당한 가치를 제1의 구매요인으로 꼽고 있으며, 그 다음이 구매의 편리성이다. 가격적 요인은 63%로 압도적이다. 고객의 지갑을 열게 하는 방법은 가심비로, 지불하는 가격보다 제공하는 가치가 크다고 느낄 때 지갑을 연다는 것이다. 가격과 가치의 경쟁이다.

이로써 연구개발의 방향이 명백해진다. 기존 제품의 품질 불안정을 잡아야 하고, 경쟁사 대비 부족한 성능을 향상시키며, 가격을 맞출 수 있는 가성비 경쟁력을 높여야 하는 것이 지상 과제이다.

"연구개발의 우선순위가 미래를 준비하는 것이라는 일반적인 개념에서 코로나19로 인해 당면 문제의 해결 방향으로 급선회한다는 느낌이 드네요."

아들이 내 이야기에 맥을 잡고 있다는 느낌이 들어 흐뭇했다.

## 배송과 서비스에 미치는 영향

국내 배송은 택배 등의 급증으로 일자리가 증대하였다. 그러나 기업체의 경우에는 물동량의 하락과 운송 빈도의 축소로 운송비가 증대하고 또 운송 기간이 늘어남에 따라 운송 리드타임(Lead Time)을 고려하지 않으면 고객을 만족시키기 어렵게 되었다.

"아버지! 요즘 택배 회사는 너무 바쁜데 일반 기업에서의 배송은 어떤가요?"

"소상공인 부문과 유통업계는 택배 증가로 운송 빈도, 속도, 방법 등의 다양한 형태 변화가 일어나는데 기업의 경우에는 운송으로 인해 해외 거래에 많은 장애가 발생하고 있어."

코로나의 수혜를 받는 분야 중에 하나가 배송 부문일 것이다. 그야말로 유사

이래 최고의 호황이다. 집으로 모든 것을 배달하여 받는 세상이 되었다. 비대면일수록, 온라인화가 진행될수록, 배달 서비스는 더욱 호황을 누린다. 물류의 대혁명 시대가 온 것이다. 온라인 쇼핑과 배송은 유통 부문의 대혁명을 가져오고있다.

얼굴을 마주하지 않으면서 안전하고 편리한 생활을 만들어 가는 것을 중요하게 생각하는 세상이 되었다. 제조에서 만들어진 상품은 온라인과 오프라인을 통해 판매되는데 오프라인보다는 온라인과 모바일을 통한 전자상거래 주문이 계속늘어나고 있다. 고객이 주문한 상품은 재고량이 있는 범위 내에서 물류센터에서피킹포장되어 고객의 집 앞까지 배송된다.

오프라인 매장에서 쇼핑할 때는 고객 간 일정 거리를 두고, 계산대 앞에서는줄 간격을 두거나, 무인계산기에서 상품을 스캔하여 온라인으로 결제되도록 하는 점포가 늘어나고 있다. 또한 사전에 주문한 뒤 직접 픽업해 가는 방식도 많아지고 있다. 최근 오픈한 식당을 보면 로봇이 안내하고 주방에서 음식을 만들어테이블까지 가져다주는 비대면 대응방식이 생겨났고, 물류센터 현장은 자동화·무인화·최적화를 통해 작업 현장의 효율성과 생산성을 높이고 있다. 집에서나 외부에서 가상현실이나 증강현실을 통해 상품을 구매하는 일이 늘어나고있는 것이다.

미국에서는 가정간편식(HMR)이 다양한 형태로 증가하고 있다. 고객이 재료를선정해 주문하면 귀가하기 전에 배송사원이 구매자의 동의하에 집안에 상품을넣어주는 배달을 진행하기도 하고, 밀집도가 높은 지역 또는 배송 빈도가 높은곳은 자동로봇으로 안전하고 확실하게 배송하는 방식도 도입되고 있다.

그러나 기업체들은 해외에서 부품 공급을 받거나 해외로 수출할 경우 전반적으로 물동량이 줄어들어 운송 출하빈도가 감소하고 있기 때문에 필요 시점에 출하하기가 어려운 상황이다. 이는 과거 대비 운송기간 증가로 나타나며, 이를 고려한 생산기간 단축이 더 요구되고 있다. 과거에는 일주일이면 갈 수 있는 곳이 이제는 한 달 걸리게 되었다. 공급 사슬의 대변화가 발생한 것이다. 수요의 변화가 공급에 미치는 영향이 커진 것이다.

코로나19 확산 초기에는 자영업자 등 대면 소비를 중심으로 타격을 주었다면, 이제는 세계 경제 전반에 광범위한 영향을 끼치면서 글로벌 가치사슬(Value Chain) 및 공급사슬(Supply Chain)과 연계된 국가 기간산업으로도 피해가 확대되고 있다.

그림 2-5 ≫ 코로나19가 공급사슬에 미치는 영향

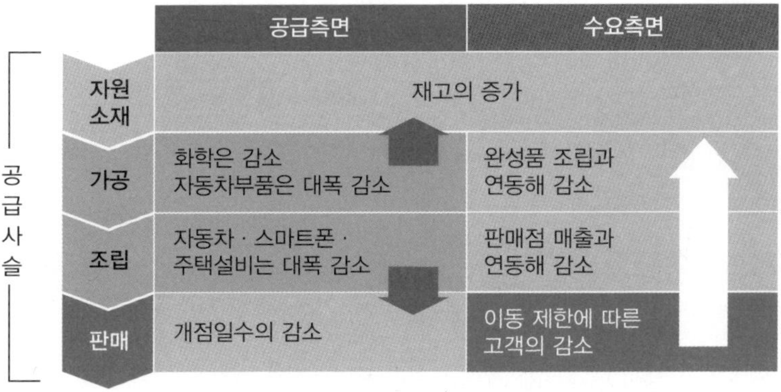

| | | 공급측면 | 수요측면 |
|---|---|---|---|
| 공급사슬 | 자원소재 | 재고의 증가 | |
| | 가공 | 화학은 감소<br>자동차부품은 대폭 감소 | 완성품 조립과<br>연동해 감소 |
| | 조립 | 자동차 · 스마트폰 ·<br>주택설비는 대폭 감소 | 판매점 매출과<br>연동해 감소 |
| | 판매 | 개점일수의 감소 | 이동 제한에 따른<br>고객의 감소 |

코로나19 이후 세계 각국의 외국인 입국 제한 조치로 여행객 수가 급감하면서 항공사들은 여객기 운항이 중단되거나 편수를 대폭 줄였다. 중대형 항공기를 보유하지 않거나 적게 보유한 저비용항공사(LCC)의 경우 2021년도 상반기에는 적자 늪에서 빠져나오기 어려울 것으로 전망된다. 증권가 전망치에 따르면 2020년도 4분기 제주항공은 697억원, 티웨이항공은 385억원의 영업 손실을 낸 것으로 추정된다.

다행히 항공업계는 올해 코로나 백신 보급으로 인한 백신 운송 증가와 여객 수요 회복을 기대하고 있다. 주요 항공사들은 이미 코로나 백신 원료를 수송하는 등 코로나 백신 수혜를 보고 있다. 정부가 글로벌 제약사와 백신 구매 계약을 체결하면서 본격적인 백신 수송이 시작되었다.

여객기와 화물기가 절반 정도씩 분담해왔던 전 세계 화물운송은 혼란 가운데 있다. 여객기 운항 편수가 줄어들면서 화물기로 수요가 쏠리는 상황이지만 화물기 편수를 갑자기 늘리기는 힘든 상황이다. 이에 따라 운송이 늦어지고 운반비가 오르고 있다.

우체국은 모든 국가로 향하는 국제 우편물의 배송이 지연되고 있다. 또한 대부분 화물기가 아닌 여객기를 통해 우편화물이 운송되는 일본 대부분 지역과 대만, 몽골, 스페인, 뉴질랜드, 호주 등의 EMS를 제외한 항공 우편물의 접수를 받지 않는다고 공지했다. 이들 지역으로 운항하는 항공기가 없기 때문이다.

DHL, FEDEX, UPS 등 특송 회사의 중요 운송 구간은 자체 화물기로 운송하고 있어 코로나19의 직접적인 영향은 크지 않다. 다만 특송 산업은 세계 경기의 영향을 크게 받기 때문에 요즘같이 글로벌 비즈니스가 침체된 상황에서는 그 수요가 감소할 것으로 예상하고 있다. 특히 중소 특송 회사는 전량 여객기를 통해 화물을 운송하고 있기 때문에 배송지연과 요금인상에 대한 이슈가 곧 나올 것이다.

해운업도 사정은 마찬가지다. 우리나라 주요 해운회사의 중국 물동량이 전년 대비 절반 이하로 떨어졌다. 중소 해운회사 중 한·중노선 물동량이 주력인 회사는 물동량 감소로 워크아웃을 신청하기도 했다. 한국과 중국을 오가는 국제카페리 업계도 운항 30년 만에 최대 위기를 맞고 있다. 카페리 회사의 현금 유동성에서 중요한 부분을 차지하는 여객 운송 수입이 줄어들면서 자금압박은 더욱 가중되고 있다.

## 글로벌 공급망 축소

글로벌 생산·유통·소비 행태가 급변하면서 물류 형태도 크게 바뀌고 있다. 글로벌 집중생산과 글로벌 공급망(GSCM) 구축 트렌드는 크게 축소되었다. 지금까지 총비용(Total Cost ; 생산비 + 물류비 + 관세 등)을 절감하는 최선의 방법으로 자동차산업·전자산업 등을 중심으로 광범위하게 추진되었던 글로벌 집중생산은 일본, 태국 등의 연이은 자연재해에 이어 이번 코로나19 사태에 의한 공급망의 심각한 단절로 확대하기가 어려워졌다.

다국적기업은 제품 생산의 차질이 생기지 않도록 생산거점의 다변화 작업과 공급 체인의 안전화를 위해 안전재고 확보 작업에 돌입했다. 글로벌 공급체인은 '중국+1'과 같은 다변화와 위기 발생 시 공급망 재구축 전략이 중요하게 되었다.

선진국 중심으로 생산시설의 국내 복귀(유턴)가 힘을 받고 있다. 2020년 2월 23일 폭스 비즈니스에 출연한 피터 나바로(Peter Navarro) 미국 백악관 무역·제조업 정책국장은 "위기 때에는 동맹이 없다. 공급망을 다시 미국 내로 옮겨야 한다"고 말했다. 그는 중국이 바이러스 차단율이 높은 N95 마스크의 수출에 제한을 두고 있다며, "공급망을 안전하게 확보해 우리가 필요로 하는 것을 가질 수 있도록 해야 한다"라고 강조했다.

이와 같이 글로벌 각국은 전략물자 외에 의료, 방역, 생필품을 중심으로 해외진출 대기업을 자기 나라로 복귀(유턴)시켜 국가 안전망 구축과 경제적 파급효과를 극대화시키고, 제조업 역량을 강화시키는 대책을 강구하고 있다.

### '코로나19가 중소기업의 경영구조를 바꾸고 있다'의 의미란?

코로나19로 인한 영향은 기업체의 밸류체인 전체에 영향을 미치고 있다. 영업에 미치는 영향을 극복하는 길은 기존 시장과 기존 제품에서 길을 찾는 데 있다. 구매·자재 부문에 미치는 영향은 공급망의 붕괴가 원가상승의 요인이 될 수 있기 때문에 경쟁력을 떨어뜨릴 가능성을 방지해야 한다. 생산·제조에 미치는 영향은 고정비의 분산이 어려워져 제품당 원가가 상승하게 될 뿐 아니라 수직 계열화된 협력사에까지 영향을 미치는 연쇄 반응이 나타나 영세기업의 부도 발생으로 자사의 공급선에 차질이 발생할 우려가 있다. 연구·개발 부문에 미치는 영향은 미래를 위한 신제품 개발보다 기존 제품의 결함을 개선하는 일과 가성비를 맞추기 위한 원가절감 연구가 필요하다. 배송·서비스 부문에 미치는 영향은 물류 배송 부문에서 공급선이 바뀌고 배송 빈도가 줄어듦으로써 나타나는 운반비 상승이 경쟁력을 떨어뜨리는 요인이 된다.

이는 비즈니스 3대 요소인 마케팅, 상품, 제조 부문을 전면적으로 재검토해야 함을 의미한다. 현재 존재하면서 성장 가능한 시장을 다시 보아야 한다. 시장과 고객이 바뀌고 있으니 생존을 위해 기존 툴을 바꾸는 노력을 해야 한다. 상품의 구색과 라인업, 경쟁요소를 다시 보아야 하며, 개별 원가를 다시 검토해야 한다. 원가 구조가 바뀌고 있으니 제조 방식과 CAPA, 협력사 관계와 구조를 다시 검토하여 비즈니스 모델과 시스템의 재구축이 필요한 시점이 되었다.

# 6장

# 적응하는 기업과
# 적응하지 못한 기업의 차이

◇◇◇◇◇◇◇◇◇◇◇◇◇◇◇◇◇◇◇◇◇◇◇◇◇◇◇◇◇◇◇◇

코로나19는 확실히 위기이지만
'하늘은 스스로 돕는 자를 돕는다'는 원칙을 알고
스스로 새로운 아이디어와 발상의 전환으로 생존하고
성장하는 기업에서 지혜를 찾아야 한다.

◇◇◇◇◇◇◇◇◇◇◇◇◇◇◇◇◇◇◇◇◇◇◇◇◇◇◇◇◇◇◇◇

"아버지! 코로나19로 인해 대부분의 기업이 어려워지면 나라는 망하겠네요? 정말 길이 없는 걸까요?"

걱정스럽고 슬픈 눈으로 이야기하는 아들의 어깨를 두드리며 말했다.

"하늘은 스스로 돕는 자를 돕는 법이다!"

코로나19가 지금 현재 많은 부문에 영향을 미치고 있는 것은 표면적으로 나타난 문제일 뿐이다. 나 혼자에게만 나타난 현상이 아니라 모두에게 나타난 현상이다. 그렇기 때문에 기업경영 입장에서 보면 동일한 조건일 뿐이다. 오히려 더 큰 문제는 지금이 아니라 코로나19 상황이 진정된 이후이다.

지금의 문제는 표면적이었지만 앞으로는 이면적인 문제가 나타날 것이다. 코로나19가 주는 영향이 문제가 아니라 이러한 영향에서 어떻게 적응할 것인지가 더 큰 문제이다. 지금 상황에 적응하는 기업은 코로나19 이후 지속성장을 할 것이지만 지금 적응하지 못하는 기업은 코로나19 이후 쇠퇴하게 될 것이다. 지금은 모두가 당하는 문제이지만 코로나19 이후에는 나 혼자만 당하는 문제일 수 있다. 위기는 지금이 아니라 코로나19 이후가 진정한 위기이다.

"아버지! 그럼 코로나 환경에서 이익을 보는 기업과 손해를 보는 기업이 있다는 뜻인데 기업별로 결과에 차이가 있는 건가요?"

"그렇지! 당연히 차이가 있지! 이익을 내는 기업은 적응하는 기업이고, 손해를 보는 기업은 적응하지 못하는 기업이라고 볼 수 있지."

## 적응한 식당과 적응하지 못한 식당의 차이

간단하게 예를 들어 생각해 보자. 작은 식당을 운영하는 경우, 코로나로 인해 손님이 없고 정부의 영업시간 통제 등으로 매출이 줄어드니 당연히 식당은 어려움을 겪는다. 가만히 앉아서 손해를 보게 되는 것이다. 건물 임대료를 내야 하고 전기료, 수도료 등 기본 경비를 지출해야 하는 상황에서 아무런 대응을 하지 못하는 것이다. 이런 식당은 코로나 환경에 적응하지 못하는 곳이다.

그런데 다른 식당은 코로나 환경에서 살아남기 위해 적응하는 법을 고민했다. 손님이 식당에 올 수는 없지만 먹고 싶은 음식에 대한 욕구는 없어지지 않는다는 생각에, 고객과 연결할 수 있는 방법에는 무엇이 있을지를 고민했다. 그리고 '배달 플랫폼'에 식당을 등록하고 메뉴와 주소, 연락처를 기입해 뒀다. 그러자 손님은 온라인으로 주문을 하고, 식당은 배달을 통해 손님에게 음식을 제공했다. 이 식당은 코로나 환경에 적응한 것이다.

그리고 내친김에 한 걸음 더 나아갔다. 어차피 넓은 식당의 공간이 필요 없으니 주방만 남기고 식당 공간을 다른 목적으로 사용했다. 임대료가 줄어들어 오히려 코로나 환경에서 이익을 낼 수 있었다. 이 두 식당을 비교해볼 때 '코로나'라는 환경은 같은데도 결과는 완전히 달랐다.

이 두 식당의 차이는 무엇일까?

## 변함없는 고객의 마음

코로나19에 적응한 식당과 적응하지 못한 식당과의 차이는 단순하다. 개인이든 소상공인이든 중소기업이든 이 원리가 그대로 적용된다. '본질은 무엇인가?' 고객의 마음은 변함이 없다는 것이고 오히려 고객은 찾아오거나 또는 찾아가는 길을 제시해 주길 기다린다는 점이다. 대면할 수 없는 상황에서 비대면으로 만날 수 있는 길을 찾은 것이다. 비대면이 갖는 장점이 대면보다 훨씬 크다.

코로나가 발생하지 않았을 때의 식당은 우연히 들어오는 고객과 식당을 알고 오는 지인들의 방문으로 운영되었지만, 지금은 전혀 식당을 모르는 불특정 다수가 검색을 통해 그 식당을 찾는다. 코로나 이전과 같은 메뉴이지만 검색을 통해 소개되면서 더 많은 고객이 알게 된다. 따라서 가격과 맛에 대한 마케팅과 메뉴 구성에만 더 신경을 써서 운영한다면 이전과는 다른 기회가 생길 수 있다. 그 식당을 찾은 고객들은 친절하고 맛이 있어 가성비가 좋다고 느끼면 식당을 SNS에 소개하기 때문에 마케팅까지 해준다. 이는 아날로그 방식이 디지털 방식으로 변하면서 나타난 결과로, 코로나 환경이 이러한 디지털 환경을 필요에 따라 자발적으로 활용하도록 하고 있다.

우리 실생활에 가장 큰 영향력을 갖는 주부들이 디지털 문화에 익숙해져 가고 있다. 문자로 소통하고 플랫폼에서 장도 보며 온라인으로 한끼 식사를 주문한다. 또한 각종 뉴스와 시장 정보는 포털에서 검색하고, 좋은 정보는 지인들에게 전달하는 활동이 자연스럽게 이루어지고 있다. 이러한 활동 속에 앞서 말한 식당이 노출되면 자연스럽게 홍보가 되는 기회가 생기는 것이다. 코로나19가 우리를 힘들게 하는 측면도 있지만 새로운 기회와 새롭게 사는 방법을 가르쳐 주는 스승이 되기도 한다.

## 환경에 잘 적응한 기업의 사례

만날 수 없는 고객을 어떻게 만날 것인가? 고객과의 관계를 지속해서 유지하는 방법은 무엇일까? 고객의 소리를 듣고 반응하는 방법은 무엇일까? 고객의 지갑을 열게 하는 방법은 무엇일까? 이에 대해 생각하고 아이디어를 창출하는 기업이 코로나19에 적응하는 기업이다. 적응은 생존의 길이기도 하지만, 성장의 기회이기도 하다.

코로나19에 적응한 기업들의 대처방법에서 또 다른 기회를 찾아볼 수 있다.

### [대형 오프라인 유통업체 적응 사례]

코로나19는 전 세계 모든 분야에 걸쳐 이전과는 다른 세계관을 갖게 했다. 유통 분야도 예외가 아니다. 예상할 수 없었던 충격으로 인해 업과 상품은 물론 서비스의 본질을 되돌아보는 계기가 되었다. 오프라인 유통 분야에 있어 코로나19는 트렌드를 가속하는 한편, 전에는 매장 운영과 접객에서 고려의 대상이 아니었던 것을 중요한 가치로 부각시켰다.

트렌드의 가속화가 이뤄진 첫째는 심화된 온라인 편중이다. 2020년 4월 28일 산업통상자원부에 따르면 2019년 동월 대비 온라인 유통의 매출은 16.9%가 늘어 소매유통 전체에서 차지하는 비중이 50.0%까지 치솟았다. 곧 온·오프라인 간 역전이 이뤄질지 모른다. 1인 가구가 확대되고 IT와 콜드체인이 결합한 다양한 물류 서비스가 제공되면서 이커머스는 폭발적인 성장을 이뤄냈다. 코로나19 국면에 일부 업체는 배송할 인력과 판매할 상품이 없어서 주문을 받지 못할 만큼 대응이 곤란한 속도감을 견뎌내야 했다.

둘째는 언택트라고 불리는 비대면 판매와 친환경에 대한 강화된 요구다. 소비자들은 환경파괴적인 먹거리와 쓰레기 배출을 우려하는 단계를 넘어 건강과 안전을 위해 친환경 식품을 선택하는 행동을 뚜렷이 보이고 있다. 유기농을 넘어 사육 환경까지 따지는 이들이 늘었다.

## 새로운 가치 - 위생과 방역

코로나19로 새롭게 떠오른 중요한 가치는 '위생과 방역'이다. 전에는 매장에서 고객을 접객하는 사람이 안면을 가리거나 멀찍이 떨어져 고객과 거리를 두는 일은 있을 수 없었다. 매장에 바이러스의 존재를 나타내는 소독제를 비치한다는 것도 상상할 수 없었지만, 지금은 매장 내에 반드시 있어야 할 필수품이 되었다. 앞으로 판매사원의 접객 매뉴얼은 '마스크를 반드시 쓰고 고객과 2m의 위생적 거리를 두는 것'으로 바뀔지 모르며, 매장에는 정기적인 방역인증서와 판매사원의 위생증을 비치해야 할지도 모른다.

'상품공급의 안정성'도 새롭게 주목받았다. 전에는 입점이 문제이고 판매가 문제였지 상품공급을 의심하는 경우는 없었다. 어떻게든 안정적으로 공급되는 것이 상식이었지만 비행기가 뜨지 않고 원자재가 봉쇄되는 초유의 사태를 통해 돈이 있어도 물건을 살 수 없는 현실을 경험하게 됐다.

또한 자국 내 공급망 확보 여부가 중요한 가치로 부상했다. '지속적인 고객 접점의 유지'도 새로운 능력으로 부각되었다. 온라인과 달리 오프라인은 매장을 열기만 하면 어떻게든 사람들은 그 앞을 지나가게 되어 있고 매장 운영의 노력에 따라 고객들을 유치할 수 있었다. 좋은 상권과 대형몰은 그런 의미에 있어 가치가 있었다.

코로나19는 정부가 사람들을 밖에 다니지 않게 하는 외출 금지를 권고하는 초유의 사태를 맞게 했다. 매출이 일어날 수 있는 가망이 제거된 상태가 된 것이다. 하지만 그럼에도 고객과 소통함으로써 매출을 일으킬 수 있는 개연성을 확보하는 것은 사업의 존폐를 결정하는 중요한 가치가 되었다.

오프라인 유통은 어떻게 대응해야 할까? 가장 먼저 코로나19를 겪고 진정세에 들어선 중국의 기업들을 돕고 있는 보스턴 컨설팅 그룹이 HBR을 통해 제시한 방법들은 매우 매력적이다.

## 오프라인 유통 대응방안

첫째, 대형화된 오프라인 소매유통은 소규모의 온라인 소매유통으로 변화해야 한다.

둘째, 사내 상하향의 의사결정과 하상향의 정보수집의 조화를 정착시켜야 한다. 최선의 빠른 결정을 위해 기업은 현장의 소리를 더욱 민감하게 들어야 한다.

셋째, 직원과 가족들을 먼저 돌봐야 한다. 직원과 직원 가족의 건강은 곧 회사의 셧다운과 직결되어 있다.

넷째, 기업 간, 조직 간 인력 공유를 통해 인력 배치를 최적화해야 한다. 내근과 외근의 유연함은 코로나19 이후 기업운영에 있어 중요한 이슈다.

다섯째, 매장 근무자들을 '온라인의 인플루언서'로 활동할 수 있도록 재배치가 필요하다.

여섯째, 모든 직원이 소셜미디어를 통한 PR에 철저한 준비와 참여가 필요하다. 사장과 임원도 예외여서는 안 된다.

일곱째, 장기적이고 반복적인 유사상황을 위한 대비를 한다.

여덟째, 산업별로 달라지는 비즈니스 대응전략과 회복속도의 다름을 인정하고 품목별로 각기 다른 접근법을 구상한다.

이 외에도 생산지와 유통망의 다변화와 위기일수록 '고객의 충성도' 향상을 위한 적극적인 변화를 요구하는 것이 포함되어 있다.

우리는 2020년 이전으로 돌아가지 않을 앞으로의 상황에 대하여 '대응'이 아닌 '적응'을 목표로 해야 한다.

## 환경에 잘 적응한 기업이 주는 교훈

위의 사례에서 보여 주는 교훈은 코로나19가 비즈니스의 구조를 변화시키는 동력이 되고 있다는 것이다. 그렇다면 실제적인 변화에는 어떤 것이 있는지 알아보자.

### 코로나19 환경 적응의 실제적 변화

첫째, 온·오프라인의 연결이다.

이제는 오프라인으로만 비즈니스를 할 수 없다. 반드시 온라인과 연결시켜야 한다. 상점에 물건을 진열하고 보관하지만 주문과 검색은 온라인으로 한다. 오프라인으로 판매할 때는 점주가 물건을 진열해 놓으면, 고객이 찾아와서 구매했다. 물건이 팔리면 다행인데 안 팔리면 재고로 남게 되어 손해를 보고 싸게 팔아야 했다.

그러나 온라인 주문이 이루어지면서 필요한 품목과 양을 예측할 수 있게 되어 재고가 줄어들고 이전에 발생했던 손실이 감소되었다. 이는 온·오프라인의 연결이 가져다주는 효과이다. 온라인거래는 현금거래가 되어 자금의 흐름도 좋아진다. 주문 후 납기조정은 고객과의 협의를 통해 이뤄진다. 따라서 재고와 생산관리가 용이해졌다.

둘째, 상품의 신선도가 유지된다는 점이다.

오프라인 판매 시에는 안 팔리면 팔릴 때까지 진열해야 하므로 상품의 신선도가 떨어졌지만 지금은 주문한 양만큼 입고한 후 배송하여 상품의 유통시간이 짧아진다. 고객은 신선한 물건을 구입하게 되어 만족도가 올라가고, 판매자는 재고가 줄어서 좋다. 온라인 판매가 주는 효과이다. 수주의 정확도가 100%이다. 선지급, 후배달이므로 판매자에게나 생산자에게 전혀 불리할 것이 없다.

셋째, 대형 유통의 형태가 소형 유통의 형태로 전환되고 있다.

대형 유통은 규모나 시설이나 물량에 있어 대량 소비를 전제로 하는데 소비자들은 필요시 구매하는 방식으로 변화했기 때문에 모든 것이 소형화된다. 업의 형태가 변하는 것이다. 작은 투자의 비즈니스가 가능한 세상이 열린 것이다. 커다란 매장을 가질 이유가 없어졌다.

넷째, 고객과 소통이 자유로워졌고 고객의 요구와 구매 성향을 알 수 있게 되었다.

고객이 온라인에 접속하면 고객 정보가 남게 되고, 이 고객 정보를 모으면 빅데이터가 된다. 이를 활용하면 비즈니스 방향 수립의 근거를 삼을 수 있다. 누가 '언제 사는지', '무엇을 사는지', '어디에서 사는지' 등의 정보를 알 수 있기 때문에 이에 대한 대응을 준비하면 된다. 마케팅 전략을 수립하는 기초자료가 자연히 모아지는 것이다. 과거에는 마케팅 수요조사를 했지만 이제는 그럴 필요가 없어졌다. 물건을 구매한 사람들의 정보가 마케팅의 소중한 자료가 되고 있다.

코로나19는 일하는 방식, 사업하는 방식, 운영하는 방식의 커다란 변화를 가져왔다. 이 원리는 앞으로의 비즈니스 영역에 반드시 적용해야 할 교훈이다. 앞으로 무엇을 할 것인가를 고민하는 사람들에게 무언가를 할 수 있도록 기회를 준다. 적은 자본으로 사업을 주저하는 사람들에게 사업을 시작할 기회를 준다. 집에 있는 시간이 지루한 게 아니고 코로나가 시간을 벌어주었기에 무언가를 할 수 있는 길을 찾은 것이다. 새로운 세상이 열린 것이다. 기회의 문이 열렸다고 보아야 한다. 기회가 없다고 생각한 사람들 모두에게 똑같은 기회를 주고 있다.

하늘의 햇볕은 남녀노소 모두에게 똑같이 내리쬔다. 능력 있는 사람이나 그렇지 못한 사람에게나 그 빛의 양은 다르지 않다. 코로나19가 모두에게 똑같은 기회를 준 것이다.

'이 환경을 기회로 보는가? 아니면 어려움으로 보는가?'라는 생각에 따라 결과가 달라진다. 코로나19로 인한 표면적 어려움이 문제가 아니다. 이 환경에 적응한 기업이 가진 경쟁력이 코로나가 끝난 시점에는 더 커져 경쟁자와 더 큰 차이가 발생한다는 점이 더 큰 이면적 문제이다. 남들이 변하는 동안 나만 가만히 있으면 시간이 지난 후에 그 차이는 점점 더 벌어질 것이다.

코로나19가 위기가 아니라 지금 아무런 준비 없이 걱정만 하고 앉아있는 것이 가장 큰 위기라는 것을 말하고 싶다. 코로나19는 기업과 사람들을 억지로 4차 산업혁명 안으로 밀어넣고 있다. 기업들은 밀려서라도 갈 것이다. 그냥 흐름에 몸을 맡겨 갈 것인가? 아니면, 흐름 안에서 우리 기업이 나아갈 길을 고민하며 흘러갈 것인가? 같은 흐름 속에 있어도 어떤 자세를 취하느냐가 앞으로 우리 기업의 운명을 결정할 것이다.

### 🔍 ONE POINT LESSON

### '적응하는 기업과 적응하지 못한 기업의 차이'의 의미란?

코로나19 환경은 누구에게나 동일한 현상이지만 그 가운데에서 길을 찾은 사람과 찾지 못한 사람으로 구분되며, 환경이 문제가 아니라 길을 찾았는가가 문제의 본질이다. 환경과 관계없이 시장과 고객의 본질은 바뀌지 않기 때문이다. 코로나19 환경이 위기가 아니라 적응하지 못하는 것이 진정한 위기이다. 가장 큰 위기는 지금 가만히 있는 개인과 기업이라는 말이다. 적응하지 못한 기업이 아무런 대책 없이 가만히 있는 동안 경쟁사와 고객은 저 멀리 가 있을 것이기 때문에 이것이 진정한 위기임을 알아야 한다.

# 7장

# 기회를 잡기 위한 아이디어

코로나19 환경에서
수혜를 본 기업과 피해를 본 기업의 사례를 통하여
이를 극복할 수 있는 지혜와 아이디어를 발견해야 한다.

"아버지! 그렇다면 모든 기업들이 코로나19 환경에 적응하면서 그 기회를 잡을 수 있을까요?"

"아니! 절대 그렇지 않다. 점차 기회를 잡은 기업과 그렇지 못한 기업으로 나누어질 거야."

코로나19로 인한 수혜기업은 IT 기업이라든지 온라인 기업·유통, 게임 관련 기업, 마스크와 소독제와 관련된 기업이 될 것이다. 환경의 변화가 기업에게는 기회를 준다. 대한민국에서 성공한 재벌기업을 보면 모두 환경이 변화하는 시기에 기회를 잡았다. 6·25 동란 이후 폐허가 되어 아무 것도 없는 상황에서 미군들이 쓰던 중고자동차를 정비하면서 현대자동차가 태동했고, 오일쇼크 이후 중동의 건설 붐을 기회로 현대건설이라는 굴지의 기업이 탄생했다.

IMF로 인해 대한민국 기업들이 재무구조를 무시하던 시절, 대우와 한보철강과 같은 거대 기업은 무너졌지만 오히려 IT 벤처 기업들이 등장했다. 현재 코로나19 환경이 다시 대한민국의 바이오산업을 일으키고 있다. 환경이 변할 때마다 세상은 바뀌고 있으며, 이에 따라 새로운 기업들이 출현하고 있다.

그림 2-6 ≫ 수혜기업과 피해기업의 수요 변화

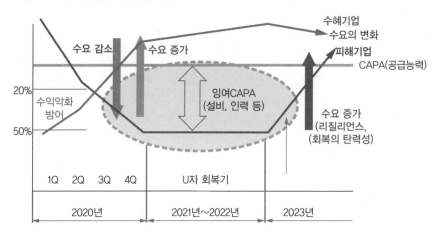

코로나19로 인한 수혜기업과 피해기업의 특징은 무엇일까? 코로나19 발생 이후 2020년에는 양극화 현상이 발생했다. 수혜기업은 급격한 수요 증가로 호황을 누리고 피해기업은 급격한 수요 감소로 매출이 급감하는 현상이 나타난 것이다.

코로나19 상황이 2021년까지 이어진다고 볼 때 수혜기업은 이 기간이 성장할 수 있는 절호의 기회가 될 것이며, 이 이후에는 완만한 유지세가 지속될 것이다. 피해기업은 급격한 수요 감소로 바닥까지 내려가고, 이러한 상황이 2021년까지 이어진 후에 급격하게 수요가 증가할 것으로 예상된다.

[그림 2-6]이 주는 의미를 생각하면서 여러 기업의 사례에서 위기를 극복할 수 있는 아이디어를 찾아보도록 하자.

# 코로나19 환경에서 성장하는 기업이 주는 아이디어

"아버지! 코로나19 상황에서 단순히 환경 변화에 적응하는 게 중요한 것이 아니라 이 상황이 주는 교훈을 찾아 무언가 기회를 발굴해야겠다는 마음이 드는데요!"

아들이 코로나19 환경을 보는 눈이 달라진 것 같아 감사한 생각이 들었다.

"그렇지. 코로나19를 어떻게 볼 것인가 즉 긍정적으로 볼 것인가, 부정적으로 볼 것인가에 따라 결과는 달라진다. 'SEE-DO-GET'이란 말을 들어봤지? 본만큼 실행하고 실행한 만큼 얻는다는 사실을 꼭 기억해라."

나는 흐뭇한 마음으로 기업들의 사례에 대해 이야기를 시작했다.

코로나19는 업종별로 그 실적이 양극화로 두드러지게 나타나고 있다. 항공, 여행, 소비재 관련 기업은 인력을 대거 줄이는 반면, 언택트 수혜 업종으로 불리는 소위 BBIG(반도체·배터리·IT·게임) 업종은 직원을 늘리는 등 고용시장에서의 채용이 특히 두드러진다.

서울경제신문은 진학사 취업정보사이트 캐치(CATCH)의 도움을 받아 코로나19 상황에서도 성장 가도를 달리는 회사 중 특히 재무평가와 재직자평판평가가 좋은 회사를 공개했다. 재무평가는 '구직자 중심의 기업평가모형'에 의거한 평가 기준을 따랐다. 재직자평판평가는 전·현직 직원이 △조직문화·분위기 △연봉·복지 △근무시간·휴가 등 5가지 항목을 기준으로 삼아 진행했다.

코로나19 환경에서도 성장하는 기업의 사례를 보면 반드시 좋은 업종이 아니면서도 변신에 성공한 기업이 더 많다는 것이 특징이다.

표 2-5 》 코로나19에서 성장한 기업

| 항 목 | 재무평가 | 현직자리뷰 | 2020년 실적 발표 |
|---|---|---|---|
| CJ제일제당 | 85.0점 | 81.6점 | 2분기 전년 대비 매출 7.4%, 영업이익 119.5% 증가 |
| 컴투스 | 90.5점 | 82.4점 | 2분기 사상최대 실적 (전년 대비 19% 증가) |
| 삼천리자전거 | 75.5점 | 75.9점 | 전년 대비 상반기 매출액 35% 증가 |
| KG이니시스 | 83.9점 | 76.0점 | 2분기 전년 대비 매출 7%, 영업이익 33.9% 증가 |
| 한샘 | 83.4점 | 76.0점 | 2분기 전년 대비 매출 25.9%, 영업이익 173.5% 증가 |
| 더존비즈온 | 90.9점 | 71.1점 | 2분기 전년 대비 매출 18%, 영업이익 15% 증가 |

자료 / CATCH, 각 사 반기보고서

### 가구판매업_지누스

　가구 판매기업 '지누스'는 트렌드 변화에 즉각적으로 대응하여 성공한 사례이다. 이 회사는 코로나19 수혜기업으로 불린다. 코로나19로 집 안에 머무는 시간이 늘면서 주거 관련 소비가 급증하고 온라인 소비 채널로 이동이 가속화하는 상황을 감안하여 자신들이 갖고 있는 기술과 운영 노하우를 중심으로 사업을 전환하여 성공 사례를 만들어 냈다.

　이러한 지누스의 성공 비결은 무얼까? 제일 눈에 띄는 것은 빠른 사업 전환이다. 텐트를 만들던 회사가 사업을 빠르게 바꿔 침대 매트리스를 만드는 회사로 탈바꿈했기 때문이다. 여기에서 '피보팅(Pivoting)'이라는 단어가 주목받게 되었다. '피봇(Pivot)'은 원래 한 발을 축으로 하여 회전하는 모습을 표현하는 농구 용어인데, 코로나19 상황 이후에는 빠른 사업전환을 일컫는 경제용어가 됐다. 비대면 거래가 증가하고 온라인 가구 시장의 확대에 발맞춰 빠른 사업 전환과 함께 온라인 중심의 사업 모델의 완성이 성장을 이끈 요인이 된 것이다.

### 항공업_대한항공

코로나19로 하늘길이 막힌 상태에서 여객기 내부와 동체를 화물용으로 개조해 화물 수송을 늘림으로써 2분기에 이어 3분기에도 영업이익 흑자를 올린 대한항공 사례도 피보팅에 해당한다.

### 식품업_CJ제일제당

CJ제일제당은 코로나19 여파로 국내 가정식품 수요가 증가하면서 실적을 내고 있다. 2019년 대비 2020년 영업이익이 119.5% 상승했다. 재무종합점수는 85.0점으로 동종업종 상위 1% 기업에 속한다. 현직자리뷰 만족도는 81.6점으로 80점대의 우수한 평가를 받았다. 정규직 신입으로 입사한 7년차 직원은 "성장하는 기업의 다양한 업무 체험이 가능하다"는 평가를 남겼다.

### 게임업_컴투스

사회적 거리두기가 일상화되고 '집콕족'이 늘어나면서 컴투스도 언택트 수혜를 누리고 있다. 특히 컴투스는 2020년 2·4분기 매출액이 전년보다 19% 증가한 1,475억원을 올려 사상 최대 실적을 달성했다. 캐치 최근 재무평가에 따르면 컴투스는 90.5점을 받아 매우 우수한 재무구조를 가지고 있다. 현직자리뷰 만족도 점수는 82.4점으로 직원들의 만족도가 높은 편이다.

### 2륜차업_삼천리자전거

삼천리자전거는 2020년 상반기에 770억원의 매출을 올려 전년 대비 35% 실적 상승을 보였다. 코로나19 사태를 맞아 비대면 운동과 대중교통 대체 수단으로 자전거 수요가 증가했기 때문이다.

### 컴퓨터 서비스업_KG이니시스

사회적 거리두기 강화로 온라인 활동이 활발해지면서 KG이니시스는 2019년 대비 2020년 매출액이 7.0%, 영업이익이 33.9%가 증가했다. 캐치 재무평가에서 2019년(80.3점) 대비 수익성 점수가 87.9점으로 대폭 상승했다. 재무종합점수도 83.9점으로 우수한 재무구조를 가지고 있는 것으로 평가됐다.

### 가구업_한샘

최근 부동산 가격 급등 등으로 내 집 마련의 희망이 멀어지면서 리모델링 수요가 늘었으며, 코로나19 상황으로 '집콕'생활이 증가하면서 한샘은 2020년 2·4분기 매출액이 2019년 대비 25.9%가 증가한 5,172억원을 기록하며 큰 폭으로 매출이 성장했다.

### ERP S/W업_더존비즈온

기업용 소프트웨어를 개발하여 판매하는 더존비즈온은 비대면 업무 환경에 대한 사회적 인식이 확산되면서 다양한 사업 분야에서 호조를 보였다. 2020년 2·4분기 매출이 732억원을 기록해 전년보다 18%가 증가했다. 캐치 재무평가에 따르면 더존비즈온은 종합점수 90.9점으로 매우 우수한 재무구조를 가지고 있다.

수혜기업은 코로나19 환경에 잘 적응하기 위하여 자신의 비즈니스 환경을 자신에게 유리한 방향으로 전환하여 기회를 만들었다. 사람들이 지금 무엇을 하면서 어느 방향으로 생활방식이 변화하고 있는지 주목하여 자신의 비즈니스 방향을 그에 맞게 조정하는 것이 변화하는 세상에서 비즈니스를 계속적으로 이어갈 수 있는 방법이다.

# 코로나19로 피해를 본 기업이 주는 교훈

수혜를 본 기업과는 반대로 코로나19로 인해 피해를 입은 기업도 있다. 여행, 항공, 호텔 관광 관련 기업은 코로나19로 인해 위기에 처한 기업이라고 할 수 있다. 수출 기업의 70%가 '코로나19 확산으로 피해를 입었다'는 경기도의 조사 결과도 있다.

그림 2-7 ≫ 코로나19 관련 수출기업 피해 여부 및 심각성 정도[경기도]

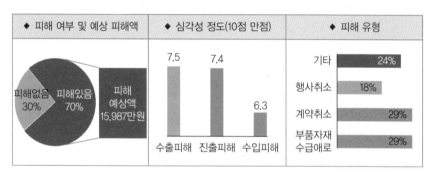

경기도의 조사결과를 보면 수출기업이 느끼는 피해 심각도(10점 만점)는 '수입(6.3점)'보다 '수출(7.5점)'이 컸다. 피해 유형으로는 '부품자재 수급애로 및 계약취소(58%)'와 '행사취소(18%)'가 큰 비중을 차지했다. 수출기업 303개사를 대상으로 진행한 설문조사이기 때문에 수치가 더욱 실제적으로 느껴진다.

## IMF 때보다 더 큰 충격

코로나19의 어려움이 "IMF 때보다 충격이 30% 더 크다"라고 말한 기업도 있다. 국내 기업이 코로나19에 따른 충격을 2008년 글로벌 금융위기 당시보다 30% 이상 더 크게 느끼고 있다는 것이다. 경영 여건이 코로나19 이전 수준으로 회복하는 데 1년 이상 걸릴 것이라고 응답한 기업 비율이 40%가 넘었으며 4분의 1 이상이 신규 채용을 당초 계획보다 줄일 것이라고 답했다.

코로나19가 국내에 발생한 지난 1년간 피해를 입은 기업이 10곳 중 8곳에 이르고 그중 4곳은 비상경영을 시행한 것으로 조사됐다. 대한상공회의소가 최근 국내 업체 302개사를 대상으로 '코로나 사태 1년, 산업계 영향과 정책 과제'를 조사한 결과 이같이 발표했다.

코로나19 사태가 미친 영향에 대해 응답기업의 75.8%는 '피해를 입었다'고 답했다. '생존까지 위협받았다'고 응답한 기업도 8.3%에 달했다. 반면 사업에 '다소 도움이 됐다'는 응답기업은 14.6%, '좋은 기회였다'는 응답기업은 1.3%에 불과했다.

또한 생존 위협이나 피해를 입은 기업 10곳 중 4곳은 비상경영을 시행했던 것으로 나타났다('비상경영 시행' 41.1%, '미시행' 58.9%). 비상경영에 들어간 이유로는 '매출급감'(79.0%)이 대부분을 차지했고, 그에 대한 조치로는 '임금감축 등 경비절감'(71.9%), '휴직·휴업'(50.0%)이 많았다('인력축소' 42.1%, '투자보류' 14.9%, '자금확보' 13.2%, '자산매각' 8.8%, '사업장감축' 7.0%, 기타 6.1%).


대한상공회의소는 지난해 한국경제는 OECD 국가 중 역성장 폭이 가장 적을 정도로 선방했지만 이는 코로나19 위기 극복을 위한 특단의 부양조치가 있었기 때문에 가능했다고 말했다. 그러나 코로나19 변종 코로나 확산, 미·중 갈등 등 대내외 불확실성이 크고 경영상 어려움을 겪는 기업이 여전히 많아 이에 대한 대비를 지속해 나가야 하는 현실의 어려움에도 우려를 나타냈다.

백신접종이 이뤄지기는 하지만 사업활동의 정상화 시기는 2021년 3분기와 4분기를 주로 전망했으나 업종별로 전망에 차이는 있을 것으로 예상했다. 경기회복과 야외활동의 수혜가 큰 '정유'는 2021년 2분기 말, 집콕과 주택공급 확대로 도약의 호기를 맞는 '가전'과 '건설업'은 3분기 이후로 빠른 회복을 기대한 반면,

피해가 극심한 '항공 · 여행'과 '사업서비스'는 4분기, '공연문화'는 내년 이후는 되어야 정상화가 될 것이라고 예상했다.

코로나19로 촉진된 디지털화, 무인화 등의 변화는 코로나 종식 여부와 상관없이 지속될 것이며, 코로나19가 종식된다 하더라도 경영환경 또한 코로나19 때와 비슷할 것이라는 전망이 우세하다. 대한상의의 보도자료에서 보여 주는 수치는 '코로나19 때와 비슷하다'가 72.8%에 비해 '코로나 이전으로 돌아갈 것이다'라는 전망은 27.2%에 그쳤다. 특히 이전으로 돌아가기 어려운 분야는 '영업 · 마케팅활동'(46.1%)과 '근무형태'(25.4%)가 가장 높았고, '채용 · 교육'(18.9%), '기획전략'(12.3%), '자금조달 · 결제'(11.4%) 등이 그 뒤를 이었다.

이러한 예상에 따라 신규 채용과 투자는 축소될 것이다. 조사에 응답한 기업의 26.5%가 채용을 당초 계획보다 줄이겠다고 답했다. 신규 투자 역시 22.4%는 축소할 것이라고 말했다. 이러한 위기 상황을 극복하기 위해 개선해야 할 사항으로는 기업의 37.8%가 '유연근무제'를 개선해야 한다고 답했고, '해고 요건 개선'(18.9%)과 '취업규칙 변경절차 개선'(14.9%)도 필요하다는 의견을 내놓았다.

피해기업들은 일반적으로 보통 기업들이 경기침체로 인한 매출과 물량감소 현상이 일어날 때 느끼는 감정과 유사하다.

## 코로나19가 주는 기회에서 얻은 아이디어

코로나19가 벌어준 시간을 어떻게 쓰는가에 따라 개인이든 기업이든 기회가 되기도 하고 위협이 되기도 한다. 시간적으로 여유가 있어 체질을 개선하고 만성적인 문제를 해결한다면 그것이 경쟁력이 되어 코로나19 이후에 기회를 잡을 수 있겠지만, 우왕좌왕하면서 걱정만 하고 시간을 낭비한다면 코로나19는 위협이 될 것이다.

코로나19 환경에서 기회를 만들고 있는 대기업은 분주하고 빠르게 움직인다. 환경의 영향으로 발생한 위기를 기회로 전환시키는 전략을 준비한다. 부품 및 원자재 공급망을 다변화시키고 있으며, 현지 생산을 강화하여 막힌 수출의 길을 뚫고 있다. 기업 간의 협업을 통하여 이동이 자유롭지 못한 것을 극복하기 위해 역할 분담을 하고 전략적 제휴를 시도한다. 신기술의 방향을 지역 특성에 맞추어 조정하고 지역 및 국가가 원하는 제품을 개발하고자 한다.

**그림 2-8 》 GVC Redesign 〉 GVC(Global Value Chain) 재설계 필요성 대두**

GVC 참여도가 높고 공급망이 일부 국가에 편중된 산업은 코로나19로 인한 GVC 리스크에 민감. 이에 따라 공급망 다변화 · 현지화, 기업 간 협력 강화, 신기술 도입, 제품 포트폴리오 변화 등의 전략 재조정 검토

\* GVC(Global Value Chain)란 생산비용을 절감하고 효율성 · 시장 접근성을 높이기 위해 원자재 · 중간재 생산과 완제품 가공 · 조합 등의 생산을 여러 국가에 분산시킨 국가 간 분업생산체계를 의미

국내기업의 GVC 재편 요인과 대응 방안

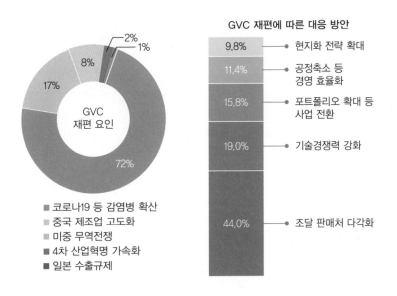

GVC 재편에 따른 대응 방안

| | |
|---|---|
| 9.8% | 현지화 전략 확대 |
| 11.4% | 공정축소 등 경영 효율화 |
| 15.8% | 포트폴리오 확대 등 사업 전환 |
| 19.0% | 기술경쟁력 강화 |
| 44.0% | 조달 판매처 다각화 |

GVC
재편 요인

2%
1%
8%
17%
72%

■ 코로나19 등 감염병 확산
■ 중국 제조업 고도화
■ 미중 무역전쟁
■ 4차 산업혁명 가속화
■ 일본 수출규제

## 포스트 코로나 시대의 GVC 운영 방식의 재구조화가 필요

- 그동안 중국의 홍색공급망(중간재 자체 조달), 신보호무역주의 부상, 일본의 수출 규제로 GVC에 점진적 변화가 있던 가운데, 올해 코로나19의 전 세계적 확산으로 GVC 재편이 가속화될 것으로 예상
- 복수·대체 공급원 확보, 협력사 직접 관리, 표준화 플랫폼 공유를 통해 수급 안정성 확보가 필요. 디지털 공급망 구축을 통해 구매부터 생산, 판매까지 밸류체인 전반의 가시성을 확보하고 관리할 수 있는 시스템이 필요

**국내기업의 GVC Redesign 사례**

| 기업 | GVC Redesign 관련 사례 |
|---|---|
| 삼성전자 | • 중국에서의 휴대폰과 PC 생산을 중단했으며, 생산 거점 효율화를 텐진공장 TV 생산 또한 오는 11월 말까지만 하기로 결정<br>• 중국보다 노동비용이 저렴한 국가로 공장들을 이전할 계획이 있으며, 중국 쑤저우의 PC 조립·생산 공장은 연구개발(R&D) 기지로 전환하기로 결정<br>• 코로나19로 인한 해외 공장의 셧다운을 고려해, 생활가전을 생산하는 광주 사업장의 생산량을 단계적으로 늘릴 예정 |
| LG | • 구미 사업장을 글로벌 TV 생산의 컨트롤 타워로 두고 권역별 생산 체계를 강화<br>• LG전자는 인도네시아 공장을 아시아 시장 전담 공급 거점 생산지로 육성한다는 계획으로 경북 구미의 TV 생산라인 6개 중 2개를 인도네시아 찌비뚱 공장 이전 계획 발표(2020년 5월)<br>• 코로나19 등 비상 상황이 발생할 경우를 대비해, 인도네시아 일부 생산물량을 한국에서도 생산할 수 있도록 대비 |
| HYUNDAI | • 2020년 2월 코로나19로 중국산 부품(와이어링 하니스) 공급 중단을 겪은 바 있음. 중국에 치우쳐진 부품 공급망을 베트남, 캄보디아 등지로 확대하는 등 중국에 대한 공급 의존도를 낮추기 위한 방안을 검토 중<br>• 2020년 10월 모빌리티 밸류체인의 디지털화를 목표로 자동차 주문부터 생산, 시승, 인도 및 서비스까지 자동차 생애주기 전반을 연구하는 싱가포르 글로벌 혁신센터(HMGICS) 기공식 개최 |

자료 / 대한상공회의소, 삼정KPMG경제연구원

코로나19에 대응하는 대기업은 절대 가만히 있지 않는다. 방향을 조정하여 적응할 수 있는 환경으로 바꾸고 유리한 환경으로 만들어 간다. '폭풍이 불 때 어

리석은 사람은 방벽을 쌓지만 지혜로운 사람은 풍차를 만든다'라는 네덜란드 국가의 속담처럼 말이다.

## 적응할 수 있는 환경 구축

수출의 길이 막히자 내수거래선을 개발할 수 있는 기회가 생겼다. 해외 부품공급이 막히자 국내 공급선을 다변화할 기회가 생겼다. 다변화하는 가운데 새로운 파트너를 만날 가능성도 생겼다. 몇 년 전 일본이 반도체 공정의 핵심부품의 공급을 막아 반도체 산업이 엄청난 피해를 볼 것이라 예상했지만 그 결과는 어떻게 되었는가? 오히려 해외에 의존하던 부품을 국내에서 조달할 수 있게 되었고, 우수한 파트너 기업을 발굴하여 안정적 공급원을 확보하는 결과를 가져왔다.

해외 공급이 막히면 국내 조달을 위한 공장을 건설하고 캐파(CAPA)를 증대시켜 투자가 이루어질 것이고 그 가운데 경기가 활성화될 것이다. 그동안 대기업은 해외에 더 많은 투자를 해왔다. 국내 법제도상의 제약을 핑계 삼아 해외에 공장을 짓고 생산거점을 옮기는 데 더 많은 노력을 기울여왔다. 하지만 지금은 해외 공급이 불안정하니 국내 공급원을 찾는다. 국내로 투자처를 돌린 것이다. 정부도 이에 보조를 맞추어 제도를 개선하여 국내 기업이 우리나라에 투자할 수 있도록 도와준다. 코로나19가 국내 경기 활성화에 기회를 가져다 준 것이다.

대면 상황이 비대면 상황으로 변화하면서 기업들은 앞다투어 디지털 전환을 시도한다. 하지만 디지털 전환을 단순한 화상 회의수준으로 생각하면 안 된다. 디지털 전환은 일하는 방식과 업무 방식까지 변화시켜야 한다. 즉 재택근무가 가능한 구조를 만드는 것을 말하는데 이것이 가능하려면 디지털 이전에 업무의 표준화, 암묵지에서 형식지로의 변화, 각종 데이터의 정비를 전제로 해야 한다. 그렇게 되면 자연스럽게 불필요한 업무가 줄어든다. 복잡한 업무가 프로세스화 되면서, 자연스럽게 업무의 스마트화가 이루어지는 것이다.

그림 2-9 》 5대 경영 전략에 따른 기대 효과

단기 및 중·장기 기대 효과

| | 단기 | 중·장기 |
|---|---|---|
| GVC Redesign | • 특정 지역 및 소수 업체에 대한 의존도 감소<br>• 기업 간 폭넓은 협력 체계 및 네트워킹 강화 | • 가시성·위기대응력·복원력을 갖춘 밸류체인 확보<br>• 수요·공급 기업 간 선순환적 생태계 구축 |
| Beyond Deglobalization | • 제조-서비스 비즈니스 연계 강화 및 해외 동반 진출<br>• 소비자 접근성 증가 및 가격경쟁력 확보 등 수출시장 확대와 안정성 확보 | • 소부장(소재·부품·장비) 등 핵심 전략 기술 강화<br>• 업종별 사업 재편과 수출입선 다변화 등 해외 진출 고도화 |
| Digital Transformation | • 전사적 밸류체인 혁신을 통한 비용절감 및 운영 최적화<br>• 디지털 기반의 고객 경험 제공을 통한 사업 경쟁력 강화 | • R&D 고도화 및 비즈니스 생태계 확장<br>• Time to Market을 통한 신시장 선점 |
| ESG | • 산업 규제·표준 준수, 시민단체 요구 선제적 대응으로 규제·평판 리스크 감소<br>• 비재무적 평가 향상으로 인한 사회책임 투자 유치 | • ESG 관련 신사업 기회 창출<br>• 지속적인 브랜드 에쿼티 향상 |
| Customer-centric | • 소비자 만족도 증대로 인한 상품 재구매 확대<br>• 고객의 불안 요인을 줄여 소비자 지불의사 증대 | • 고객 로열티 강화로 광고비 등 비용 절감<br>　- 브랜드 가치 향상 및 소비자 신뢰도 확보 |

자료 / 삼정KPMG경제연구원

삼정KPMG경제연구원 자료는 기업들이 5대 분야에서 경영전략의 수정이 필요하다고 말한다. 5대 분야에는 공급 방식의 전환, 소부장 부문의 기술 강화, 업무의 디지털화, 표준과 규제 준수, 고객만족도 향상 부문이 포함된다.

자발적으로 기업들이 생존을 위한 혁신을 서두르고 있다. IMF의 위기는 대한민국 기업들의 재무구조를 건전한 방향으로 바꾸었다. 2008년 금융위기는 대한민국의 금융구조 혁신을 가져왔다. 이번 코로나19는 기업들의 경쟁력 구조를 바꿀 것이다.

적응하지 못하고 이기려 애쓰지 않는 기업에게는 위기가 재앙이지만 적응하면
서 길을 찾는 사기업에게는 엄청난 체질의 강화와 성장의 잠재력을 키워줄 것이
다. 성장의 잠재력을 키워야 회복의 탄력성이 커져 수요가 폭발적으로 증가할
때 기회를 잡게 될 것이다.

**그림 2-10 》왜 경제위기는 반복될까?**

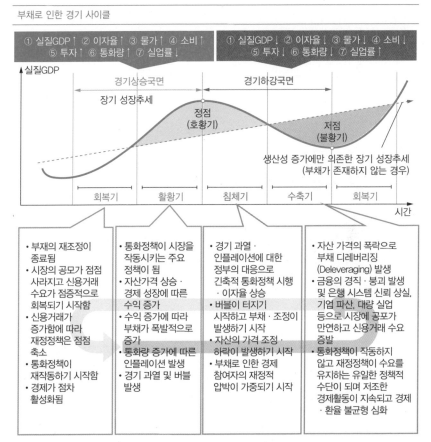

부채로 인한 경기 사이클

① 실질GDP↑ ② 이자율↑ ③ 물가↑ ④ 소비↑
⑤ 투자↑ ⑥ 통화량↑ ⑦ 실업률↓

① 실질GDP↓ ② 이자율↓ ③ 물가↓ ④ 소비↓
⑤ 투자↓ ⑥ 통화량↓ ⑦ 실업률↑

실질GDP

경기상승국면　　　　경기하강국면

장기 성장추세

정점
(호황기)

저점
(불황기)

생산성 증가에만 의존한 장기 성장추세
(부채가 존재하지 않는 경우)

회복기　　활황기　　침체기　　수축기　　회복기

시간

• 부재의 재조정이
종료됨
• 시장의 공모가 점점
사라지고 신용거래
수요가 점증적으로
회복되기 시작함
• 신용거래가
증가함에 따라
재정정책은 점점
축소
• 통화정책이
재작동하기 시작함
• 경제가 점차
활성화됨

• 통화정책이 시장을
작동시키는 주요
정책이 됨
• 자산가격 상승·
경제 성장에 따른
수익 증가
• 수익 증가에 따라
부채가 폭발적으로
증가
• 통화량 증가에 따른
인플레이션 발생
• 경기 과열 및 버블
발생

• 경기 과열·
인플레이션에 대한
정부의 대응으로
긴축적 통화정책 시행
·이자율 상승
• 버블이 터지기
시작하고 부채·조정이
발생하기 시작
• 자산의 가격 조정·
하락이 발생하기 시작
• 부채로 인한 경제
참여자의 재정적
압박이 가중되기 시작

• 자산 가격의 폭락으로
부채 디레버리징
(Deleveraging) 발생
• 금융의 경직·붕괴 발생
및 은행 시스템 신뢰 상실,
기업 파산, 대량 실업
등으로 시장에 공포가
만연하고 신용거래 수요
증발
• 통화정책이 작동하지
않고 재정정책이 수요를
유지하는 유일한 정책적
수단이 되며 저조한
경제활동이 지속되고 경제
·환율 불균형 심화

자료 / 한국은행, 삼정KPMG경제연구원

경제는 생명체와 같아서 불황과 호황을 겪으면서 변신을 거듭한다. 스스로 환경 변화에 적응하는 것이다. 거시경제가 움직일 때 기업에게는 기회가 생긴다. 정부는 통화정책을 통해 자금을 풀거나 금리를 조정해서 시중 실물경제에 활력을 불어넣는다. 이러한 정책에 적응하는 기업과 아닌 기업 간에는 차이가 발생한다. 코로나19 이후에는 더 큰 양극화 현상이 일어날 것이며, 한번 앞선 사람과 기업을 후발 기업이 따라잡기는 어려울 것이다. 이미 변해 버린 세상과 방식에 적응했기 때문이다.

"아버지가 하시는 말씀을 들으니 이대로 가만히 있으면 안 될 거 같은데요. 무언가 준비하는 삶이 필요하다는 생각이 듭니다!"

심각하게 자신의 삶과 현재 상황을 고민하는 아들의 모습이 대견하다. 새로운 출발선상에서 새 출발을 할 수 있는 기회가 온 것이다. 지난 과거의 실수와 낭비한 시간을 다시 되돌릴 수 있는 도전의 기회를 코로나19가 주고 있다고 생각하니 코로나19가 한편으로 고맙게 생각된다.


코로나19는 대한민국 국민의 자부심을 높여주었다. 우리나라가 방역 선진국이자 우리 국민이 선진 국민임을 온 세계에 알리고 인정받는 기회가 되었다. 우리가 부러워하며 선진국이라고 알고 있던 나라들이 코로나19 앞에 속수무책 무너지는 것을 보면서 우리 국민이 얼마나 저력 있는 국민인지 새삼 재인식하는 기회를 얻게 되었다. 이번 기회에 확실히 도약해야 한다. 모든 분야에서 4차 산업화를 먼저 이루어, 다른 나라들이 우왕좌왕하는 사이에 그들을 뒤로 하고 앞으로 달려 나가야 한다.

"아날로그를 버리고 디지털로 가라!

대면을 버리고 비대면으로 가라!

학연 · 혈연 · 인맥에 머물지 말고 플랫폼으로 가라!

지인 중심에서 보편적 대중 속으로 들어가라!

지금까지 있는 모든 것은 다 옛것이다.

지금부터 생각해 낸 것들이 미래이다."

---

🔍 **ONE POINT LESSON**

### '기회를 잡기 위한 아이디어'의 의미란?

성장기업들의 특징은 업종의 전환, 생각과 관점의 전환, 의식의 변화를 기회로 삼아 자신이 가진 상품과 서비스를 대입한 것이다. 피해기업들의 특징은 가만히 있는 상태에서 정부의 지원과 제도적 문제의 개선을 요구하는 것으로 해법을 찾으려 한다는 점이다. 이 둘의 차이점은 생존기업은 해법을 자신 안에서 찾고, 피해기업은 해법을 밖에서 찾는다는 것이다.

생존의 답은 안에 있다. 자신의 사업 본질을 다시 생각하고 환경의 변화에 맞추어 자신의 비즈니스를 어떻게 전환시킬 것인가를 생각하는 것이 기회를 잡는 아이디어라는 의미이다. 눈에 보이는 현상이 위기가 아니라 이면에 있는 본질을 보지 못하는 것이 위기이다. 현재가 위기가 아니라 코로나19 이후가 더 큰 위기이다. 지금의 코로나19 환경은 모두가 겪는 환경이지만 코로나19 이후에 겪는 환경은 나만이 겪는 환경이 되게 해서는 안 된다. 위기의 본질은 내가 가만히 있는 동안에 경쟁자가 변하는 것이다. 그 이후에는 결과가 뻔하다. 기업에 근무하는 관리자 여러분들은 무엇을 할 것인가?

# 3부

# 코로나19
# 위기를 기회로
# 전환하는 방법

# 8장

# 코로나19 환경에서
# 앞선 기업들의 이야기

코로나19는 위기가 아니라 하늘이 준 기회이며,
우리가 모두 도약할 수 있는 기회가 될 것이다.

전 세계적으로 코로나19가 기승을 부리는 가운데에서도 성장을 멈추지 않고 지속 성장하는 기업이 존재한다는 것은 매우 고무적인 일이다. 대면을 통하여 성장해 왔던 기업들이 코로나19 환경에서 비즈니스 전략을 바꾸고, 일하는 방식을 바꾸어 지속 성장하는 그 비결이 무엇인가를 학습하는 것은 매우 의미 있는 일이다. 이들은 오히려 위기를 기회로 전환하고 있는 용기 있는 기업들이다. 이러한 기업들의 사례 연구를 통해 영감을 얻어 자신의 사업에 접목해 보자.

## 홈핏 이야기 1

코로나19로 직격탄을 맞은 헬스 산업의 생존 전략을 제시한 방문 홈트레이닝 '홈핏'의 비즈니스 모델에서 아이디어를 찾아보자.

홈핏은 전문 코치가 집을 방문해 개인 운동을 도와주는 서비스다. 필라테스, 웨이팅, 다이어트, 요가뿐만 아니라 산전·산후 관리, 체형교정까지 다양한 분

---

1 http://www.skyedaily.com/news/news_spot.html?ID=107333 〈skyedaily〉 2020.7. 기사 인용

야에서 레슨을 제공한다. 2020년에 창립 5주년을 맞이한 '홈핏'은 2019년 기준 매출 10억원을 기록했다.

홈핏을 만든 이유를 홈핏 대표는 이렇게 말한다.

"홈트레이닝 플랫폼을 개발해야겠다는 생각은 아주 단순한 곳에서 출발했다. 운동을 좋아하는 만큼 집에서 홈트레이닝을 열심히 했는데 혼자서 하다 보니 올바른 자세인지, 운동은 제대로 하고 있는지 파악하는 데 한계가 있었다. 그러던 중 코치로 일하던 친구가 집으로 찾아와 운동하는 데 도움을 받다 보니 확실히 효과가 좋아지는 걸 알게 되면서 아이디어를 얻었다."

이 일을 계기로 방문 트레이닝 코치와 고객을 연결해 주는 플랫폼을 만들었고 정부의 창업 지원 프로그램을 받아 사업에 본격적으로 뛰어들었다. 창업 지원 프로그램 덕분에 좋은 팀원도 꾸리게 되고 회사를 차리게 됐다. 처음에는 블로그를 운영해 방문 서비스를 진행하다가 홈트레이닝을 찾는 소비자가 늘어나면서 플랫폼으로 발전시켰다. 사업 초반 아직 대중화되지 않은 홈트레이닝 사업 특성상 집을 방문한다는 것에 거부감을 없애는 일이 중요하다고 생각하였다. 블로그에 방문하는 코치진들의 상세 프로필을 제공하고 이미 대중화되어 있는 필라테스, 요가뿐만 아니라 정말 집 밖에 나가기 어려운 임산부를 위한 산전·산후 관리 코치들도 영입했다. 이러한 사업 전략이 통하면서 회사 규모는 조금씩 커져 갔다.

그러나 올해 예상치 못한 암초를 만났다. 코로나19가 확산되면서 사람 자체를 만나길 꺼리는 분위기가 만들어졌다. 우리나라의 경제 전반이 어려움이 빠지면서 홈핏도 예외일 수 없었다. 대다수 기업이 올해 목표 매출액을 줄이고 어떤 위기가 닥쳐올 것인가 고민하고 있을 때 홈핏의 대표는 매출액 목표를 지난해보다 높게 잡고 공격적인 사세 확장을 시도했다.

## 소비자의 니즈 파악

홈핏이 이러한 목표를 잡은 데는 이유가 있었다. 코로나19로 대면을 최소화하자는 인식이 확산되면 홈트레이닝을 찾는 이들이 더욱 많아질 것이라고 예상했다. 그 예상은 맞아 들어갔고 코로나19 확산 초기에는 홈핏을 찾는 고객이 줄었지만 코로나19 사태가 중장기로 접어들자 오히려 홈핏을 찾는 고객이 늘어났다.

코로나19 확산 초기 코치들의 일감이 확연히 줄어들며 위기를 맞이했지만 코로나19가 3개월 이상 지속되면서 운동을 중단했던 사람들이 운동을 다시 하기 시작했다. 헬스장을 갈 수 없는 상황이 되니 홈트레이닝을 찾는 사람이 많아졌다. 2020년 코로나19로 줄어들었던 1분기 매출이 2분기에는 완전히 반전되었다. 2020년 6월에는 회사 창립 이래 역대 최고의 매출을 기록했다.

코로나19 상황으로 시작된 위기를 회피하는 것이 아니라 정면 돌파하는 방식으로 위기를 헤쳐 나가다 보니 오히려 반전의 기회를 맞게 되었다. 그러한 반전의 기회를 갖게 된 것은 다가온 기회를 소중히 생각하면서 그에 대한 준비와 관리를 철저히 했기 때문이다. 특히 소비자가 가장 많은 신경을 쓰고 있는 방역에 대해 철저히 실행하여 재구매가 이뤄지도록 준비했다.

고객들의 불안요소를 없애기 위해 트레이너 위생교육, 회원들의 건강체크 등 방역 매뉴얼을 만들어 철저히 관리하고 있다는 사실을 소비자에게 알렸다. 코로나19와 더불어 살아가야 하는 시대가 된다는 이야기를 들으며, 하나의 가능성이라도 놓치지 않고 그에 맞는 충분한 준비를 했다. 코로나19라 해도 운동을 멈출 수 없는 상황을 감안하여 회원들의 니즈(Needs)에 맞는 프로그램을 기획하여 더 큰 발전을 준비하고 있다.

코로나19라는 환경을 역이용한 사례이다. 운동을 모여서 하기보다는 집에서 개인적으로 코칭을 받으면서 할 수 있는 방법을 찾은 것이다. 1:1 대면코칭을 하는 데 불안한 요소를 사전에 제거하고 방역 매뉴얼을 만들어 관리하므로 고객이 믿고 서비스를 이용하게 되어 비즈니스 기회를 유지·발전하게 된 것이다.

## 언택트 시대, 생활필수품이 된 드론 이야기 [2]

드론 프로그램 개발 및 교육 기관인 '에어온'은 드론 배터리 개선, 조종사 양성, 운송 등 드론을 통해 할 수 있는 여러 사업을 정부기관 등과 협업해 진행하고 있다. 코로나19로 비대면 문화가 확산되면서 드론 산업은 전망이 밝은 산업 영역 중 하나가 되었다. 에어온 대표는 의과대학 재학 중 우연히 접한 미래산업 관련 포럼에서 드론을 처음 접하면서 관심을 갖게 되었다고 한다. 앞으로 드론이 인간의 삶과 관련된 모든 영역에서 많은 역할을 할 것이라고 생각하여 본인이 직접 전문 자격증을 따고 드론 관련 산업에 들어가 업무를 하며 경험을 쌓았다. 그런 준비과정에서 확신을 얻은 에어온의 대표는 2017년 드론개발 및 교육 기업 '에어온'을 창업했다.

에어온 대표는 드론에 대해 남다른 가능성을 봤다고 한다. 단순한 조종 비행기 정도로 인식되던 시절에 이 드론이 미래에는 모든 생활 영역에서 활용될 것은 물론, 4차 산업혁명 시대를 이끄는 필수품이 될 것 같다는 생각이 들었다고 한다. 에어온은 단순한 비행체에서 벗어나 드론 배터리 개선, 조종사 양성, 운송 등 드론을 통해 할 수 있는 여러 사업을 진행하고 있다. 2020년에 코로나19가 확산되면서 드론의 본격적인 사용이 예상보다 더 앞당겨질 것으로 전망했다.

---

2 http://www.skyedaily.com/news/news_spot.html?ID=107333 〈skyedaily〉 2020.7. 기사 인용

## 환경적응형 비즈니스 아이디어

실제로 코로나19 확산 방지를 위해 많은 나라에서 드론을 활용하고 있다. 드론으로 혈액과 진단키트 등을 운송하며 위기 상황에 대처하고 있는데 그런 광경이 하나도 낯설지 않게 느껴지고 있다. 우리나라도 드론을 기반으로 하는 시스템 구축에 필요성을 갖게 되었다. 코로나 시대에 드론의 상용화는 당연시되고 있고, 언택트 시대에 대면을 최소화해야 한다는 요구가 커지면서 드론 배송·배달 등이 서둘러 도입될 것이다. 미국이나 이탈리아 등의 나라에서 드론으로 혈액을 운송하여 여러 명이 목숨을 건지기도 했고, 우리나라에서도 섬지역의 환자들에게 드론으로 약을 공수하여 안전하게 전달할 수 있었다. 코로나가 종식된다 하더라도 앞으로 인류가 또 다른 팬데믹 가능성에 대비해야 한다는 점을 생각할 때 드론의 가능성은 무궁무진하다.

앞으로 코로나19와 같은 최악의 전염병은 생겨나지 않아야겠지만 제2, 제3의 코로나 발생 가능성에 대해 전문가들이 지속적으로 의견을 내고 있는 것을 생각하면 그에 대응하는 드론 산업도 시스템 개발과 구축에 더 많은 기회가 있을 것이다. 단순한 비행기기에서 일상생활에 없어서는 안 될 필수품이 될 것이다.

### 위기를 기회로 전환한 사례_드론

드론을 단순한 조종 비행기로 알았던 시절, 미래의 확장성을 알아챈 에어온 대표의 혜안에 박수를 보낸다. 그리고 현재 코로나19 시대에 드론은 전염병을 방어하고 확산을 막는 존재로 자리했다. 대면 만남이 어려운 환경에서 의약품을 운반하는 무인 운반 수단으로 활용되는 드론 사업은 시기적절한 환경 적응형 비즈니스 아이디어의 좋은 예이다.

# 반도체 PCB 회사 이야기

필자가 직접 지도하는 반도체 PCB 회사가 있다. 반도체 PCB는 사양이 까다롭고, 다층구조여서 불량이 많으며, 다품종 소량이어서 큰 이익을 내기 어려운 사업이다. 그런 이유로 겨우 손익분기점을 넘기는 수준으로 회사가 운영되고 있었다. 특히 국내 최대 기업인 S사와 거래하는 품목은 까다롭고 단가가 낮아서 모두가 적자 품목뿐이었다. 그러나 대기업의 수주 물량을 무시할 수는 없어서 이익이 많이 남지 않아도 계속적인 거래를 유지해야만 하는 상황이었다.

## 준비가 가져온 행운

그런데 코로나19라는 환경이 다가왔다. 그렇지 않아도 어려운 상황에서 물량이 줄면 어떻게 해야 할지 걱정이 앞서는 상황이었다. PCB 사업은 장치 산업이라 설비 가동률이 손익에 미치는 영향이 크기 때문에 물량의 감소는 즉각적으로 회사를 위기로 몰고 올 수 있었다.

이러한 걱정을 하고 있던 중에 중국발 뉴스 하나가 들려왔다. 코로나 발생의 발원지를 중국 우환시로 중국 정부가 발표하면서 우환시 전체를 봉쇄한다는 것이었다. 중국 우환시는 반도체 부품 공급기지이다. S사도 그곳에서 PCB를 공급받고 있었는데 중국 정부의 조치로 공급이 끊겨 전체 생산 라인에 영향을 미치게 되었다. S사가 급하게 공급 업체를 국내로 전환하면서 이 업체의 물량이 급증하게 되었다.

이 업체에 놓칠 수 없는 좋은 기회가 온 것이다. 공장 CAPA보다 더 많은 물량을 공급해 달라고 하니 이제는 주도권이 S사에서 PCB 업체로 넘어오게 된 것이다. 그동안 적자를 기록했던 품목을 흑자로 전환시킬 수 있는 좋은 기회를 맞이한 것이다. 또한 다품종 소량 물량을 정리할 수 있는 좋은 기회까지 함께 왔다.

회사의 손익은 당연히 증대되었고, 덩달아 회사의 분위기가 좋아졌다. 이젠 가격이 비싸더라도 S사에서는 구매할 수밖에 없는 환경이 되었다. 코로나 환경이 길어질수록 이 회사의 존재 가치는 높아질 것이다.

### 위기를 기회로 전환한 사례_반도체 PCB 회사

다른 사람의 위기가 나에게는 기회가 될 수 있다. 동일한 환경이라도 유리한 위치에 있다면 그것 자체가 기회가 된다. 중국의 위기가 한국 기업에게는 기회가 된 것이다. 준비한 기업에게 온 행운이다. 고객으로부터 선택받은 것이다. 준비한 사람과 기업에게 환경이 주는 행운이다. 선택받을 수 있는 준비가 되어 있는 것 자체가 기회임을 보여 주는 예이다.

## 작은 사출 업체 이야기

인천의 남동공단에 있는 작은 사출 업체는 연매출이 2억 정도 규모의 영세업체로, 주요 생산품은 화장품 케이스 뚜껑이다. 사출기 6대로 제품을 생산하면서 BEP에 근접하는 매출로 근근이 경영을 이어가고 있다. 이 회사 역시 설비를 통해 비즈니스를 하는 장치형 사업이라 물량의 안정적 공급이 생존에 지대한 영향을 준다.

그러던 중에 코로나19로 인해 화장품 공급물량이 떨어졌다. 당연한 수순이었다. 여성들의 외출이 줄어드니 화장품의 소비가 줄고, 얼굴을 마스크로 가리니 굳이 화장을 진하게 할 이유가 없어졌다. 코로나19가 이 기업에게 폭탄이 된 것이다. 같이 근무하던 외국인 근로자를 내보내야 할 정도로 경영의 어려움이 찾아왔다. 그러나 기업의 대표는 이런 상황에 굴하지 않고 어려움을 뚫고 나가기 위한 아이디어를 생각하기 시작했다.

코로나19 환경에서 필요한 제품이 무엇인가? 그중에 사출품이 필요한 제품은 무엇이 있을까 고민하던 중 아이디어가 떠올랐다. 손소독약을 담는 케이스 뚜껑이 사출품이라는 생각이 들자 손소독약 케이스가 필요한 업체를 찾아 나섰다. 이 회사가 보유하고 있는 작은 사출기는 휴대용 소독약 용기 같은 작은 케이스 뚜껑을 만든다. 화장품 케이스 뚜껑을 전문으로 사출하던 업체라서 케이스에 맞는 색상을 넣는 작업은 다른 업체에 비해 경쟁력이 있는 기술이다. 개인들이 휴대하는 손소독 용기를 다양한 색상으로 사출해서 공급하니 발주 업체에서는 만족감을 나타낸다. 화장품 케이스처럼 까다로운 품질 요구도 적은 편이다. Full CAPA로 생산을 하지만 항상 제품은 모자르다. 이제는 생산자와 설비가 부족해서 발주 수량을 채워 주지 못하는 경우도 생겼다. 코로나19로 당연히 내보내려던 외국인 근로자는 계속해서 회사에서 일하고 있다.

이 회사에 더 좋은 것은 화장품 용기보다 손소독 용기의 수익성이 훨씬 더 낫다는 것이다. 안정된 물량으로 대량생산, 연속생산을 하면서 그 전보다 품질 요구가 덜 까다로우니 수율이 좋은 것이다.

### 위기를 기회로 전환한 사례_작은 사출 업체

코로나19 환경에 무너지지 않고 반전의 기회를 만든 기업이다. 유사한 품목이지만 변화하는 시장을 보는 안목이 있었고, 자신의 강점을 활용하여 기회를 잡았다. 코로나19 환경에서도 사람들은 생활해야 하므로 거기서 반드시 필요한 것이 생길 것이기에 그 필요가 무엇인지를 생각해 낸 것이다.

위의 4개 기업의 사례는 환경을 이기고 앞선 간 기업의 이야기이다. 이들은 어떻게 앞서 갈 수 있었을까? 이들이 보여 주는 교훈은 무엇일까?

여기에는 숨겨진 비즈니스의 원리가 있다.

- ✅ 시장은 있으나 고객과 접근이 불가능한 경우
- ✅ 좋은 상품은 있으나 고객이 없을 때 고객을 찾은 경우
- ✅ 품질과 원가 경쟁력을 인식시켜 거래 관계를 재구축한 경우
- ✅ 보유하고 있는 시설과 능력 발휘가 가능한 아이템을 찾은 경우

시장을 세분화(Segment)하고 고객의 니즈(Needs)를 면밀히 보면서 고객에게 제공할 가치를 재구성했다. 비올 때는 우산이 필요하고 햇볕이 들 때는 양산이 필요하다. 장사를 잘하는 사람은 날씨의 영향을 받지 않는 법이다. 변화하는 환경에 적응하는 능력이 있는가? 다시 한 번 우리의 기업을 뒤돌아보자.

### 🔎 ONE POINT LESSON

**'코로나19 환경에서 앞선 기업의 이야기'의 의미란?**

홈핏은 방문 트레이닝을 원하는 소비자에게 완벽한 방역으로 안심시켜 집으로 트레이너 방문을 허용하게 하므로 비즈니스 기회를 얻었다. 드론은 본래의 기능을 방역이라는 특수 환경에서도 사용할 수 있도록 용도를 재발견하여 활용했다. 반도체 PCB 업체는 경쟁사의 공급 장애를 역이용하여 거래선를 빼앗았으며, 작은 사출 업체 역시 동일한 기능이나 환경에 맞는 아이템을 찾아 코로나19의 위협을 극복했다.

# 9장

# 중소기업의 유형별 기회와
# 위기 극복 원리

◇◇◇◇◇◇◇◇◇◇◇◇◇◇◇◇◇◇◇◇◇◇◇◇◇◇◇◇◇◇◇◇◇◇

위기를 극복한 기업의 원리를 이해하고
본질을 인식하면 길을 찾게 된다.

◇◇◇◇◇◇◇◇◇◇◇◇◇◇◇◇◇◇◇◇◇◇◇◇◇◇◇◇◇◇◇◇◇◇

## 원리 1_시장의 구분과 가능시장의 발굴원리

"아버지! 중소기업은 여러 가지 유형과 형태의 기업들이 있는데 과연 모두에게 기회가 될 수 있을까요? 공평한 건 이해되지만 정말 모두에게 그러할지는 솔직히 확신이 가질 않네요!"

나와 대화를 이어가는 아들은 사물과 현상을 구분해서 생각할 줄 아는 것 같다. 이제는 좀 더 어려운 이야기를 해도 알아들을 수 있겠다는 생각이 드는 찰나에 이런 질문을 던진다.

"그렇다! 해가 모든 사람에게 공평하게 비추지만 모자를 쓴 사람과 쓰지 않은 사람, 집 안에 있는 사람과 집 밖에 있는 사람이 받는 햇빛은 완전히 다르다. 마음이 열린 사람과 닫힌 사람이 다를 것이고, 도전하는 사람과 그렇지 않은 사람도 밖에서 전해지는 변화를 대응하는 방법이 다를 것이다."

밖에 있는 사람이 햇빛을 받으려면 모자를 벗어야 하고, 집 안에 있는 사람이 햇빛을 받으려면 창문을 열고 커튼을 걷어야 하는 것처럼 자신이 서 있는 위치와 처지에 따라 행동을 달리해야 한다. 아들의 말처럼 천차만별의 유형의 중소기업에 코로나19가 똑같이 기회를 주지는 않을 것이다. 그렇다면 중소기업들은 어떻게 변화를 받아들여야 할까?

## 차별화와 전략적 사고

위치와 처지에 따라 행동을 달리하는 것을 기업경영에서는 '차별화'라고 한다. 차별화는 남들과 다른 행동을 한다는 것이고 이런 다른 행동, 나의 처지에 맞는 행동을 하는 것을 '전략적 사고'라고 한다. 코로나19 환경은 모든 사람에게 공평하지만, 각자가 처한 환경은 다 다르므로 모두 다른 방식으로 코로나19 환경을 바라보아야 한다. 정부가 보는 시각, 기업이 보는 시각, 개인이 보는 시각이 다 다르며 각자가 처해 있는 상황에 따라 달리 해석하고 달리 행동해야 길이 보인다.

진실을 찾는 게임을 시작해 보자! 모두가 위기이고 길이 없다고 하기 때문에 길이 있는 것이다. 길은 2가지 유형이 있다. 원래 길이 있었는데 길을 잃어버린 경우와 또 하나는 원래부터 길이 없는 경우다. 길을 잃었을 때는 길을 찾는 것이 필요하지만 원래부터 길이 없었던 거라면 찾는 수고가 의미가 없어진다. 길을 잃은 것일까? 길이 없는 것일까?

사스나 메르스가 왔을 때 전염병에 대한 경고와 암시가 있었고, 고령화 사회가 된다는 사실은 매년 사회학자들이 단골처럼 해오던 이야기다. 출산율 저하로 인한 인구절벽 이야기도 많은 사회학자들의 경고이다. 이러한 경고들은 인간에게 재앙으로 다가올 것이라고 예상되었다. 경제도 저성장을 예견하여 이러한 시대적 흐름을 기술로 극복하기 위해 4차 산업혁명이 오고 있다는 말을 수없이 들었다.

문제는 이러한 경고와 암시를 듣고 있으면서도 심각한 변화에 대한 대응에 실행 시기와 강도, 판단과 결단 등을 미루어 왔다는 것이다. 이런 소극적인 태도에 코로나19가 뜨겁게 우리에게 충격을 준 것이다. 아직도 무감각한 기업들이 너무 많다. 위기를 느낀다고 해도 무엇을 어떻게 해야 할지를 모르고 있는 기업들이 대부분이다. 코로나19 이후 세계는 양극화 현상이 더욱 심화될 것이고, 기업 간의 우열과 순위의 변화가 크게 생길 것이라고 예상한다.

"아버지! 그렇다면 지금부터 기업들은 무엇을 해야 할까요?"

내 얘기를 듣던 아들이 급한 마음에 따지듯이 묻는다.

"좋은 질문이다. 네가 사장이라 생각하고 내 말을 들어보렴."

내가 하는 사업의 본질을 다시 들여다봐야 한다. 시장이 존재하는데 상품이 없는 것인지, 좋은 상품이 있는데 시장이 없는 것인지, 시장도 상품도 있는데 판매를 못 한 것인지 폭넓게 자신의 사업을 들여다볼 수 있는 시간이 필요하다. 어쩌면 코로나19가 시간을 벌어준 것인지도 모른다. 그동안 자신을 살펴볼 시간이 없었다. 밖을 향하여 성장하려는 몸부림은 있었으나 왜 성장이 없는지 생각해볼 여유가 없어 시간이 흐르면서 길을 잃은 것이다. 만약 코로나19가 없었다면 앞만 보고 달리다가 깊은 늪에 빠져 헤어나지 못했을 수도 있었다.

## 한계기업에 온 기회

어려움을 겪는 한계기업은 2가지 유형에서 나타난다. 첫째는 시장이 없거나 아직 형성되지 않는 상태이다. 아무리 좋은 제품과 기술을 가지고 있어도 시장에서 아직 그 제품을 원하지 않는다든가, 원한다 하더라도 조건이 맞지 않는 경우라면 팔리지 않는다. 가격이 비싸든지, 아니면 성능은 좋은데 주변장치를 함께 바꾸어야 하는 경우이다. 둘째는 제품의 완성도가 이루어지지 않은 경우이다. 시장과 고객이 원하는 제품은 있는데 아직 완성되지 않는 경우다. 기본모델이 있다고 하더라도 경쟁사 제품보다 탁월성이 없으면 시장은 외면한다.

이런 기업에 코로나19는 기회이다. 자아반성이 필요하다. 시장을 다시 구분해서 진입하고 싶은 시장과 진입 가능한 시장을 찾아야 한다. 어찌 보면 지금까지는 진입하고 싶은 시장만 찾은 것이 아닌가 싶다. 진입하고 싶다고 진입이 되는 것이 아니라 진입 가능한 시장이어야 시장이 열린다. 진입하고 싶은 시장에서 진입 가능한 시장으로 생각을 바꾸어야 한다. 많은 영업사원이 기회와 시간을 낭비하는 것이 바로 이 경우이다. 사고 싶은 고객을 찾기보다 팔고 싶은 고객을 쫓아다닌 것과 같다. 나를 원하는 사람을 만난 것이 아니라 내가 원하는 사람만을 찾아다녔다면 기회를 찾기란 어려울 것이다. 관점을 바꾸어 생각해야 한다. 나를 선택해 달라고 애원하는 것이 아니라 내가 선택받을 만한지 점검해 보는 것이 우선이다.

"아버지! 제가 그동안 연애를 잘 못했다는 생각이 드네요! 제가 그랬거든요! 제가 원하는 사람만 쫓아다녔는데…. 반성이 됩니다!"

자신의 연애 실패담을 이야기하는 아들이 무언가 깨달았다는 생각에 기분이 좋아진다. 나를 원하는 사람을 만나면 오래 갈 수 있지만 내가 원하는 사람이라면 나는 좋을지 모르나 상대는 어느 날 조건이 나빠지면 떠날 수 있다. 이 간단한 원칙과 이론을 무시한 채 현실만을 원망하고 있다면 안타까운 일이다. 이는 시장을 전체로만 잘못 보기 때문이다. 시장을 쪼개서 볼수록 내가 진입 가능한 시장이 보인다.

태평양에 있는 고기를 전부 잡고 싶지만 마음으로만 고기를 잡을 수는 없는 것과 같다. 많은 고기 중에 갈치를 잡고 싶다고 생각한다면 그에 따른 전략과 전술이 필요하다. 갈치는 밤에 잡아야 하기 때문에 조명이 필요하다. 갈치가 지나가는 길목을 찾는 요령을 터득해야 하고, 한 마리씩 잡아야 하기 때문에 그물 대신 낚싯대가 필요하다. 매우 구체적인 전략과 전술이 있어야 은빛 찬란한 갈치를 잡을 수 있다.

어떤 고기를 잡을 것인지 정하지 않았다면 어디로 가야 할지 무엇을 준비해야 할지 알 수가 없어 망망대해에 떠서 자신을 구해 줄 구조선을 기다릴 상황에 빠질 수도 있다.

첫 번째 원리는 시장의 구분과 그 가운데서 진입 가능한 시장을 찾는 것이다. 위에서 언급한 드론 사업의 성공사례가 드론을 필요로 하는 시장을 찾은 사례이다. 코로나19의 위협이 존재하는 지역과 사람에게 접근할 수 있는 운송수단으로 드론이 최적격인 것이다. 무인운송방식이야말로 새로운 시장인 것이다.

## ⌕ ONE POINT LESSON

### '시장의 구분과 가능시장의 발굴원리'의 의미란?

시장을 넓게 보는 것은 잠재시장을 보는 것이다. 잠재시장 중에서 진입 가능 시장을 찾아야 하며, 진입 가능한 시장 중에서 목표시장을 정하고, 그 안에서 목표고객을 결정해야 비로소 시장이 있다고 할 수 있다. 고객이 정해져야 고객의 요구를 알 수 있고 고객의 요구에 맞추어 가치를 제공할 수 있을 때 거래가 형성될 수 있다.

# 원리 2_고기 잡는 방법의 선택 원리

"이 세상에는 원리가 있는 법이다. 지구가 도는 원리가 있고 계절이 바뀌는 원리가 있으며 낮과 밤이 교체되는 원리가 있다. 아들아! 환경을 보지 말고 원리를 보아라! 환경을 보는 것은 밖을 보는 것이고, 원리를 보는 것은 안을 보는 것이란다!"

내가 먼저 아들에게 오늘 나눌 이야기로 말문을 열었다.

"아들아! 안이 보여야 방법이 보인다는 원리를 잊지 말거라! 오늘은 두 번째 원리를 이야기하마."

옛날에는 저수지, 시냇물, 작은 개울, 논배미, 웅덩이 할 것 없이 물이 고여 있는 곳에는 어디나 물고기들이 있었다. 붕어, 송사리, 피리, 미꾸라지, 장어, 메기, 새우, 참게, 가물치 등 흔한 물고기를 비롯하여 수질이 깨끗한 곳에는 빠가사리, 꺽쟁이, 모래무지, 중태기 등 귀한 물고기까지 종류도 다양하고 수도 엄청나게 많았다. 비 오는 날에는 개울을 따라 오르던 미꾸라지가 길바닥이나 심지어 앞마당까지 올라왔고 김을 매려고 논에 들어가면 참게가 발에 밟혀 잡히기가 일쑤였다. 가뭄에 저수지가 말라 물 고인 부분이 좁아지면 수많은 물고기들이 수면 위로 모두 주둥이를 벌리고 떠올라 숨을 쉬는 광경을 보는 것도 어려운 일이 아니었다. 사람들은 이런 물고기를 잡아다가 먹을 것이 부족하던 시절에 반찬거리로 요리를 해서 영양 보충을 하였다.

일에 지친 사람들에게 피로를 잊게 해주던 고기잡이 방법에서 교훈을 찾아보려 한다. 〈보령문화(2003년, 제12집)〉에 실린 "우리 고장의 전통 고기잡이 방법들"이라는 글에서는 15가지 고기잡이 방법을 설명하고 있다. 우리가 아는 통발을 이용하는 방법부터 시작하여 저수지의 고기를 잡을 때, 용수로와 배수로의 고기를 잡을 때, 논의 고기를 잡을 때 각각 고기 잡는 방법이 다르다. 우렁이를 잡을 때, 게를 잡을 때, 미꾸라지를 잡을 때, 가재를 잡을 때와 같이 고기가 아닌 경우에도 방법은 제각각이다.

고기 잡는 방법도 이처럼 다르듯이 코로나19라는 고기를 잡는 방법도 달라야 한다. 길이 없는 것이 아니고 길을 잃은 것이다. 길을 찾기 위한 활동이 필요하다. 위에서 언급한, 사람들이 모여서 헬스를 할 수 없기 때문에 개인적으로 집에 방문하여 헬스를 할 수 있도록 도와주는 홈핏의 사례가 바로 고기 잡는 방법을 환경에 따라 선택한 좋은 사례이다.

**🔍 ONE POINT LESSON**

### '고기 잡는 방법의 선택 원리'의 의미란?

물고기는 많다. 보이는 물고기든 숨어있는 물고기든 여러 곳에 물고기는 있다. 물고기마다 특성이 다르니 잡고자 하는 고기가 있으면 그에 맞게 고기 잡는 방법을 택해야 한다. 도구가 달라야 자기가 원하는 물고기를 잡을 수 있다. 원한다고 잡히는 것이 아니라 잡고자 하는 물고기를 잡을 수 있는 방법을 선택해야 가능하다. 못을 박을 때는 망치를 쓰지만 못을 뺄 때는 끌을 사용하는 것처럼 도구가 목적에 따라 다르다는 것을 인식해야 한다.

## 원리 3_유리한 조건과 기회를 찾는 원리

"아버지! 말씀을 들어보니 기업들이 어떤 지혜를 먼저 지녀야 하는지 알 것 같아요. 무조건 열심히 하기보다는 먼저 방법을 찾아서 올바른 방향으로 나아가야 효율적인 결과를 가져온다는 것을 깨달았어요. 그렇다면 그 다음 원리는 무엇인가요?"

원리를 알아내고 즐거워하는 아들을 보니, 이제는 모방하는 것에서 창조할 줄 아는 역량 있는 청년으로 자라는 것 같아 기분이 좋다.

우리 주위를 둘러싸고 있는 환경은 양면성을 가지고 있다. 비가 오면 길을 걷는 사람에게는 불편한 환경이 되겠지만, 비가 오기를 기다리는 농부에게는 단비가 된다. 날씨가 추워지면 밖에서 일하는 사람들에게는 힘든 환경이지만, 난방기구를 만드는 사람들에게는 비즈니스의 기회가 된다. 저녁에 일하는 사람들에게는 밤 시간이 길면 길수록 좋지만, 낮에 일하는 사람들에게는 낮 시간이 길어지면 좋다. 비가 오면 우산을 팔고, 비가 그치고 햇볕이 나면 양산을 팔겠다고 생각하는 사람에게는 비가 오든 비가 오지 않든 모든 환경이 기회가 된다.

내가 직장 생활하던 때가 생각난다. 에어컨을 만드는 사업부에서는 항상 여름 날씨가 어찌 될지 늘 궁금한 사안이었다. 날씨는 중요한 예측 지표가 된다. 여름 기온이 높게 예측된다면 에어컨을 미리 생산해 놓아야 여름 성수기에 팔 수 있기 때문이다. 그러나 예측이 맞으면 대박이지만 예측이 맞지 않으면 손해가 크게 발생하기 때문에 항상 고민했던 기억이 난다. 에어컨 사업은 여름 날씨에 영향을 받는 비즈니스이다.

## 환경 극복 상품

이런 상황에서 생각해낸 아이디어가 여름에는 에어컨을 팔고 겨울에는 온풍기를 팔기로 한 것이다. 혹시라도 날씨의 영향으로 에어컨을 팔지 못할 경우 온풍기 판매로 부족한 부분을 메우는 방식의 비즈니스를 생각한 것이다. 이렇게 시작한 아이디어가 지금은 어떻게 변했을까? 에어컨을 순방향으로 돌리면 냉방기가 되고, 역방향으로 돌리면 온풍기가 된다. 거기에 온·습도 조절 기능을 추가하면서 4계절 상품이 되었다. 제품의 기능을 개량하여 아이디어 상품을 만든 것이다. 환경과 계절에 영향을 받지 않는 상품이 되었다. 냉온방기는 건물을 지으면 반드시 설치되는 필수품으로 자리 잡아 시스템 에어컨이 설치된다. 완전한 환경 극복 상품이 된 것이다.

코로나19도 환경이다. 이러한 환경을 극복하는 상품을 만들고자 생각한다면 아이디어가 생길 것이다. 작은 규모의 식당이지만 찾아오는 고객 중심에서 찾아가는 배달 중심으로 변화하여 이러한 환경을 극복하고 있다. 영세 사출 업체는 코로나19 환경에서 자신의 회사에서 생산하는 제품이 필요한 회사를 찾으면서 활기를 찾았다.

자신이 처한 환경에서 위협 요소와 기회 요소를 찾아서 위협 요소가 미치는 영향을 최소화하면서 기회 요소를 적극적으로 찾아가는 방식의 경영을 해야 한다.

위에 소개한 PCB 업체도 중국 우한의 기존 공급 업체가 코로나19로 공급이 어려워지면서 급히 공급선을 찾는 과정에서 일시적 주문을 받아 공급을 시작하였다. 갑자기 닥친 환경을 기회로 삼아 중국 기업보다 더 좋은 수율로 생산하면서 중국과 경쟁할 수 있는 역량 있는 기업임을 보여 주었다. 품질의 안정과 수율의 향상으로 재료비의 인하를 가져오며, 중국보다 물류비가 적게 들고 신제품 개발 시 빠른 대응이 가능하다는 장점을 부각시켰다. 이러한 노력으로 2차 오더는 증가하였고, 현재는 신뢰가 쌓여 1차 밴더가 되는 행운을 얻게 되었다. 코로나19 환경이 기회를 준 것이다. 여전히 코로나19로 인해 마스크를 쓰고 일하고 있지만 모든 직원들의 얼굴에는 생기가 넘치는 기업이 되었다.

### ✓ ONE POINT LESSON

#### '유리한 조건과 기회를 찾는 원리'의 의미란?

이 세상의 모든 현상에는 양면성이 있다. 해일이 일어나면 바닷가에 사는 사람들에게는 피해가 크지만 바다는 주기적으로 해일을 일으켜 바다를 뒤집어야 생명력 있는 바다가 된다. 전염병도 마찬가지의 원리가 적용된다. 코로나19가 인간들의 자연 파괴적인 활동 결과로 오는 것임을 인식한다면 경각심을 주는 유익한 것이 된다. 모든 것이 나쁘고, 모든 것이 좋은 것은 없다. 선악과 악이 공존하듯이 좋은 점과 나쁜 점은 공존한다. 공존하는 두 가지 상황을 동시에 이해하고 그 가운데에서 나에게 유리한 조건을 찾으면 그것이 기회가 된다는 의미이다.

# 원리 4_체질 개선으로 경쟁력을 찾는 원리

"아버지! 앞에서 말씀하신 것은 환경 가운데서 지혜를 발휘하여 길을 찾으라고 하신 것 같은데요. 그런데 만약에 아무리 찾으려 해도 길을 찾지 못한다면 어떻게 해야 할까요?"

이제는 거의 9부 능선에 와있는 듯한 아들의 질문이다. 마지막 단계의 질문이다. 지금까지는 어느 정도 길이 있었는데 길을 잃어버린 경우에 지혜로 길을 찾아가는 경우였다면, 이제부터는 길이 없을 때 길을 만들어 가는 경우의 이야기이다.

환경에 유리한 조건과 기회도 없다고 생각되는 기업이라면 체질 혁신을 통하여 정면 승부해야 한다. 지금까지 소개한 사례는 환경 속에 기회가 있었고, 통찰력을 통한 참신한 아이디어로 환경을 극복하여 유리한 상황을 만든 경우이지만 그렇지 못한 기업들은 어떻게 해야 하는가?

## 스스로 길을 찾는 경쟁력

체질 혁신을 통하여 정면승부를 해야 한다. 상당 부문의 기업들이 여기에 속한다. B to B(기업과 기업 간 거래) 기업들은 대다수가 이 영역이다. B to C(기업과 고객 간 거래) 비즈니스를 하는 경우에는 자신의 아이디어로 극복할 수 있지만 B to B의 경우는 내 생각과 의지대로 되지 않는 경우가 많다. 이런 기업은 경쟁력으로 승부해야 한다. 동일한 조건에서 경쟁자를 넘어서서 고객이 나를 선택할 수밖에 없는 상황을 만들어야 한다. 유일한 길은 경쟁력이다.

경쟁력이란 스스로 길을 찾아가는 활동이다. 잃어버린 길을 찾는 것이 아니라 스스로 길을 만들어 가는 활동이다. 보물찾기 활동과 같다. 기업에서는 경쟁력이 곧 보물이다. 내 이야기에 귀를 기울이고 있는 아들에게 제안했다.

"아들아! 우리 함께 보물찾기 여행 계획을 세워보면 어떨까?"

갑작스런 보물찾기 여행 이야기에 아들은 의아한 표정을 짓다가 미소 지으며 질문한다.

"어떤 보물을 찾으러 가는 여행인데요?"

"경쟁력이란 보물이지. 그 보물을 찾아 기회를 잡은 회사 이야기를 해줄 테니 잘 들어보렴."

내가 컨설팅했던 이 회사는 경쟁력이란 보물을 찾아 현재도 계속적으로 좋은 성과를 이어가고 있다. D사는 설립한 지 30년 된 우량기업으로 건설장비의 어태치먼트(Attachment)를 생산하는 기업이다. 국내 판매보다 외국으로 수출하는 물량이 많은데 대략 50여 개국으로 수출하고 있다. 설립 이후에 꾸준한 성장을 해 왔고 이익도 증가해서 20년 동안 미루어 왔던 새로운 공장도 신축하는 등 새로운 도약을 위해 막대한 투자를 하였다. 새로 지은 공장에는 최신 생산 설비가 설치되었고, 공장 운영 부분도 상당 부분 자동화가 이루어졌으며, 제2의 도약을 위해 본격 가동을 하려던 차에 코로나19가 발생했다.

D사에게는 청천벽력과 같은 상황이었다. 본격 가동을 해야 할 공장은 멈추었고 영업사원이 고객을 만나기 위해 외국 출장도 갈 수도 없었으며 매년 세 차례씩 열던 전시회도 열지 못하게 되었다. 구매자를 만날 기회도 사라지자 회사 전체가 무기력한 상태로 빠져들었다.

"이 대표님! 코로나19 환경을 어떻게 생각하십니까?"

"네…. 아마도 최소 1~2년 정도는 가지 않을까요?"

잠시 침묵이 흐르고 나서 말을 이어간다.

"이대로라면 이 상황을 견딜 수 있는 기업들이 많이 없을 겁니다. 무엇을 어떻게 해야 할지 지혜를 나누어 주십시오."

오랜만에 만나 반가움에 지었던 D사 대표의 미소가 어느새 사라지고 심각한 표정으로 질문을 던졌다.

"코로나19 환경을 이기려면 먼저 코로나19의 본질부터 이해해야 답을 찾을 수 있을 것 같습니다."

코로나19는 세계적인 전염병이다. 그 전파 속도가 빠르고 치사율이 높아 온 인류를 팬데믹 상태로 몰아갔다. 자기 나라만이라도 살아보겠다고 국경을 봉쇄하였고, 한 나라에서도 도시 간 전염을 막기 위해 특정 도시를 봉쇄하여 경제가 마비되었다.

그러나 앞에서 말했듯이 코로나19가 이번에 처음 생긴 전염병은 아니다. 17 세기 이후 인간들이 농경 사회를 벗어나 집단으로 모여 살기 시작한 이후에 전염병은 지속해서 발생했다. 페스트, 흑사병, 사스, 메르스 등 모두 동물로부터 감염된 것으로 인간의 면역력이 부족해져 생긴 것이다. 엄청난 피해와 사망자가 발생했지만, 인류의 역사를 보면 고난의 과정을 지나면서 한 단계 높은 발전을 하게 되었다. 페스트로 인한 엄청난 피해가 있었기에 도시건설의 기초가 변하게 되었다. 하수도를 만들어 오염수를 배출하는 구조가 완성되면서 도시는 청결한 모습을 갖추었다.

"역사는 영원히 반복된다"는 말을 남긴 고대 그리스 역사가 투키디데스의 저서 〈펠로폰네소스 전쟁사〉에는 전쟁과 함께 전염병에 대한 기록이 남아 있다. 육군이 강한 스파르타가 아테네를 침공하자 당시 아테네 지도자 페리클레스는 아테네와 주변의 항구인 피레우스까지 이어지는 통로를 장벽으로 둘러싸고 그 안에 주변 농촌 주민을 이주시켰다. 성벽 밖을 포위에 나선 스파르타 군대가 오래 버티지 못하게 하기 위해서였다. 이는 군사 전략적으로 고대 동양에서도 흔히 사용했던 작전이었다.

하지만 문제는 장벽 안에 사람이 많아지면서 위생 상태가 악화되었다는 것이다. 그런 상황에서 아테네로 이어지는 유일한 항구이자 외부 식량 공급로인 피레우스를 통해 외부의 전염병이 유입되자 아테네는 속수무책으로 당할 수밖에 없었다. 당시 아테네 주민의 1/3에서 1/4에 해당하는 10만명에서 7만 5천명이 역병으로 목숨을 잃었다. 심지어 지도자인 페리클레스가 사망해 아테네는 다 이 겨놓은 전쟁을 원점으로 돌릴 수밖에 없었고, 결국 아테네는 경제적·사회적으로 황폐화되었다. 이런 어려움을 겪은 후 그리스 특유의 토론과 대화보다는 엄격한 법과 권위에 의한 주민 통제가 강화되었다. 시민이 아닌 외부 유입자에 대한 단속도 심해졌다. 오늘날 코로나19로 인한 전 지구적인 변화와 닮은 점이 많다. 전염병이 역사를 바꾼 경우이다.

현대 의학자들은 이 역병이 발진티푸스나 장티푸스, 또는 바이러스성 출혈열 중 하나로 짐작한다. 전염병은 수많은 사람이 감염되고 숨져 추가로 감염될 사람이 줄어들면서 서서히 사라졌다. 살아남은 사람들에게 일종의 집단면역이 이뤄졌을 것으로 추정된다. 문제는 너무 많은 사람이 희생되었고 피레우스 항구를 통해 아테네로 들어온 전염병은 마찬가지로 이 항구를 거쳐 아테네 밖으로도 폭넓게 퍼졌다는 것이다.

현대에 들어 최대의 팬데믹으로 여기는 스페인 독감은 이번 코로나19 사태와 관련해 가장 흔하게 인용되는 전염병이다. 스페인 독감은 1918~1920년 H1N1 인플루엔자 바이러스에 의해 발생해 전 세계로 퍼졌다. 약 5억명이 감염돼 1차 세계대전 사망자보다 많은 5천만~1억명의 희생자를 냈다. 1차 세계대전에서 2천만명의 군인과 1천만명의 민간인이 숨진 것으로 추정하면 당시 전 세계 인구의 3~5%의 희생자를 낸 무서운 독감이었다.

"그런 어려움 속에서 인류는 안타깝게도 많은 희생을 겪었지만 장티브스, 천연두, 페스트, 스페인 독감 등을 넘어서면서 새로운 발전을 할 수 있었습니다. 위기 속에서도 인류는 늘 기회를 찾았습니다. 그래서 저는 이번 코로나19 상황도 인류에게 또 한 번의 기회를 가져온다고 믿고 있습니다."

"역시! 이 대표다운 말씀입니다. 그 말을 듣고 싶어서 방문을 요청한 것입니다. 왜 코로나19가 기회인지 말씀해 주시지요."

"코로나19를 제대로 이해하려면 코로나19가 주는 고통을 보지 말고 코로나19가 주는 기회를 보셔야 합니다. 코로나19로 인해 좋아진 것이 무엇이라고 생각하십니까?"

"글쎄요! 코로나19로 힘든 것만 생각하고 언제 끝날지만 생각하다 보니 좋은 점은 전혀 생각하지 못했네요."

코로나19로 좋아진 것도 있다. 미세먼지가 줄어들었다. 생산을 하기 위해 대책 없이 공장에서 내뿜던 $CO_2$ 가스가 줄어들었다. 사람들의 활동이 줄어들면서 자동차 매연이 감소했고, 중국 내 공장 가동이 줄어들면서 맑은 하늘을 볼 수 있는 날들이 많아졌다. 정화되는 자연환경을 보면서 우리가 얼마나 많이 자연을 파괴하고 있었는지 알게 되었다. 외출이 줄어 집에 있는 시간이 많아지다 보니 가족 간의 관계에 대해서도 다시 생각하게 되었다.

"일을 최우선으로 하던 우리나라 남성들이 최근 들어 가정적으로 바뀌고 있다는 얘기도 들려옵니다. 하하~"

"그런가요. 그런 얘기는 여성들의 입장에서 나온 거겠지요? 하하~"

너무 딱딱한 이야기만 하는 것 같아 분위기 전환을 위해 우리나라 남성들의 변화를 이야기했더니, 심각하게 내 이야기를 듣고 있던 대표의 얼굴 표정이 풀린다.

그렇다. 이러한 사소한 일들이 코로나19가 준 교훈이다. 매일 손 씻는 일이 습관화되면서 감기 환자가 줄어들었다. 위생 관념이 개선되면서 공공장소에는 소독제가 비치되었고 청결이 문화로 정착되어가고 있다.

# PDCA(PLAN, DO, CHECK, ACTION)

여기에 중요한 기업 경영의 개선 단서가 있다. 원칙과 규정을 지키는 문화, 법을 존중하는 문화, 기본을 지키는 문화, 실천을 가장 중요한 덕목으로 보는 문화가 그것이다. 약속을 지키고 남이 보지 않더라도 자신을 위해 스스로 해야 할 일을 습관적으로 실행하는 문화는 기업에서 실행해야 하는 PDCA(PLAN, DO, CHECK, ACTION) 사이클의 실례를 보여 주는 것이다.

대한민국이 방역 선진국이 된 것은 확진자를 발견하고 추적하여 확산 방지를 위한 격리조치를 신속히 시행하는 것에서 시작되었다. 조금이라도 가능성이 있는 사람을 2주간 자가 격리하는 것을 사람들이 자연스럽게 받아들인 결과, 코로나19의 대규모 확산을 방지하는 데 중요한 역할을 하였다.

여기에 기업경영의 중요한 또 다른 단서가 있다. 기업에 있어서 전염성을 가진 병은 불량과 낭비(LOSS)가 있다. 이러한 불량과 낭비를 줄일 수 있다면 기업은 이익을 낼 수 있다. 이익의 반대 개념인 낭비를 없애고 불량을 줄일 수 있다면 부가가치가 높은 기업의 토대를 만드는 것이다.

D사 대표가 내 말을 끊으며 이야기했다.

"그렇습니다! 우리 회사도 1년 동안 발생한 이의제기 비용, 불량 비용, 악성 재고, 악성 채권 등을 합친다면 1년 동안 벌어들인 영업이익보다 많을 겁니다. 영업이익이 3% 정도 난다면 낭비는 아마 5~10% 정도 될 겁니다. 금액으로 따지면 무척 큰돈인데…."

기업들이 왜 이러한 낭비를 잡지 못하는가 하면, 그것을 늘 사후에 관리하기 때문이다. 문제가 터진 다음에 문제를 알게 되고, 문제를 알았다 하더라도 임기응변으로 해결하기 때문에 재발하는 경우가 태반이다.

이번 코로나19에 대한 정부의 방역 방식은 이것과 달랐다. 사후관리가 아니라 사전관리로 확산을 막았다. 해외 입국자를 전수 검사하고 열이 발생하는 사람들을 모두 검사하는 방식은 혹시라도 발생할 여지가 있는 징후를 사전에 발굴하여 제거하는 방식이다. 대형사고가 발생하기 전에는 항상 경미한 사고와 징후가 있다는 사실을 밝힌 하인리히 법칙을 적용하고 있는 것이다. 그뿐만 아니라 확진자의 이동경로를 추적하여 접촉자들을 찾아내는 활동은 범죄자의 이동경로를 찾아 단서를 찾아내는 방법과 같다. 이러한 모든 활동이 기업에서는 불량원인을 찾는 방법으로 사용될 수 있는 것이다.

기업 경영의 중요한 단서인 선행관리, 과정관리, 추적관리, 문제확산방지를 위한 봉쇄조치 등은 기업이 알고 있으면서도 실행을 등한시하여 낭비를 발생시킨 주요 원인이다. 이러한 기초질서와 기본준수의 원칙과 교훈을 코로나19가 자연스럽게 우리에게 교육해 준 것이다.

"코로나19가 위기를 주고 있지만, 한편으로 코로나19가 이 위기를 극복하는 방법도 알려 주고 있군요?"

한참을 이야기하다 보니 커피가 다 식어 버렸다. 마치 내가 코로나19를 찬미하는 사람 같은 생각이 들어서 겸연쩍어 하는데 D사 대표가 화제를 바꾼다.

"역시 혜안을 갖고 계시네요. 그렇다면 우리 회사는 어떻게 해야 할지 이야기해 봅시다."

"알겠습니다! 코로나19 환경에서 생존할 수 있는 방법을 설명해 드리겠습니다."

## 코로나19 혁신활동 프로그램

코로나19 혁신활동 프로그램은 크게 2가지 축으로 되어 있다. 한 축은 리스크 관리이고, 다른 한 축은 경영 및 관리 방식의 전환이다.

리스크 관리는 매출이 줄어들면서 발생하는 위협을 극복하기 위해 자금 수지를 먼저 점검하고 자금 확보를 선행하여 생존력을 확보하는 활동이다. 그와 동시에 수익 악화 요소를 발굴하여 이익에 해를 주는 요소들을 사전에 봉쇄하는 활동이다. 생존을 위한 활동인 것이다. 그리고 비상 시나리오를 만들어 매출이 20% 감소할 때와 40% 감소할 때, 60% 감소할 때를 가정하여 대응 시나리오를 계획한다. 20% 정도 감소하면 관리력을 강화해야 하고, 40% 정도 감소하면 혁신 활동을 결정해야 하며, 60% 정도 감소하면 구조조정의 시나리오를 만들어야 한다. 그런 시나리오를 만든 후에 코로나19가 벌어준 시간을 활용하여 경영 방식을 점검해야 한다.

우선 제일 먼저 해야 할 일은 고객만족에 문제가 될 가능성을 점검하는 것이다. 원부자재 공급의 문제는 없는지, 협력사의 조달 문제와 품질 문제는 없는지 살핀다. 특별히 중국에서 들어오는 자재이거나 코로나19가 심한 국가라면 조달의 문제가 발생할 수 있으므로 조달 방식과 업체 변경도 고려해야 한다. 그리고 지금까지 해오던 관리 방식에는 문제가 없는지 검토한다.

수요가 적고 공급이 넘치는 저성장 환경에서 고객은 눈높이가 올라가고 웬만한 감동에는 움직이지 않는다. 그래서 고객 클레임, 고객의 소리(VOC), 품질 문제 등을 다시 살피고 제품에 하자가 없는지 살펴야 한다. 기존 고객의 이탈을 막는 것이 새로운 고객을 만드는 것보다 중요한 관리 항목이다. 지금까지 해오던 고객 관리가 코로나19로 어려워졌기 때문에 소통의 방식을 비대면으로 할 수 있는 방식을 찾아야 하고, 소통의 효율을 높이기 위한 콘텐츠를 개발해야 한다. 직원들은 집에서 일할 가능성이 높아지므로 이에 대비하여 준비를 하는 것이 필요하다.

내 이야기가 끝나기도 전에 D사 대표는 자리에서 일어나 나에게 다가와 부탁한다.

"당장 다음 주부터 지도를 부탁합니다! 내가 준비해야 할 일이 무엇인지부터 말씀해 주십시오! 빠를수록 좋을 것 같습니다."

회사 대표와의 미팅을 마치고 회사 주차장에 세워둔 차에 오르면서 아들에게 전화를 걸었다.

"새로운 일을 하나 더 하게 되었다. 너와 이야기한 것들이 많은 도움이 되었으니 아빠가 한 턱 쏠게."

"잘 되었네요. 이번에도 집에서 하는 거죠? 하하. 축하드려요."

내용은 물어보지도 않고 한턱 쏜다는 말에 즐거움을 표시하는 아들의 쾌활함에 기분이 좋아진다. 오늘 D사 대표와의 미팅에서 깨우친 내용을 이야기하고 싶었지만 다음에 하기로 하고 자동차의 시동을 걸었다.


지혜가 있는 사람들의 빠른 의사결정 방법은 우리가 본받아야 할 교훈 중에 하나이다. 큰 성공을 거둔 사람들의 특징 중의 하나는 길을 찾으면 즉시 실행하고, 실행하면서 생각하고, 고쳐가면서 완성하는 애자일(Agile) 철학으로 무장되어 있다는 것이다.

불확실성이 큰 상황에서는 빠른 것이 경쟁력이다. 아무도 모르는 길을 가는 경우에는 가면서 길을 찾는 것이다. 먼저 실행해 본 사람에게 기회가 먼저 생긴다. 고민하고 고뇌한다고 길이 보이는 것이 아니다. 한 번 가본 경험이 있을 경우에는 깊은 숙고가 필요하고 두 번의 시행착오를 막기 위한 노력이 필요하지만, 아무도 모르는 불확실성과 모호성이 큰 상황에서는 먼저 실행하고 실행의 결과를 짧은 주기로 반성하고 수정하면서 다음 단계로 진입해야 한다.

민첩성이 경쟁력이다. 기동력이 경쟁력이다. 사이클링 하는 관리가 경쟁력이다. 그런 측면에서 D사 대표는 현명하고 민첩성을 가진 분이라는 사실을 다시 한 번 깨달았다.

## '체질 개선으로 경쟁력을 찾는 원리'의 의미란?

길을 잃었을 때는 기억을 더듬고 지혜를 발휘하여 길을 찾는 것이 문제이지만, 길이 없을 때는 길을 만들어가야 한다. 길을 만든다는 것은 선각자의 지혜를 듣고, 실행하면서 생각하고, 고쳐가면서 완성해 가는 것이다. 스파이럴 솔루션 지향으로 나사를 회전시키면 돌면서 앞으로 나가듯이 도전을 통해 자신의 문제를 단계적으로 추진하면서 길을 만들어 가는 것을 의미한다.

## '중소기업 유형별 기회와 위기 극복 원리'의 의미란?

비지니스에서 기회를 찾는 방법에는 순서가 있다. 쉬운 것부터 시작해야 한다. 가능한 것부터 시작해야 한다. 할 수 있는 것부터 시작해야 한다.

첫째가 시장을 구분해 보는 것인데, 시장은 진입 가능한 시장과 진입하고 싶은 시장이 있다. 진입 가능한 시장을 먼저 두들겨야 한다. 둘째는 물 속에 물고기가 있다고 그 물고기가 전부 내 물고기가 아닌 것처럼 내 그물 속에 물고기가 들어와야 진짜 내 물고기이다. 물고기를 잡는 방법은 다양하다. 어떤 방법과 도구로 물고기를 잡을 것인지 생각해야 한다. 셋째는 유리한 조건과 기회를 찾는 방법이다. 기회와 위협은 늘 공존한다. 언제나 상관관계이다. 상대와 나의 몫의 차이는 상대와 내가 가진 역량의 차이만큼이다. 권투 경기와 같다. '누가 더 많이 맞는가?'에 따라 누가 먼저 쓰러지는가의 싸움과 같다. 넷째는 길이 없을 때 정면 돌파해야 한다. 자신이 하고 있는 업의 경쟁력과 체질을 강화하여 정면 승부를 벌여 싸워 이기는 길을 선택해야 한다.

# 10장

# 경쟁력을 만드는
# 포스트 코로나19(POST COVID19)
# 혁신 활동 방법

특별한 대안이 없는 기업은
최고의 경쟁력을 만들어 정면승부해야 한다.
지금이 가장 바빠야 할 시기이다.
길이 잘 보이지 않는 기업이야말로
지금이 가장 바쁘게 무언가 준비해야 한다는 신호다.

"아들아! 길을 만드는 것은 도전과 의지가 있어야 가능하다. 등산하는 사람들이 새로운 길을 만드는 원리와 같지? 능력과 결과만을 가지고 생각하지 말고 과정을 통하여 학습하면서 도전하는 사람이 길을 만들 수 있는 것이다. 길이 처음부터 있었던 적은 없다. 먼저 간 사람이 있었기에 길이 생긴 거란다. 오늘은 아빠가 했던 일들을 설명해 줄게."

그동안 아들과 이야기한 내용이 이론적인 것이었다면, 오늘은 실제적으로 어떻게 계획을 세워 코로나19에 대비했는지에 대한 이야기다.

D사가 추진한 PC19혁신(POST COVID19혁신) 활동은 다음과 같은 좋은 결과를 가져오고 있다. 처음 시작하면서 가졌던 걱정과는 달리 조금씩 길이 보이기 시

작했고, 평평하고 안전한 길이 될 수 있도록 D사의 임직원들과 소통하며 지금도 진행 중이다.

포스트 코로나 혁신 활동 결과는 다음과 같다.

- ✅ 직원들의 의식이 바뀌고, 이직률이 "0"이 되었다.
- ✅ 대외 이미지가 개선되었고, 우수 인재 영입의 기회가 증대되었다.
- ✅ 금융기관 신용도가 올라가고 자금 확보를 위한 대출이 수월해졌다.
- ✅ 정부기관으로부터 관심을 받고 모델 기업으로 지정되어 지속적인 지원을 받고 있다.
- ✅ 스마트 공장 구축, 업무의 스마트화, 제조업 R&D 사업의 기회와 지원을 받고 있다.
- ✅ 품질개선을 위한 원류 품질 관리로 개발 품질부터 관리되는 구조가 만들어졌다.
- ✅ 방역 안전으로 지속 근무 환경이 확보됨에 따라 거래선의 신용도가 증대되어 안정 공급원이 되었다
- ✅ 해외 바이어로부터 지속 거래 요청이 오는 이유는 안정적 공급처란 인식 때문이다.

위와 같은 결과를 어떤 과정으로 진행하였는지 4가지 관점으로 진행한 D사의 PC19 혁신 활동 내역을 설명하겠다.

그림 3-1 ≫ PC19혁신(POST COVID19혁신) 활동

**1　코로나 발생 : RISK 예상**

- 물량감소 예상 → 공장운영의 차질 발생 → 수익감소
- 조직의 모랄 저하 → 동기부여와 팀워크강화 방안
- 수출 고객 간의 소통 장애 → 고객미팅 불가, 전시회 불가

**2** **대안으로 PC19혁신** : RISK의 반전

- 1차 대안 → RISK 요소 사전 발굴 → 자금 조달 방안 수립
- 2차 대안 → 조직활성화 → 임원 중심의 혁신활동 → 반전의 기회 모색
- 3차 대안 → 대체물량 확보 및 내수시장 강화
- 4차 대안 → 해외주력시장 고객 소통강화 및 기존고객 관리
- 5차 대안 → 선투자 공장 안정화, 문제해결, 품질력 강화 FMEA 도입

**3** **PC 활동의 결과** : 정성&정량 효과

- BEP 인하 → 작은 매출에 흑자 구조 전환
- 100% 고용보장 가능 → 지속근무, 이직율 "0"
- 코로나가 벌어준 시간 활용 → 전체조직 체질강화 혁신 전개

**4** **'21년도 지속과제** : POST 코로나 준비

- 해외 시장침체, 매출감소 → 생존매출과 BEP 목표 할당제 운영
- 상품력 강화, 원가 경쟁력 확보, 생산방식의 다원화 전개
- 공장의 스마트화, 업무의 스마트화 → 디지털 공장으로 전환 시도
- 탄력근무가능 구조, DB활용 업무전개 구조, ONTACT 업무방식 정착

앞서 말한 D사는 매출의 95% 이상을 수출에 의존하는 회사로서, 코로나19 사태는 치명타였으며, 생존 자체에 위협을 느낄 정도로 위기의식을 가지고 있었다. 주로 미주 지역과 유럽, 인도 지역을 주력 시장으로 각국의 딜러 네트워크를 통해 수주를 받고 있으며 기타 아시아, 중동 지역에도 수출을 하고 있었다. 매년 2회 이상 국제 전시회에 출품하여 자사의 신제품을 알리고 딜러들과의 교류와 홍보를 통하여 판매를 이어가는 글로벌 기업인데 하늘길이 막히고 교류의 채널이 막힌 상태에서 새로운 돌파구를 찾아야 하는 상황이 되었다. 그러한 어려움을 극복하기 위한 D사의 혁신 활동은 다음과 같이 이루어졌다.

## 혁신의 시나리오 수립

집을 짓기 전에 먼저 조감도를 그리듯이 혁신을 위한 프로그램을 수립하고 공감대를 만드는 활동이다. 목표는 위기를 기회로 전환하는 것이며, 물량이 줄고 경기가 좋지 않지만 적자는 면한다는 대원칙을 세웠다. 리스크 관리와 체질 개선이란 2가지 지향점을 정하고 프로그램을 수립하였다.

그림 3-2 ≫ 코로나 위기 극복 BIZ PLAN

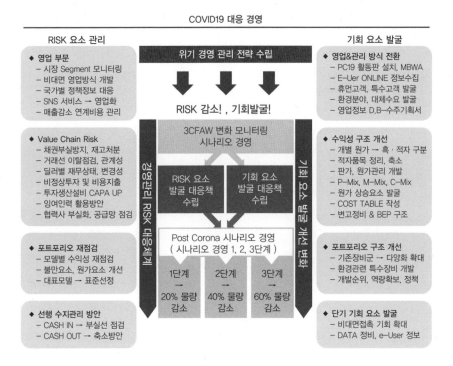

혁신은 사람들이 하는 것이며, 혁신이 이루어졌을 때 그것은 사람들의 열정과 의지의 산물이다. 가장 먼저 해야 하는 일은 사람들의 이해를 구하고 공감대를 형성하여 이를 실행하도록 유도하는 일이다. 마인드 셋(MIND SET)이 혁신의 성공

요소이므로 의식교육을 먼저 제안했다.

"대표님! PC19 프로그램을 먼저 팀장 이상의 임원들에게 설명하고 동의를 구한 후 시작하겠습니다."

"그렇게 하시죠."

회사의 위기 극복 방법을 요청했던 D사 대표는 특별한 질문 없이 나의 제안을 그대로 받아들였다. 코로나19 방역을 준수하면서 강당에 모인 임직원들에게 프로그램을 소개하면서 제일 먼저 의식 교육을 실시하였다.

첫째 코로나19는 위기가 아닌 기회라는 것을 강조하여 설명하였다. 기업에게 코로나19는 둘도 없는 기회이다. 경쟁에서 유리한 고지를 잡을 수 있는 기회이며, 남들이 우왕좌왕하는 동안 미래를 준비할 수 있는 유일한 기회임을 강조하였다.

둘째 '코로나19 이전 세상은 다시 돌아오지 않는다'는 것의 의미를 설명하였다. 코로나19로 인해 시장과 고객은 지금까지 살아왔던 세상이 아닌 다른 세상에서 살 준비를 하고 있다. 이러한 생각이 깊어질수록 먼저 살았던 세상과는 점점 더 멀어진다. 마치 비행기를 타고 먼 나라로 이민을 가는 것과 같다. 고향을 떠나 새로운 세상에서 생활을 시작하는 사람이 그 나라의 제도와 법과 문화에 적응하면서 정착했기 때문에 다시 돌아갈 이유가 없는 것과 같다. 새로운 삶을 계획하는 것이다.

조달의 공급선이 바뀌고 있고, 공장이 이전하고 있다. 시장과 고객, 공급처가 변하고 있다는 말은 비즈니스 환경이 완전히 바뀌는 것을 말한다. 일자리가 없어 실업이 늘어나면서 정부는 공적자금을 풀고 있고 공공사업 등을 전개하여 새로운 일자리를 만들고 있다. 소위 디지털 뉴딜정책 같은 것들이다.

그림 3-3 » 기타 코로나19 환경 기회요소

**1 대 중국 관련 기회요소**

- SCM 차질로 인한 공급선 변경
- 중국산 제품의 품질사고 → 가격 < 품질위주 사고 전환
- 중국공장 가동율 저하 → CAPA 부족 → 공급선 +1 전환
- 납기 지속적 연장 → 생산지연, 수송지연, 인적교류지연 → 업체변경

**2 신규시장 개척 기회요소**

- 샘플공급 신속성 → 신제품 선적용 가능성 확대
- 국내업체 시간적 여유 → 경쟁업체 간 종합적 비교
- 수입대체품 조달 장애 사전 점검 → 소싱처 변경

**3 일반적 환경 기회요소**

- 온라인 업무 · 강의 · 소통 증가, IN-HOUSE 제품 증가 - 게임, CCTV, 서버, PC · TV, 카메라, 테블릿PC, 급식 관련 배송, 간편식, 냉동식품 증가
- 불안심리 → 재고 선확보 증가, 선행 주문 증가 → 자동차, 전기 · 전자
- 유가 하락 → 석유화학 정제비용 위기, 환율 증대 → 수출업 유리
- 코로나 수혜기업 : 마스크, 사출, 의약품, 필터, 공기청정기, 스타일러, 소독제, 체온계, 열화상카메라, 검진 KIT, 인공 호흡기, 방호복 등

**4 신뉴딜정책 수혜기업**

- 건설, 인프라, 장비업체, 소상공인 활성화
- 노동의 유연성 증대 → 재택근무, 탄력근무, 2-JOB 증가

위협과 함께 기회가 왔다. 지금이야말로 SWOT(강점, 약점, 기회, 위협) 분석이 필요한 시점이다. 직원들, 특히 회사 임직원들의 생각을 바꾸었다. 아무것도 할 수 없다는 무기력한 상태에 있던 직원들을 깨우는 일이야말로 시급한 과제이다.

# 기업 환경 분석(SWOT 분석)

　지피지기하면 백전백승한다고 했다. 적을 알고 나를 안다면 싸워서 이길 수 있다. 오늘 우리가 싸울 대상은 코로나19 환경이다. 코로나19가 우리 회사에 미치는 영향이 무엇인지 파악하는 것이 최우선 과제이다. 임원들을 모아 환경 분석을 하기 위한 워크숍을 실시했다.

그림 3-4 ≫ 전사 전략과제 도출

| 코로나19 이후 SWOT 분석 | 자사 측면 | 기회(Opportunities) | 위협(Threats) |
|---|---|---|---|
| | | 1. 혁신기회<br>2. 고객시장 분석<br>3. 연구소 프로세스 정비<br>4. 문제제품 개선의 기회<br>5. 신공장 신규 설비 개선<br>6. 스마트 공장 안정화<br>7. 코로나 조기 안정 - 공급기회 리딩력<br>8. 중국취약 반전의 기회 | 1. 비용지출 및 적자<br>2. 핵심인재 이탈 우려<br>3. 시장 침체 장기화, U자 성장 위험<br>4. 물류비 증대, 팬딩업무 발생<br>5. 시제품, TEST품 지연 → 기회손실<br>6. 설비투자 회수지연<br>7. 유휴 인력 발생<br>8. 협력사 가동 중지, 공급망 붕괴 우려<br>9. 딜러활동 정지, 수요격감, 수주감소 |
| **사업환경 & 시장** | | | |
| **강점(Strengths)**<br>1. 근무 환경 개선, 공장 이미지 개선<br>2. 장기근속자 구축<br>3. 딜러소통력 우수<br>4. 제품의 라인UP, 총합 대응력, 다양성<br>5. 젊은 연구진, 미래지향적<br>6. 일괄생산 라인, SPEED 대응력<br>7. 수직 통합 비즈니스 모델, 협력사<br>8. TOP리더십, 대외 영향력 우수 | | 코로나19 극복 혁신 활동과 정부정책을 연계하여 DA의 대외 브랜드 이미지 개선과 미래가치 창출 활동을 통한 신공장 건설의 목표를 달성하고 스마트 공장의 성공모델 구축으로 제2의 도약의 기회를 창출함<br>**1. 효율적 재무관리 → 지속가능한 경쟁력**<br>　- 자금수지관리, CASH FLOW 관리 강화<br>　- 지구력 경쟁력, 고용보장, 도약기반구축<br>**2. 일하는 방식 → 스마트경영과 공장 구현**<br>　- ONLINE 방식과 SNS 활용 경영방식 실현 | 글로벌 경기의 양극화 예상, U자 성장모형으로 1~2년 저성장기조 심화되다가 경제회복 정책인 각국의 재정정책으로 건설 SOC사업 활성화 예상되므로 U자 성장기 전략과 회복기 전략 2원화 준비가 필요함<br>**1. U자 저성장기 전략**<br>　- MK COVER율 확대 + 대체수요 확보<br>　- U자성 대응력에 중점<br>**2. 회복기 대응전략**<br>　- 시장 및 지역별 특화 경쟁상품 준비 |
| **약점(Weaknesses)**<br>1. 핵심인력 의존적 운영<br>2. 시스템력 취약, 스마트화 취약<br>3. 원가경쟁력 취약<br>4. 대표제품, 상품 미흡<br>5. 수작업 업무 과다, 사무효율성 취약<br>6. 브레이커 설계력 취약<br>7. 인적역량 취약, 병역특례자 취약<br>8. 소통의 난제, 물동변화 극심 | | 코로나 환경에서 기존고객의 만족도 증가로 이탈을 방지하고 고객 NEEDS를 대응하기 위한 내부 체질개선의 기회를 활용하여 문제 제품, 공정, 설비, 설계 등을 바로잡고 관리체계의 재정비 기회로 도약을 준비함<br>**1. 문제점 보완과 강화 전략**<br>　- 제품성능 문제, 품질, 고객불만요소 해소<br>　- 업무의 스마트화 추진 - 업무효율과 질 UP<br>**2. 투자설비 가동, 효율 극대화**<br>　- 신 공장 투자 설비, 고효율화 과제 개선 | 글로벌 경기는 장기 침체로 진입하고 있으며 저성장 기조가 지속될 것이 예상되어 의미가 없는 제품, 공정, 관리, 시장, 고객들을 재평가하여 낭비발생 가능성을 색출하여 배제하고 축소하는 Delete 경영을 추진함<br>**1. Delete 대상 선정 발굴 배제**<br>　- 시장, 제품, 개발, 조직, 공정, 업무, 협력사 중 의미 없는, 현재가치 없는 것을 배제<br>**2. LOSSLESS 관리 체계 재구축**<br>　- 필수불가결한 요소로 단백한 구조 재구축 |

　현재의 환경에서 기회 요소와 위협 요소는 무엇인지, 그리고 자사가 가진 강점과 약점은 무엇인지, 그래서 단기적으로 대응할 과제와 장기적으로 대응할 과

제는 무엇인지 파악하는 일이 무엇보다 우선 필요했다. 워크숍에 참석한 임직원들은 자신들이 몰랐던 시장 환경도 알게 되었고, 코로나19 환경에 위협 요소만 있는 것이 아니라 기회 요소도 얼마든지 있다는 사실을 발견했다.

새로운 발견을 통해 얻은 사실을 분석한 결과를 토대로 해야 할 일 8가지를 찾았다.

- ✅ 효율적인 재무 관리를 통하여 지속 가능한 경쟁력을 만든다.
- ✅ 일하는 방식을 바꾸어 경쟁력을 만든다(스마트 공장과 스마트 관리체계 구축).
- ✅ 경기 회복은 U자로 진행될 것이라 예상되므로 저성장기에 대비한 전략과 실행 과제를 찾는다.
- ✅ 코로나19는 종식될 것이기 때문에 코로나19 이후를 대비한 준비와 회복 탄력성을 만든다.
- ✅ 그동안 고객에게 불편을 주었던 제품상의 문제점을 모두 찾아 적극적으로 개선한다.
- ✅ 도약을 위해 설비 투자한 것을 정상 가동시키기 위한 부족하고 미비한 것들을 개선한다.
- ✅ 없애고 줄일 수 있는 과제들을 찾아 이번 기회에 완전히 없애고 줄인다.
- ✅ 낭비가 없는 공장과 관리 체제를 구축한다.

기회와 강점을 고려해서 제일 먼저 해야 할 일을 찾았다. 코로나19를 기회 요소로 본 것이다. 신공장을 구축한 후에 아직 안정되지 않은 상태인데 코로나19로 시간을 벌었으니 신공장을 안정화시키고 이번 기회에 스마트 공장을 만들어 도약의 준비를 해야 한다고 판단했다. 그러기 위해서는 먼저 지속 가능한 경영을 유지하기 위한 효율적 재무 관리가 필요하며, 일하는 방식을 바꾸는 일을 이번 기회에 추진해야 한다고 생각했다.

## 8가지 구체적 활동

첫 번째 과제는 효율적인 재무 구조 관리였다. 우선 향후 예상되는 매출의 변화를 추정하여 추정 수지 계획을 수립한 후 부족한 자금을 사전에 준비하며, 종업원들의 동요를 막기 위해 매출이 급격하게 줄더라도 확보한 자금으로 고용을 보장할 것을 약속했다. 그렇지 않아도 정부에서 고용 보장을 위한 각종 금융 혜택이 많은데 적절한 시기에 사전 자금 확보는 어렵지 않게 추진할 수 있을 것이라 판단했다.

두 번째 과제는 일하는 방식을 스마트화하는 것이다. 스마트 공장 구축은 이미 정부의 중점 사업일 뿐 아니라 신공장 구축 후 심화 단계의 추진 과제인데 이번 기회에 적용하기로 한 것이다. 이미 도입한 MES 시스템과 자동 창고 시스템을 연계하고 ERP와 공장 재고를 연동시키도록 하였다. 그리고 공정 품질을 강화하기 위해 도입한 자동 토크 장치에 데이터를 기록·보존하여 품질에 대한 이력을 추적할 수 있는 공장을 구축하기로 하고 정부 지원 제도를 활용하기로 했다.

다음은 우리 회사의 강점과 위협 요소에서 해야 할 일을 찾았다. 코로나19 환경이 길게 갈 것으로 예상하고 U자 성장이 된다면 어떤 일을 해야 할 것인가를 검토한 것이다. 저성장 기간이 길어진다고 볼 때 해야 할 일은 시장의 크기를 넓히고 신규 수요는 줄 것이므로 대체 수요를 관리해야 한다고 판단했다.

세 번째 과제는 U자 저성장기에 대한 전략 설정과 실행이었다. 전 세계 시장 수요는 축소될 것이며 신규 수요 창출이 늦어질 것으로 판단되어 기존의 시장으로는 물량 확보가 쉽지 않을 거라 판단하였다. 시장을 넓혀 나가는 마켓커버율(MKT COVER율)을 확대하는 전략과 기존 고객의 대체 수요를 놓치지 않기 위해 제품의 다양화로 적은 수요라도 창출하는 전략을 세운 것이다.

네 번째 과제는 U자 성장 이후 회복기에 대응하기 위한 준비를 하기로 했다.

저성장 기간이 장기화되다가 회복기가 오면 수요는 급증할 것으로 예상하여 이 때를 대비한 우리 회사 대표 상품을 재정비하고 품질을 강화하며 가격 경쟁력을 높이는 활동을 하기로 했다.

위기는 기회이다. 기회는 만들고자 하는 열정과 의지가 있는 사람에 의해서 만들어진다는 단순한 진리를 묵묵히 실행해 옮기는 것이다. 기회와 위협에 관한 현상을 파악해 본 결과 기존 고객의 이탈 방지와 기투자한 신공장의 설비와 장비의 안정화가 중요하다고 판단한 것이다.

다섯 번째 과제는 기존 제품의 문제점 개선과 강화를 통하여 제품의 성능 문제와 품질 문제를 해결하여 제품의 신뢰도를 높이고 향상시키는 작업이었다. 그동안 발생한 고객 클레임과 서비스 정보를 정비하여 제품의 결함을 찾고 설계 부분의 개선점을 찾기로 하였으며 신규 설계 시에 반영하여 개량 제품을 출시하기로 하였다.

여섯 번째 과제는 신규 공장의 초기 설계 시에 설정한 목표대로 공장 CAPA 유지 여부를 점검하고 넥크 공정의 문제점을 보완·개선하므로 초기 목표대로 공장 가동 준비를 하기로 한 것이다. 물류 부문의 개선과 치공구 개선으로 생산성을 높이는 문제와 효율이 떨어지는 공정의 추가 투자를 마무리하기로 했다.

주로 생산 부문과 생산 기술 부문에서 해야 하는 활동인데 물량이 많지 않은 시기라서 오히려 좋은 기회가 되었다. 수주 물량이 많았다면 불합리한 상태에서 생산이 진행되어 신공장 투자 이후 곤란을 겪을만한 상황이었는데 다행이었다.

위협과 약점인 부문에서는 그동안 고질적이고 만성적인 문제들을 노출시켰다. 의미 없는 제품, 악성 재고, 불필요 공정, 과도한 물류, 의미 없는 관리, 취약해진 시장과 고객에 대한 대책들을 세우는 것이었다. 원칙을 무시한 설계로 제작된 제품들이 반품되어 쌓여있는 악성 재고를 소진하거나 폐기하는 계획을 세워 낭비 요소를 축소하는 일이었다.

일곱 번째 과제는 의미 없는 시장과 고객을 선별하는 일이다. 일이 많으면 할 수 없는 일인데 이번 기회에 재정비하기로 했다. 그동안 계속 적자를 발생시킨 중국 시장과 중국 법인의 처리, 국내 시장에 진출하지 못한 원인을 분석하고 대책을 세우는 일, 협력사의 재정비를 통한 공급망의 불안감 해소 등의 과제를 검토하기로 한 것이다.

여덟 번째 과제는 조직의 단순화와 슬림화, 스마트화의 과제를 수행하는 것이었다. 스피드와 정확도의 문제로 반복적인 업무 수행을 통한 낭비 발생과 역량 부족으로 인해 제대로 일을 처리하지 못한 조직의 담당자들을 교체 또는 육성하는 일이 필요했다.

이렇게 정리하고 보니 참으로 할 일이 많다는 것을 새삼 느꼈고, 이번 기회가 체질 개선의 기회라는 생각을 하게 되었다. 이것은 남의 이야기가 아니라 우리의 이야기이며, 나의 이야기이다. 우리가 뚫고 이겨 나가야 할 과제인 것이다. 바쁠 때는 모르고 지나가던 것인데 시간적으로 여유가 생기니 자신을 들여다볼 수 있게 된 것이다. 코로나19가 준 첫 번째 기회를 느끼는 순간이었다.

"대표님! 지금이 우리의 과거와 현재, 미래를 동시에 볼 수 있는 기회입니다. 단기적으로는 코로나19 위기를 극복하고 장기적으로는 회사의 더 큰 미래를 만드는 작업이 될 것입니다."

임직원들과 같이 해결방안을 찾기 위해 고민했던 D사 대표는 누구보다도 더 확신에 찬 목소리로 대답했다.

"이 작업들을 추진할 수 있도록 밀어붙여 주십시오!"

코로나19가 기업들에게 미래를 설계하도록 하고 있다. 코로나19가 우리에게 던져준 더 없는 기회이다. 과제가 명확히 나왔으니 무엇부터 당장 실행해야 할지 결정했다. D사 대표는 기회를 놓칠 사람이 아니다.

## 단기적인 우선 실행 과제 도출

SWOT 분석 과제에는 중장기적인 과제가 섞여 있다. 과거의 문제와 현재의 문제, 그리고 미래의 문제가 함께 있는 가운데 단기적으로 먼저 해야 할 일을 정리하기 시작했다. 기업은 이익을 창출하는 것이 목적이며, 이익은 지속 성장의 전제 조건이기 때문에 손익분기점 과제부터 정리하기로 하였다.

### 손익분기점(BEP)의 구성요소

손익분기점(BEP)의 구성요소는 3가지이다. 매출액과 변동비, 고정비이다. 이세 가지가 모여 손익분기점을 만든다. 기업은 3개 기능을 임직원들에게 부여하여 일하도록 한다. 매출을 관리하는 조직은 영업과 연구소이고, 변동비를 관리하는 곳은 구매·자재·생산이며, 고정비를 관리하는 곳은 경영지원 조직이다.

모든 조직은 이 3가지의 일을 나누어 하고 있다. 일의 성격은 각각 다르지만 같은 지향점과 목표를 갖고 일하도록 조직 간의 역할과 일의 방향을 일치시키는 것이 시너지를 만드는 지름길이다. 각 조직은 최소의 자원으로 최대의 효율을 올리는 방법을 찾아야 한다. 마케팅, 연구소, 품질 관리, 생산, 구매, 전략기획실이 하는 일은 모두 다르지만 목적은 하나이다. 우리 기업의 이익을 내게 하는 것이다.

그림 3-5 » Value Chain별 BEP 과제

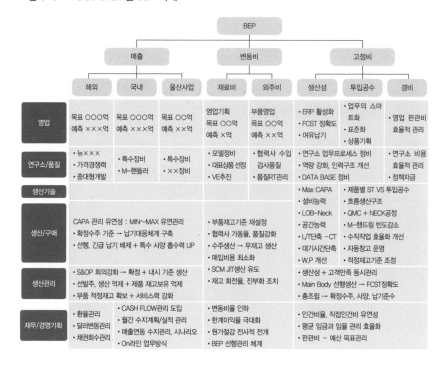

영업은 매출액과 고정비중 경비와 관련한 과제를 찾았고 연구소는 제품 개발, 변동비 인하, 고정비 축소의 과제를 발견했다. 생산기술과 IT 부문은 설비와 장비의 생산성, 효율 향상, 시스템 과제를 통하여 일하는 방식의 개선 과제를 찾았다. 생산은 미리 만들어 보유하고 있는 재고의 소진과 물량의 축소에 맞는 재고 감소, 투입자원의 조정, 여력 조정, CAPA 조정, 매입비용 등 변고정비 축소와 관리의 효율 과제를 찾았다. 재무 부문은 자금조달, 채권회수, 악성화 방지, 금리, 환율, 정책자금 관리에 관한 과제를 찾았다.

단기 과제는 언제나 BEP 과제로부터 나온다. BEP는 사업 계획과 연동한 관리 방식이며, 사업 목표와 손익 목표를 달성할 수 있게 하는 이정표이다.

## BEP의 4가지 과제

첫 번째 고려해야 할 과제는 영업 부문의 매출 목표 달성 여부였다. 이는 목표 매출과 실현 가능한 예측 매출을 추정하는 일이다. 매출을 추정하는 일은 전체 살림살이의 규모를 정하는 것이기 때문에 중요하다. 어떤 제품을 얼마나 팔 것인지도 중요하다. 제품의 구성에 따라 수익이 달라지지만 구매와 자재 부문의 업무도 달라진다. 영업 부문에서 실현 가능한 매출을 추정하면서 제품과 모델 구분을 하게 했고, 밸류체인에서 할 일을 연동하기로 한 것이다.

과제를 검토하는 과정에서 특기할 만한 사항이 발견되었다. 수출이 둔화되어 매출 하락이 예상되므로 국내 내수시장 개척에 관심을 갖기 시작했고, 국내 시장 중에서도 그동안 접근하지 않았던 특수장비사업을 시작하기로 한 것이다. 생산 기술 측면의 지원이 없으면 시작할 수 없는 사업이므로 관련 부서의 적극적인 도움이 필요하다는 사실에 모두 동의했다.

두 번째 고려한 것은 연구소의 연구 테마를 정하는 것이었다. 지금까지는 연구소가 자체적으로 개발한 제품을 영업에서 파는 방식이었다. 그러나 코로나19로 인해 상황이 달라졌다. 신제품의 판매보다 기존 제품을 재사용하고 저렴하게 구매하고자 하는 시장의 요구가 증가한 것이다. 연구소의 연구 테마가 신제품 개발이 아닌 기존 제품의 성능 향상, 품질 향상 과제로 바뀔 필요가 생긴 것이다.

세 번째 고려한 것은 생산·구매·자재 부문이다. 저성장기 시장의 요구는 낮은 가격이다. 낮은 가격에 대한 요구 수준이 중국 제품과 비교해서 동일 가격을 기대하는 것이다. 지금까지의 방식인 단순 구매단가 인하로는 대응이 불가능한 수준이다. 기존 판가 대비 20% 이상의 인하를 요구하기 때문이다. 이에 대응하기 위해서는 설계를 바꾸는 VE 활동과 구매단가 인하가 아닌 소싱처의 변경이 필요하고, 생산 방식도 바꿀 필요가 생긴 것이다. 설계 VE, 협력사 공정 VE, 소싱처 변경, 재료 변경, ODM(설계를 동반한 생산 방식) 생산 방식 등을 검토할 필요가 생긴 것이다.

네 번째 고려한 것은 재무와 경영기획 부분이다. 원가 경쟁력을 높이는 방법은 변동비를 낮추는 것과 고정비를 축소하는 것이다. 매출원가를 낮추어야 낮은 판가에 이익을 낼 수 있다. 변동비를 낮추기 위해 재료비와 외주비의 합리적인 산출과 가격 재설정이 필요해졌다. 고정비를 낮추는 방법은 인건비 구조를 낮추는 것이며, 판관비 구조를 개선하는 것이다. 전체적으로 전사 비용을 관리하고 불필요한 투자를 억제하며 비용의 효율적 관리, 인원수와 공수 관리, 임율 관리로 추가 인건비 상승을 막는 과제가 필요해졌다.

BEP 과제는 반드시 영업의 매출전략계획과 연동된 과제여야 한다. 어느 시장에 어떤 제품을 어떤 가격으로 얼마만큼 팔 것인지를 결정해야 다른 조직들의 과제를 도출할 수 있다.

고도 성장기에는 이러한 연동이 상대적으로 중요하지 않고 각 기능별 조직의 미션대로만 일하면 되었지만, 저성장기에는 회사 전체의 시너지 효과가 매우 중요한 경쟁 요소이므로 반드시 영업의 방향과 연동시켜야 한다. 각 기능별 과제와 영업 과제를 연동하는 전체성과 개별성을 동시에 고려한 경영 방식이 필요한 것이다. BEP 과제를 찾으면서 이러한 결과를 얻게 되었다.

각 조직별 과제들은 다르지만 목적은 하나이다. 매출 목표를 달성시킬 수 있는 기회를 만드는 일과 비용을 줄이고 효율화하는 일에 초점이 맞추어져 있다. 모두가 같은 방향으로 생각을 일치하였으니 이제부터는 자기 분야에서 열심히 자기가 맡은 일을 수행하면 된다.

코로나19가 조직 간의 일체감을 만들어 주었다. 같은 지향점과 목표의식을 갖게 하였다. 코로나19가 혁신의 전도사가 된 셈이다. 전염병이 인류의 과학 문명의 발전과 역사를 바꾸었듯이 이제는 기업의 체질을 바꿀 것이다. 사업계획을 수립할 때는 자신에게 유리한 과제를 선택한다든지 타부서와 독립적인 과제를 선택하여 통제로부터 자유롭고자 하는 정서가 있었으나 이번에는 전혀 달랐다. 매출 증대 조건이 무엇인지, 그것을 위해서 무엇을 해야 하는지, 내가 속한 조직의 과제는 무엇인지를 고민하는 모습에서 지금까지 보지 못했던 분위기를 느낀 것이다. 코로나19가 새로운 조직문화를 만들고 있다.

## 환경 변화 대응용 비상 시나리오 수립

D사 임직원이 모인 전 직원 확대회의가 열렸다.

"코로나19가 언제 끝날지 모르는 상황에서 지금 이대로는 안 됩니다."

D사 대표의 결의에 찬 목소리가 회의실을 울린다. 언제나 다정스럽게 직원들을 대하며 직원의 목소리에 귀를 기울이던 자상한 모습은 보이지 않는다. 직원들에게 더 강한 메시지를 전달하려는 D사 대표의 의지가 표출되는 시간이었다.


비상 시나리오 수립은 코로나19로 발생할 가능성 있는 리스크를 예측하고 이에 대한 대안을 준비하는 일이다. 이로 인해 예상되는 리스크는 3가지이다.

첫째는 경기침체로 인한 물량 감소와 매출 하락으로 인한 리스크이다.

둘째는 조직의 모럴 감소와 코로나19 불안감으로 인한 업무효율감소 리스크이다.

셋째는 해외 바이어들과의 소통 장애로 인한 문제 발생 리스크이다.

3가지 리스크 중 가장 큰 리스크는 매출의 감소이며, 이로 인한 수익성의 저하가 어디까지 이어질지 모르는 상황에서 시나리오 경영을 하기로 하였다. 예상되는 리스크의 크기를 매출이 20%, 40%, 60%로 감소되었을 경우로 상정하여 그에 맞춰 대책 수립 시나리오를 정했다. 20%가 줄어들면 관리 혁신을 하고

40%가 줄어들면 체질 혁신을 하며 60%가 줄어들면 구조 혁신을 하기로 하고, 각각의 경우를 예측한 각 부문별 시나리오를 작성하였다.

그림 3–6 » 비상경영 3단계 시나리오

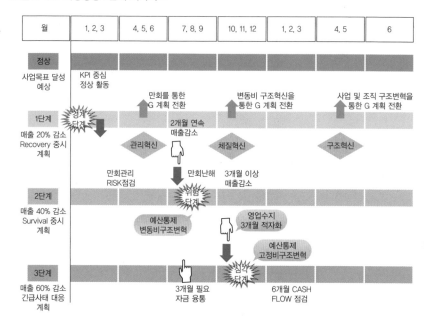

## 환경변화 대응 3가지 시나리오

1단계 시나리오는 관리 혁신으로 일반 비용을 절감하는 것이다. 불필요한 출장비, 접대비, 의미 없는 일의 축소, 전력비, 소모품비 등을 줄여서 비용에 대한 경각심을 심어 주는 것이다. 낭비를 없애는 것이 1단계 조치의 주 내용이다.

주요 검토 항목은 판관비에 해당하는 비용 부문이다. 대면에서 비대면으로 변한 환경에서 비용의 구조도 바뀐다. 당장 출장비에서 변화가 생긴다. 해외 출장 비용을 대폭 변화한다. 해외 전시회를 할 수 없으니 전시회 비용이 절감된다.

1년에 3~4회 하던 전시회가 전면 금지된 것이다. 해외에서 발생하는 서비스 출장도 할 수 없다. 서비스 요원의 출장비용에 변화가 생긴 것이다.

환경이 바뀌어 그동안 해오던 영업활동을 할 수 없다고 한다면 비즈니스는 이어질 수 없다. 출장을 가지 못하는 영업사원은 줌(ZOOM) 등의 화상통화 방식을 활용해 일정을 정하도록 했다. 전시회에 가지 못하는 상황을 감안하여 회사 홈페이지를 플랫폼으로 전환하여 신제품의 사진과 동영상을 올려 고객들에게 소개했다. 서비스 부분은 클레임을 내용별로 정리한 후 동영상을 만들어 배포하였다. 쉽게 만날 수 없는 다른 나라 현장에 있는 사용자들에게 동영상을 통해 학습하여 실제 작업에 적용할 수 있는 자율 서비스를 하게 하는 것이다. 각 부문에서 비용은 줄이면서 일하는 방법을 찾는 아이디어들이 속출했다. 코로나19로 인해 생긴 새로운 기업의 문화다. 매출은 줄었지만 상대적으로 비용이 줄었기 때문에 손익에 미치는 영향은 크지 않았다.

2단계 시나리오는 체질 혁신으로 변동비를 절감하는 것이다. 40%의 매출 감소는 곧바로 손익에 악영향을 주며 적자로 돌아서는 수준이기 때문에 매출이 증대하지 못하면 한계 이익률을 높여서 고정비를 극복할 수 있는 부가가치를 증대하는 일을 해야 한다.

그 방법이 변동비를 줄이는 일이다. 기업에서는 대부분 재료비에 해당되며, 외주비가 포함된다. 우선 검토할 일은 외주비용이다. 사내의 장비와 시설이 놀고 있는데 외주를 주고 있었다면 회사 내 작업으로 전환해야 한다. 외주가 여러 밴더로 되어 있다면 외주처를 축소해야 한다. 또한 매입비용을 검토해야 한다. 당장 필요 없는 원자재, 부품의 매입을 줄여야 하고 소싱처를 발굴하여 구입 단가를 인하하는 노력을 해야 한다.

생산에서는 불량을 줄여 수율을 향상시킨다면 재료비가 인하되는 효과를 볼 수 있다. 설계에서는 모델별 사양을 검토하고 부품과 원자재의 공용화·표준화를 추진하여 부품과 원자재의 구입 가격과 재고 감소, 악성화를 방지할 수 있다.

변동비를 조사해 본 결과 외주비용이 전체 45% 이상이 되어 재료비는 원재료 소싱처를 변경하여 줄이기로 하고, 주로 가공비인 외주비는 가공 공수에 따라 가격 차이가 발생하므로 설계를 변경하는 과제를 선정했다. 한 가지 예로 홀의 크기를 동일하게 하고 유량이 통과하는 홀의 길이를 조절하여 가공비를 절감 하는 것을 검토하기로 하였다. 원재료비를 줄이는 방법은 모델별 사양을 통일하여 바디 형상을 전체 모델이 통일되게 한다면 동일한 형상의 재료를 구입할 수 있어 저가 구입이 가능해지므로 이 또한 설계 과제로 선정하였다.

D사는 상품의 종류가 많고 특히 고객 맞춤형 개발을 하다 보니 다양성 측면에서는 유리하나 효율적 측면에서는 매우 불리하다. 이러한 상황을 고려하여 모델별로 대표 상품을 정하고, 대표 상품을 표준으로 하여 파생상품을 부분적으로 수정하는 상품 라인업을 재검토하기로 하였다. 상품의 라인업을 조정하는 것은 그동안 숙원 사업이었던 과제로 이번 기간에 근본적인 검토가 필요하다고 공감했으며, 과감히 의미 없는 모델은 축소하기로 했다.

모델의 정예화는 여러 가지 효과가 있다. 재료비 인하 효과, 생산 효율 효과, 재고 관리 용이성, 리드 타임의 단축 효과로 경영의 종합적인 시너지 유발 효과가 크다.


3단계 시나리오는 경영 혁신으로 고정비 절감을 설정하고 시나리오를 수립하였다. 기업에서 고정비는 감가상각비, 인건비, 금융비가 주 내용으로 생산성을 올리던지, 인원을 줄이는 방안이 유일한데 고정비를 줄이는 문제는 기업 문화와 깊은 관계가 있으므로 주의해야 한다.

초기에 혁신을 시작할 때 고용은 유지한다는 선언을 했기 때문에 다른 방면에서 고정비를 줄이는 활동이 필요했다. 생산성을 높여 물동 증가 시 고정비 분산 효과를 얻을 수 있게 하고, 투입 공수를 줄여서 인건비 낭비를 막으며, 증대시킨 CAPA를 유지하여 인원 증가 억제를 통한 고정비 증가를 억제하는 활동 과제를 찾았다.

이렇게 생각하니 생산 부문의 다양한 과제가 발굴되었다. MAX CAPA, 설비 능력 향상, 라인 밸런스 효율, 대기 시간 단축, 흐름 생산구조 구축, 적정 재고 기준 설정, 제품별 표준시간의 재설정 등 생산 전반에 걸쳐 체질개선 과제가 자연스럽게 도출되었다. 이 또한 코로나19 효과라고 볼 수 있다. 늘 바쁘고 분주한 생산 부문에서 자신들의 체질개선 과제를 스스로 도출한 것이다. 고정비가 변동비화되는 과제들이다. 고정비가 줄지는 않더라도 변동비화된다면 물동 변화에 대응 능력은 커진다.

이에 따라 고정비 절감을 실행하도록 시나리오를 수립했다. 첫째는 고정비를 변동비화하는 방법이다. 근무 시간을 탄력적으로 운영하든지, 작업 시간을 조절하든지, 인력구조의 유연성을 높이든지, 일시적 외부인력을 활용하는 방법이다. 둘째는 잉여 설비와 시설을 활용하는 용도를 찾는 일이다. 예를 들면, 이 회사에는 용접과 재관 라인이 있는데 시설과 인력을 장비보수사업에 투입하므로 고정비를 변동비화했다. 셋째는 근무시간을 조절하는 등 인력 구조를 유연하게 하는 방법이다. 탄력근무제도가 대안이 될 수 있다. 시차제 근무 방식, 간접 부문 인력의 재택근무 방식 등 이제는 출근하지 않고 일하는 방법을 연구해야 한다. 성과 위주의 급여체계 방식도 연구해야 한다. 업무를 프로젝트화하여 성과가 나오면 돈을 지급하는 방식은 업무효율 향상에 기여할 수 있는 방법이다. 코로나19가 준 또 다른 기회이다.

## 과제 실행 체계의 구축

도출된 과제를 조직이 성실하게 수행하도록 유도하는 방법은 오프라인상에서 실행 여부를 보고 느끼고 결산하고 평가하게 하는 방법이다. 이런 실행력을 강화하는 원칙에 따라 실행하도록 합의하고, 조직별로 실행 활동판을 설치했다.

단기 과제를 실행할 수 있는 한 가지 방법으로 PC19 활동판을 만들어 활용하는 방법이 있다. 활동판을 이용해 성과를 내기 위해서는 숀 코비(Sean Covey) 박사의 4가지 실행 원칙을 이용한다.

과제 실행 활동판의 4가지 실행 원칙은 다음과 같다.
- ✔ 목표를 명확히 한다.
- ✔ 선행 지표를 중점 관리한다.
- ✔ 스코어보드를 활용한다.
- ✔ 책무를 명확히 한다.

이 원리를 그대로 적용한 것이 PC19 활동판이다. 실행하면서 생각하고, 고쳐가면서 완성한다는 철학이다. 목표를 향하여 가더라도 단숨에 갈 생각은 하지 말고 한걸음씩 지속적으로 가는 것이며, 결과에 연연하지 말고 과정을 즐기면서 충실하게 하는 방법이다.

결과는 인지하되 집착하지 말아야 한다. 결과는 충실한 과정에서 만들어진다는 원칙을 이해해야 한다. 사과나무 열매는 9월이 되어야 열린다. 결과이다. 봄과 여름에는 무엇을 해야 하는가? 충실하게 병충해를 막고 거름을 주어 영양분을 흡수할 수 있도록 하고 지속적으로 물을 주어 꾸준히 농사를 해야 한다.

스탠포드대학교 심리학과 캐롤드웩(Carol Dweck) 교수는 제자들을 대상으로 실험을 했다. 고정형 마인드셋과 성장형 마인드셋에 관한 실험이었다. 고정형은 결과를 중시하고 능력이 있어야 성장할 수 있다고 믿도록 하는 것이고, 성장형은 과정을 즐기고 학습과 배움을 통해 성장할 수 있다고 믿도록 하는 것이다. 이렇게 두 그룹으로 나누어 교육받은 학생들의 10년 후 성장 모습을 조사했더니 능력을 중시하는 고정형 마인드셋보다 과정을 즐기고 학습으로 성장할 수 있다는 성장형 마인드셋 교육을 받은 학생들이 더 성공한 사람들이 되어 있었다는 실험 결과를 얻을 수 있었다. 성과는 과정에서 만들어진다. 실행하는 과정을 관리하는 수단이 활동판이다.

그림 3-7 » POST COVID19 혁신 활동판

활동판을 효과적으로 이용하기 위해서는 철저하게 실행의 4원칙을 준수한다.

## 4가지 실행 원칙의 실제적 활동

첫째, 좌측에는 조직의 지향점과 목표, 그리고 실행계획을 표시했다. 어디를 향해 가려는지, 무엇이 해야 할 과제인지, 목표는 무엇인지를 알게 하여 조직원들과 공유한다. 머릿속에 있는 것이 아니라 누구나 알 수 있도록 투명한 관리를 시작하였다.

둘째, 선행 지표를 관리하는 원칙이다. 후행 지표는 결과이고 선행 지표는 과정을 말한다. 목표를 달성하기 위해 해야 할 일이 선행 지표이다.

예를 들어, 등산을 한다고 하자. 등산은 산에 오르는 것이 목표이다. 목표를 달성하기 위해서는 어떤 산을 오를 것인지 결정할 것이고, 정상에 도착하는 예상시간을 정할 것이다. 이것이 후행 지표이다. 그리고 준비한다. 산을 오르는 데 필요한 장비와 먹을거리, 출발시간과 이동수단을 결정하고 출발할 것이다. 준비하는 과정이 선행 지표이다.

출발할 때 방향을 모른다든지 출발시간을 모른다든지 등산에 필요한 것을 준비하지 않는다면 계획했던 시간에 맞춰 정상에 도착하는 결과는 얻을 수 없다. 결과는 철저한 준비의 열매인 것이다.

기업도 마찬가지이다. 조직의 목표는 결과이고 그 결과에 도달하게 만들어 주는 수단인 실행과제가 선행 지표이다. 그것을 프로젝트 테마라고 부른다. 프로젝트별로 기획서를 만들게 하고 기획서대로 실행하게 하였다. 시작이 반이라는 말이 있다. 프로젝트 기획서 작성이 시작의 반이다. 프로젝트 기획서를 만들 때는 조직원들이 함께 만들어야 프로젝트의 성공을 기대할 수 있다.

프로젝트 기획 시 조직원들이 함께 참여하면 테마명, 목적과 배경, 목표, 활동범위, 추진방법, 예상효과, 추진팀 편성, 일정수립, 활동방법 등을 설정하는 과정에서 이미 50%는 방향성, 공감대, 실행 가능성이 검증되기 때문이다. 일은 준비하는 과정에서 이미 이루어진다. 이런 방식으로 테마별로 기획서를 작성하여

부착하고 진도 관리를 시작한다.

기획서대로 일정에 따라 현상 파악, 문제점 도출, 핵심 이슈(ISSUE) 도출, 해결 아이디어 도출, 실행, 성과 측정의 과정을 주간 단위와 월간 단위로 점검하면서 프로젝트는 완성을 향해 달리게 된다.

셋째는 스코어보드를 사용하는 것이다.

스코어보드는 운동 경기장에서 선수가 자신의 기록을 보면 운동 능력이 달라지는 원리이다. 점수가 보이도록 하든지, 지표가 보이도록 하여 현재 자신의 위치를 알게 하고 행동을 바꾸도록 유도하는 방식이다. 활동판이 스코어보드이다. 각 조직이

점수를 기록하면 사람들의 행동이 달라진다.

자신의 미션과 연결된 지표의 트렌드를 보게 하여 자신의 지표와 관련된 과제의 수행과 진도 여부를 확인하면 누구든지 동기부여와 자극을 받게 되어 있다.

자신과 자신의 팀이 지금 이기고 있는지, 지고 있는지를 쉽게 알아볼 수 있게 하여 자발적으로 행동에 참여하게 하는 방식이다. 보고 느끼는 것은 오프라인 상태에서 보도록 하는 것이 가장 좋은 방법이다. 물론 디지털 방식으로도 할 수 있지만 디지털은 정보 공유에는 효과가 있으나 공감대 형성과 자극, 결과에 대한 반응 효과를 이끌어 내기에는 부족함이 존재한다.

넷째는 책무를 공유하는 것이다. 책무란 책임과 임무를 말한다. 일의 주인이 누구인지를 명확하게 하고 팀 전체 목표와 개인들의 활동과 실행의 관계를 명확히 한다. 그런 작업이 이루어져야 실행력을 높일 수 있다. 훌륭한 팀일수록 일에 대한 책임감이 크다. 책임감이 없으면 조직은 흩어진다. 목표를 서로 공유하고 해야 할 일이 무엇인지를 알게 하는 것이 실행력을 높이는 방법이다.

활동판은 2종류로 나누어 운영한다. 팀장 활동판은 과제 해결 업무를 관리하

고, 임원 활동판은 사업 계획과 연동된 지표 관리를 할 수 있는 활동판으로 제작한다. 테마 중심의 활동을 자율 관리하고 한 달에 한 번씩 CEO가 직접 현장 확인을 하여 회사와 약속한 활동을 임원들이 책임지고 추진하게 함으로써 실행의 가속도가 붙게 한다. 실행의 4원칙을 준수하는 것이다. 테마별 리더를 정하고 그 리더로 하여금 책임지고 추진하도록 책임과 권한을 부여한다. 실행과정에 CEO가 직접 참여하여 과정상의 애로와 문제를 해결해 주고 지원해 주므로 지속적인 추진과 추진자들에게 동기부여를 하는 것이다.

그림 3-8 » COVID19 활동판 운영 이미지

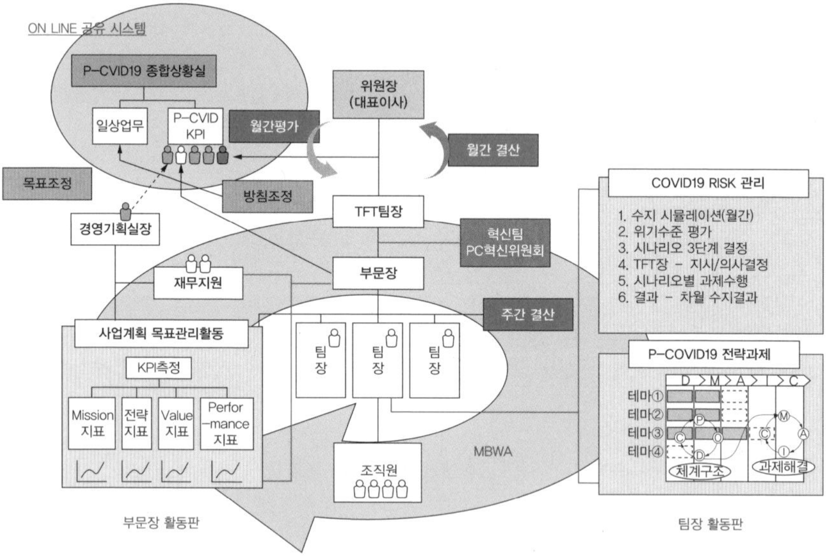

2종류의 활동판은 상호조화를 이룬다. 임원은 결과에 해당하는 후행 지표를 관리하고 팀장은 선행 지표에 해당하는 과제 관리를 하여 결과와 원인의 인과관계를 동시에 관리하는 것이다.

팀장의 활동판은 주간 단위로 결산하고 임원의 활동판은 월간 단위로 결산하여 균형을 이룬다. 이때 중요한 것은 사업 계획과 연동된 임원의 지표와 임원 지표와 연동된 팀장의 테마 활동이 상호 연계되어야 성과로 이어진다.

이러한 각 부분의 활동을 종합 상황실에서 모니터링하고 정기적으로 임원 회의 시 발표하여 문제점을 공유하며 의사결정을 한다. 중요한 것은 정기적으로 CEO가 현장 방문을 통하여 활동판을 점검하고 진행 상황을 모니터링하면서 관심을 보여 주는 것이다.

## 조직의 실행을 자극하는 동기부여 활동

조직으로 하여금 실행의 동기부여를 하지 않는다면 조직은 매너리즘에 빠진다. 조직으로 하여금 행동하고 실행하도록 하는 방법 중 가장 좋은 방법이 CEO의 현장방문경영(MBWA–Management By Walking Around) 방식이다.

활동판을 설치한 후에는 반드시 CEO가 정기적·주기적으로 조직을 방문하여 조직원들 전체가 있는 상태에서 활동판을 점검해야 한다. 고충을 듣고, 건의사항도 전달받으며, 조직원들에게 지원과 관심을 보여 주어야 한다. 실행은 사원들이 하는 것이지만 그들이 실행하도록 동기부여하는 사람은 CEO이다.

MBWA는 조직의 문화를 바꾸는 활동이다. 소통을 통하여 관심과 격려를 보내면서 회사의 목표를 자연스럽게 조직에 접목하는 방식으로 '내가 먼저, 너와 함께, 우리 모두'라는 조직문화를 창출하는 활동이다.

그림 3-9 ≫ 현장방문경영(MBWA - Management By Walking Around)

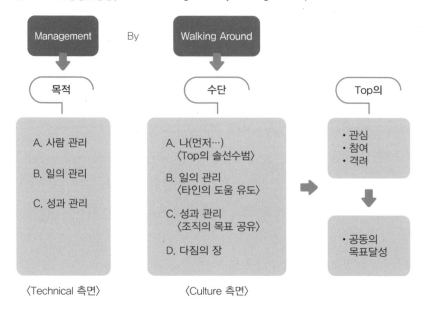

이는 일을 수행하는 사람들의 마음과 생각을 바꾸는 활동이다. CEO가 해야 하는 중요한 활동으로, CEO의 역할은 일을 추진하는 것이 아니라 조직 내에서 일을 하고 싶은 생각이 들게 하는 것이다.

MBWA를 통하여 조직장의 리더십이 성장한다. 현장에서 지표를 보고 결과가 왜 나빠졌는지를 생각하며 현상을 이해한다. 목표 대비 실적의 차이를 분석하고 그 원인을 이해한다. 무엇을 도와주면 목표에 도달할 수 있는지 리더 자신의 역할을 인식한다. 일의 우선순위와 중요도를 구분하고 조정해 주는 의사결정에 참여하게 되며, 일의 주인이 누구인지를 찾아준다. 일의 성과를 올바로 평가해 주므로 객관성을 가진 리더가 된다. 리더가 사실에 근거한 의사결정과 소통을 하는 리더십이 향상되는 학습의 장이 활동판이다.

그림 3-10 ≫ MBWA와 LEDAER 원칙

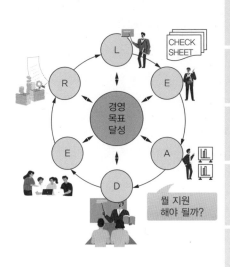

- L(Listen)
  - 현장에서 지표를 보면서 현황, 실적을 보고 받는다(3현주의).

- E(Evaluation)
  - 목표대비 실적 Gap 파악
  - 개선 진척사항을 체크

- A(Assistant)
  - 지원사항 파악(전체 최적화를 생각)
  - Morale/Skill/조직부문/System 등 문제 파악

- D(Discussion, Decision)
  - MBWA 결과 정리&공유
  - 과제평가(중요도, 우선순위, 지원 Level)
  - 지원방법, 지원시기, 지원 책임자, 사후관리

- E(Empowerment)
  - 책임자 + 지원자 공동실행(DMAIC CYCLE)

- R(Response)
  - Best Practice를 발굴하고 격려함
  - 경영성과화에 대한 보상

효과적인 MBWA는 3단계로 나누어진다.

## MBWA 3단계

1단계는 격려와 참여의 단계이다. 사람에게 관심을 보여 사람으로 하여금 동기를 부여하여 자발적으로 실행하고 참여하도록 하는 것이다. 가장 좋은 방법은 칭찬하고 인정하며 격려하는 것이다. 수고한 것을 인정해 주고, 잘된 것을 칭찬해 주며, 잘못한 부문에 대해서는 격려하는 것이다.

왜 이 일이 중요할까? 일의 가치를 알게 하고 인식하도록 하기 때문이다. 회사의 기대와 목표와 연결된 중요한 일을 수행하고 있음을 알게 해주기 때문이다.

눈에 보이는 현상을 확인하고 보이지 않는 진실을 찾도록 도와준다. 모든 일에는 결과가 있는데, 그 결과는 보이는 것이다. 결과에는 반드시 그 원인이 있는데, 그 원인은 보이지 않는 것이다. 보이지 않는 것을 볼 줄 아는 눈이 통찰력이다.

CEO는 경험과 지식이 많으며 함께 동행한 임원들의 경륜을 활용하여, 보이지 않는 영역인 원인의 영역을 알게 해 줌으로써 조직원에게 아이디어를 제공하는 역할을 해야 한다. 그리고 일하는 데 실행을 방해하는 장애요소를 발굴하여 해소하는 역할을 해야 한다. 장애요소는 물리적인 장애와 정신적인 장애, 방침 장애가 있다. 이 모든 것이 일을 수행하는 사원들에게는 무거운 짐이다. 따라서 CEO는 이 짐을 가볍게 해주는 역할을 해야 한다. 그러한 행동이 유지되었을 때 사원과 CEO 간의 소통을 통하여 사원은 자발적으로 일하고 싶은 생각이 증대된다.

그림 3-11 ≫ 격려/참여 단계

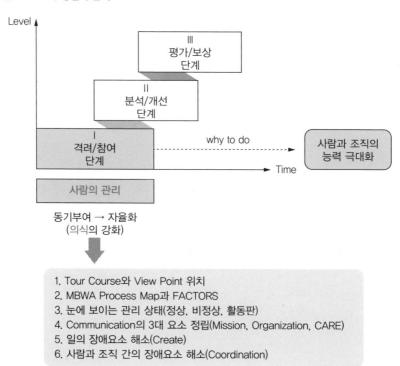

2단계는 일을 관리하는 단계이다. 일을 한다는 것은 일을 담당하는 사람에게 방향을 제시하는 것이 먼저이다. '어떤 일을 해야 하는지', '그 일의 지향점과 목표는 무엇인지', '언제까지 해야 하는지'를 알게 하는 것이다.

전체를 보고 전체에 영향을 주는 개별적 요소를 찾아 개선하고 듣고, 알고, 가르치고, 실행하는 단계를 거치도록 지도하는 것이다. 일하는 방법을 코칭하는 것도 이 단계에서 실행한다. 코칭은 배우고, 적용하고, 가르치고, 확인하는 단계를 거치게 하는 것이다. 조직에게 주어진 목표를 달성한다는 것은 목표에 대한 인식과 도전, 적용을 통해 이루어진다. 일을 통해 성과를 만든다는 것은 목표를 정하고 실적을 측정하고 목표와 실적과의 차이를 인식하여 문제를 해결하는 과정을 관리하는 것을 말하며, 이를 DMAIC CYCLE이라고 한다. D는 Define, M은 Measurememt, A는 Analysis, I는 Improve, C는 Control을 의미한다.

DMAIC CYCLE은 일이 진행되는 과정을 관리하는 것이다. 일상 업무 중에서 목표를 향해 업무가 진행되고 있는지 보는 것을 M-DMAIC(Management DMAIC)이라 하고, 일상 업무 중에서 발생한 문제를 해결하는 활동을 S-DMAIC(Solution DMAIC)이라고 한다. 목표 설정, 실행, 결과 분석, 문제점 도출, 문제해결 활동의 과정을 반복하는 것이 성과를 만드는 과정이다. 2단계에서 MBWA 활동은 일하는 과정을 점검하고 지원해 주는 활동이다. 조직은 올바른 과정 관리를 통하여 올바른 결과를 도출하는 활동의 반복이어야 한다.

그림 3-12 ≫ 분석/개선 단계

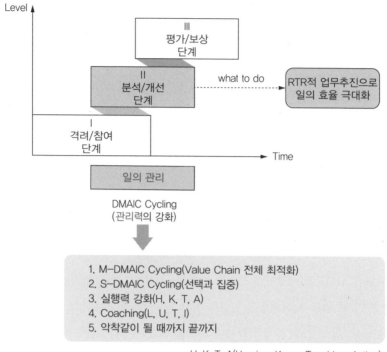

3단계는 결산을 통하여 평가하고 보상하는 단계이다. 성과 관리란 성과를 인정해 주므로 지속적인 자율 실행을 통하여 결과를 만들어 내는 활동을 의미한다. MBWA 3단계는 결산하여 나타난 결과에 대한 객관적인 평가를 통하여 우수한 사례를 발굴하고, 발굴된 우수한 사례를 타 부분에 전파시키므로 성과를 확산하는 활동이다. 이런 결과를 가져오려면 객관적 평가가 이루어져야 하며, 이에 따른 적절한 포상과 보상되어야 한다.

그림 3-13 » 평가/보상 단계

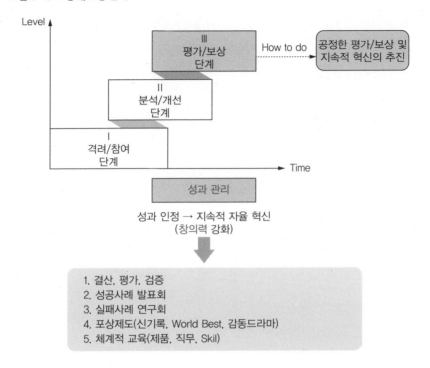

성과 인정 → 지속적 자율 혁신
(창의력 강화)

1. 결산, 평가, 검증
2. 성공사례 발표회
3. 실패사례 연구회
4. 포상제도(신기록, World Best, 감동드라마)
5. 체계적 교육(제품, 직무, Skil)

성과에 대한 검증 프로세스와 결산평가 기준과 포상 및 보상 제도를 객관화하고 사전에 조직과 공유하는 것이 필요하다. 공정한 평가와 보상이야말로 조직의 지속적인 발전을 가져오는 지름길이 되는 것이다.

MBWA 성과가 만들어지는 원리는 다음과 같다.

✅ 실행하면서 생각하고, 고쳐가면서 완성하는 활동을 반복해야 한다.

✅ TOP은 정기적으로, 지속적으로, MBWA 활동을 반복해야 한다. 적어도 3년은 해야 한다.

✅ 잘하는 인재를 발굴·발탁하며, 부족한 인재는 교육하고 보충해 주는 좋은 소통을 해야 한다.

✅ 결과를 보이게 하고, 느끼게 하며, 개선하도록 하는 자발적 문화를 만들어야 한다.

✅ 이동 목표에 대한 가동성, 변신력, 상황 적응력을 발휘하는 능동성을 키워 주어야 한다.

✅ 조직이 단계적으로 역량을 키울 수 있도록 인내를 가지고 CEO가 실행해야 한다.

● 코로나 이후 제조업의 대전환

# 4부

# 제조업은

# 이제부터
# 무엇을 해야
# 하는가?

# 11장

# 현재 기존 제조업의 문제점

4차 산업혁명의 물결과 코로나19로 인해
지금까지의 제조업은 쇠퇴하고 있으며,
새로운 환경의 제조업 시대가 열리고 있다.

제조업은 엄청난 변혁의 전환기에 접어들었다. 제조업의 대표제품인 자동차는 엔진자동차에서 전기자동차, 자율자동차로 변화하고 있고, 이에 발맞추어 반도체도 비메모리 분야에서 시스템 반도체 분야로 전환하고 있으며, 석유 산업 중심의 산업 구조가 전기 중심의 산업 구조로 전환하고 있다.

기존의 비즈니스 구조는 시대의 변화 및 다양한 요구로 인해 새로운 형태의 비즈니스 구조로 바뀌어 가고 있다. 이런 변화의 흐름과 소비자의 다양한 욕구를 충족하기 위해 그간의 기술 발달로 토대를 쌓아온 산업계는 4차 산업혁명의 시대로 성큼 나아가고 있다. 이동통신의 발전과 인터넷 속도 및 접속의 제약이 획기적으로 해소됨으로써 PC 중심의 고정화된 업무에서 스마트폰 등 모빌리티 중심의 자유형 업무로 변화하고 있다. 스마트폰을 중심으로 한 모빌리티가 소비 문화뿐만 아니라 업무의 형태까지 변화시키고 있다. 이제는 현실의 물리적 세계를 디지털화된 가상 세계로 옮겨 CPS 시대를 불러오게 되었다.

이러한 변화는 기존 사업을 저성장의 구조로 만들었고 시장의 일부를 신사업의 구조로 전환시키고 있다. 글로벌 경제 성장은 정체되어 시장의 크기는 변하지 않지만 그 시장의 구성은 급격하게 변화하는 시대라고 볼 수 있다. 제조업의 가치가 변화하는 시대이다.

## 문제점 1_부가가치 구조의 변화

제조업은 그동안 품질, 원가, 납기 경쟁력을 기본으로 다품종 소량 생산을 통하여 성장해 왔다. 비용과 생산성, 제품품질을 기반으로 성장해 온 모델인데 지속적인 단가인하, 가격경쟁으로 생산의 부가가치는 한계에 도달했다.

제조와 생산을 통하여 이익을 창출하려는 시도는 어리석게 보일 정도이다. 박마진 시대인 것이다. 조그마한 낭비가 발생하면 흑자가 적자로 바뀌는 저금리 시대처럼 저마진 시대가 되었다. 영업이익이 3%라면 좋은 사업이라 볼 수 있지만 수익을 통한 성장은 어려워졌다. 제조업의 대전환기이다.

그림 4-1 ≫ 제조업 가치의 변화 : 생산 → 지식서비스

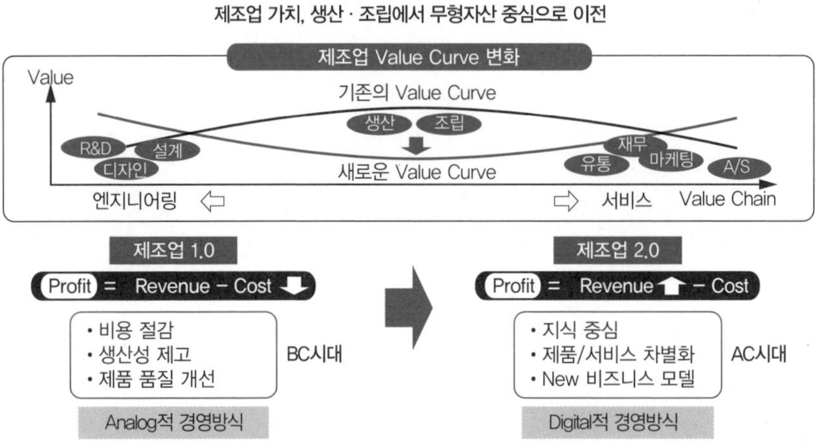

제조업 가치, 생산 · 조립에서 무형자산 중심으로 이전

지금까지의 제조업을 "제조업 1.0"이라 부른다. 그림으로 표현하면 역스마일 커브 모양이다. 생산 중심의 부가가치 창출 구조이다. 무엇이든 만들면 이익이 난다고 생각했다. 그래서 제조와 생산 중심의 경쟁을 했다. 원가경쟁을 통해서 그동안 생존해 왔다. 따라서 모든 관리의 중점은 비용 절감과 생산성 향상, 그리고 품질 향상에 초점이 맞추어져 있었다.

## 제조업 2.0 시대

그러나 좋고 싼 제품을 만들 수 있다 하더라도 시장이 축소되었기 때문에 팔리지 않는 시대가 되었다. 지금까지 회사의 R&D나 영업 등의 조직은 생산을 지원하는 역할이 주 기능이었다. 그러나 이제는 주역이 교체되어야 할 시점이다. R&D와 마케팅이 주역을 맡고, 생산은 조연이 되어야 한다. 생산은 서비스 기능이 되는 것이다. 역스마일 커브에서 스마일 커브로 바뀌어야 한다. 그러한 변화를 통해 제조업 2.0 시대를 맞이할 수 있다.

제조업 2.0 시대에는 부가가치의 원천이 R&D, 마케팅, 서비스 부문에 있다. 이 부문의 부가가치를 만들어 수익창출원이 되게 하는 것이다. 지식 중심, 제품 중심, 서비스 중심으로 바뀌는 것이다. 비즈니스 모델 구조를 바꾸어 이익을 창출하려는 시도이다. 기존의 제품 생산을 멈추는 것이 아니고 일하는 방식을 바꾸어 이익을 만들어 가는 것이다. 지식과 서비스 중심의 비즈니스 모델로 변하는 것이다. 아날로그 방식에서 디지털 방식으로 전환하는 것이다. 제조업의 가치가 생산 중심에서 무형자산 중심으로 변하는 것이다.

## 문제점 2_저성장 시대의 물량 감소

전 세계의 저성장은 상식이 되었다. 1~3%의 성장 시대이다. 코로나19 환경에서는 마이너스 성장이 일어나고 있다. 이러한 수치가 의미하는 것은 시장이 정지되던지, 축소되고 있어 매출성장이 일어나지 않는 구조를 말한다.

생산능력은 그대로인데 수요가 없으니 잉여 CAPA가 발생하는 구조이다. 기업들은 생존하기 위해 매출증대를 하려고 온갖 노력을 하며, 출혈경쟁을 한다. 입찰경쟁이 그것이다. 제조원가 수준으로 입찰한다. 고정비라도 건질 수 있다면 가능하다고 한다. 오직 생존경영만 할 뿐이다. 이대로 가는 것은 희망이 없는 비즈니스를 하는 것에 불과하다. 산업의 구조가 변화하듯이 경영하는 방식과 구조도 바꾸어야 한다. 매출을 늘리려는 노력에서 작은 매출에도 이익이 발생하여 생존 가능한 구조로 바꾸어야 한다.

매출구조가 중요하다. 실현 가능한 매출이어야 하고, 성장 가능한 시장과 고객 확보가 우선되어야 한다. 생산 제품은 라이프 사이클이 큰 제품 중심으로 작지만 지속 가능한 구조로의 전환이 필요하다. 누구나 이렇게 한다고 할지 모르겠으나 필자의 경험으로 보면 실제 행동과 의사결정은 이러한 생각과 많이 떨어져 있는 것이 우리나라 중소기업의 현실이다.

그 이유는 생각만으로는 실현하기 어렵기 때문이다. 앞에서 이야기한 대로 이를 실현하기 위해서는 정보와 DATA가 있어야 하고, 모아진 DATA의 분석이 있어야 할 수 있는 일이기 때문이다. 이러한 정보 축적과 DATA 축적이 없기 때문에 할 수 없다고 말하는 것이다.

## 작은 매출 이익 창출

작은 매출에 이익을 창출하는 길은 간단하다. 제품을 대형화하든지, 프리미엄화하든지, 성장하는 시장의 고객을 잡으면 된다. 그렇게 하기 위해서는 마케팅 정보를 통해 상품기획과 제품기획을 할 수 있는 능력이 있어야 한다. 고도성장기의 경영방식대로 경영자의 동물적 감각으로 추진할 수 없는 시대이다. 경쟁자가 많고 공급 가능한 기업이 많기 때문에 상식적인 수준의 의사결정으로는 적중률을 높이기 어렵다. 시장을 세분화해야 하고, 세분화된 시장에 속한 고객의 요구를 알아야 하며, 경쟁자 존재 유무를 알아야 차별화 전략 전개가 가능하다. 이런 모든 것은 정보와 DATA가 있어야 하고 모아진 DATA를 분석할 수 있어야 가능하다. 중소기업이 모르는 것이 아니라 할 수 없는 구조가 문제이다.

지금은 자연적 시장 성장에 따라 또는 고객과 더불어 동반 성장하여 자연 성장하는 시대가 아니다. 자연적 성장을 추구하는 경영을 천수답 경영이라고 하는데 이제 그런 시대는 지나갔다. 인위적 성장만을 통해 생존하고 성장할 수 있다. 전략적으로 접근해야 하고 차별적으로 대응해야 한다. 시장을 개발하는 능력을 갖추어야 한다. 고객을 창출해야 한다. 이것이 해결과제이다.

## 문제점 3_노동환경의 변화

코로나19로 인해 재택근무가 증가하고 있다. 인구감소 대책으로 주부 사원들을 위한 시차제 근무 제도가 도입되고 있다. 회사 중심이 아니라 직원 중심의 경영으로 변화하고 있는 것이다. 지금까지는 회사에 출근하여 노동의 가치를 제공하고 급여를 받는 기업이 직원을 다스리는 경영이었다면, 이제부터는 직원을 위할 줄 모르는 기업과 노동력을 착취하는 기업은 존재할 수 없는 제도적 · 법적 장치가 만들어졌다. 기업 중심에서 사람 중심으로 바뀌고 있는 것이다.

아직도 직원이 충성심을 발휘해 주길 바라고, 희생해 주길 바라며, 늦게까지 일하는 것이 덕목이라고 생각하고 있다면 이것은 엄청난 시대착오적 생각이다. 노동의식과 환경이 변했다. 변하는 환경을 탓하지 말고, 변하는 환경에 적응해야 한다.

주 52시간 근무는 법적 제한사항이기 때문에 무조건 지켜야 한다. 워라밸 문화가 보편화되면서 충성심, 애사심보다 근로계약 조건을 중시한다. 일자리가 없지만 구인난을 겪는다. 힘들면 안 하고 싫으면 그만둔다. 의사결정이 단순하다. 평생직장보다 알바형태의 일이 증가한다. 정규직보다 비정규직이 자연스러운 고용구조가 된다.

직원들 스스로가 긱경제(Gig 경제) 활동을 선호한다. 프리랜서, 멀티잡(Multi Job)을 선호한다. 왜 이런 현상이 생기는 걸까? 이것이 기회가 적은 사회에서 생존하기 위한 방법이기 때문이다.

김난도 교수는 2021년도 트렌드 분석에서 코로나19로 인한 변화를 가장 큰 요인으로 발표했다. 김 교수는 향후 국내 경기가 전반적으로 케이(K)자형 양극화를 그릴 것으로 예상했다. 업종별로 다양한 모습을 보일 것으로 전망하면서 코로나19 시대에 공동체 의식과 관용, 정부 역할의 균형 감각, 조직의 변화 대응 역량 등이 중요하다고 강조했다.

첫음절을 모아 2021년 10대 키워드를 표현하는 단어로는 '카우보이 히어로(COWBOY HERO)'를 꼽았다. 그는 "백신(Vaccine)의 기원이 된 소(Vacca)의 해에 날뛰는 소를 길들여 내는 능숙한 카우보이처럼 코로나19를 잘 길들이는 작은 영웅들의 활약을 기다린다는 취지와 2021년에는 백신이 개발돼 이 사태가 종식되기를 바라는 희망을 담았다"고 설명했다.

카우보이 히어로는 △Coming of 'V-nomics'(브이노믹스) △Omni-layered Homes(레이어드 홈) △We Are the Money-friendly Generation(자본주의 키즈)

△Best We Pivot(거침없이 피보팅) △On This Rollercoaster Life(롤코라이프) △Your Daily Sporty Life(오늘 하루 운동) △Heading to the Resell Market(N차 신상) △Everyone Matters in the 'CX Universe'(CX 유니버스) △'Real Me': Searching for My Own Label(레이블링 게임) △'Ontact', 'Untact', with a Human Touch(휴먼터치)다.[1]

눈에 띄는 몇 가지 키워드에 대한 내용을 살펴보자!

### △ 거침없이 피보팅(Best We Pivot)

피보팅(Pivoting)은 축을 옮긴다는 스포츠 용어다. 최근 사업 전환을 일컫는 경제용어로 쓰인다. 바이러스나 트렌드 변화로 인해 소비시장이 바뀔 때 사업모델 변환은 생사를 좌우한다. 제품·전략·마케팅 등 경영의 모든 측면에서 가설을 세우고 검증하며 수정하는 과정이 필요하다. 피보팅은 스타트업은 물론 대기업에게도 피할 수 없는 과제다.

### △ 휴먼터치('Ontact', 'Untact' with a Human Touch)

언택트 트렌드 속에서 사람의 온기를 그리워하는 소비자도 늘었다. 상품개발·마케팅·서비스·영업·고객관리 전반에서 인간적 요소가 중요해지고 있다. 휴먼터치란 조직관리와 경영단계에서 사람의 숨결과 감성을 불어넣는 활동이다. 휴먼 스케일과 스토리를 가진 상품을 개발하고 고객과 직접 소통을 추구하는 마케팅, '너는 충분히 잘하고 있다'는 가슴 뭉클한 메시지를 전하는 활동 등이 휴먼터치의 주요 방법이다. 디지털 셀링에서 소셜 셀링으로 이행하는 시점에서 휴먼터치는 '진실의 순간(MOT)'을 만드는 가장 강력한 수단이다.

---

1 https://www.foodbank.co.kr/news/articleView.html?idxno=60401

# 문제점 4_제조업의 서비스화 전환

제조업의 서비스화 전환은 수년 전부터 이야기하던 트렌드이다. 지금까지 제조업은 물건을 생산하여 제공하고, 소비자는 그것을 소비하는 2분법적인 관계를 유지했다. 생산자가 만든 가치를 일방적으로 소비자는 느끼고 활용하는 방식이다.

그러나 현재 제조업은 변화하고 있다. '가치라는 것은 고객이 경험할 때 태어나는 것이고 이것을 위해 물건 이외에 무언가 서비스적인 요소를 포함하여 제공할 때 고객만족은 증대한다'라고 생각하며, 고객과 함께 가치를 창조하는 방향으로 변화하고 있다. 생산자가 일방적으로 만드는 가치에서 사용자인 고객과 함께 만드는 가치로 진화하고 있는 것이다. 가치의 일방적인 전달이 아닌 가치의 공동 창조의 방향으로 제조업이 변한다는 말이다. 이것이 새로운 경쟁력이고, 수익원이며, 기술의 발전 방향이다. 이것을 제조업의 서비스화로의 발전이라고 말한다. 서비스 정보가 중요해졌고 서비스 정보를 근거로 제품을 진화·발전시킨다. 그뿐만 아니라 서비스가 단순한 고객만족 차원이 아니라 제조자의 새로운 수익원이 되고 있다.

복사기 업체의 경우 복사기를 팔아서 얻은 이익은 1~3% 수준인데 반해 서비스를 통하여 얻은 수익률은 5~10% 정도가 되니 5배가량 높은 수준이다. 발전기와 차량의 경우는 4배 정도의 수익률이 높다는 통계가 있다.

## 제조업의 서비스화

제조업의 서비스화는 기업에게 4가지 측면의 효과를 가져다준다.

첫째, 새로운 수익원으로서 기능이다. 애프터(After) 서비스는 고객 불만을 해소하는 차원의 활동이지만, 비포(Before) 서비스는 수익원이 되는 활동이다. 이것이 서비스 매출이 증대하는 이유이다.

둘째, 제품을 차별화하는 길이다. 서비스를 통하여 얻은 고객 정보를 제품에 반영하는 것이다. 문제발생 영역을 축소하던지, 기능을 향상시키는 아이디어를 서비스 정보를 통해 얻는다. 스마트폰의 지속적인 진화 방향을 결정할 때 소비자의 소리를 적극 반영하는 경우가 대표적인 사례이다.

셋째, 서비스를 통하여 제품의 매력을 전달하는 마케팅을 할 수 있다. 종전에는 좋은 제품을 진열하면 고객이 설명을 듣고 구매하는 방식이었다면, 이제는 고객이 직접 사용해 보고 체험을 통해 제품을 경험한 후 구매한다. 마케팅 방식이 서비스를 통해 제품의 매력을 알려서 구매하도록 하는 방법으로 바뀌었다.

넷째, 서비스만을 판매하는 방식이다. 서비스 자체가 상품이 되어 판매가 이루어지는 경우이다. 서비스를 유료화하는 경우이다. 고객이 원하는 정보를 지속적으로 제공하므로 얻는 가치이다. GE가 항공기 엔진을 임대하고 비행기 기류 분석 정보를 제공하는 방식을 말한다.

그림 4-2 》 스마트 공장과 O4O 비즈니스 모델

From Smart, Connected Product to Smart Service
제품의 생산 및 판매를 넘어, 제품이 어떻게 활용되는지에 대한 Insight를 기반으로,
부가서비스를 제공하고, 비즈니스 모델을 혁신하는 데 핵심적 역할을 할 것임

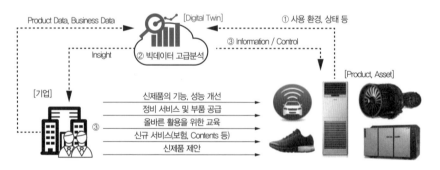

제조자는 자신이 오프라인상에서 만든 제품을 사용자에게 제공하고 사용자가 사용하는 각종 정보를 입수하여 제품의 사용 상태를 파악한다. 소모품의 수명을

미리 예측하거나 아니면 문제점을 미리 알고 원격 지원하여 제품의 사용 가치를 증대하는 방식이다. 오프라인에 온라인이 접목되어 오프라인의 제품의 가치를 높이는 것이다.

이러한 변화의 흐름을 인식하고 이를 준비한 기업과 그렇지 못한 기업 간의 차이는 크게 벌어질 것이다. 기업 간의 양극화 현상이 두드러지게 나타날 것이다. 자신의 업종에서 서비스적인 요소를 발굴해야 한다. 이러한 4가지 방면의 문제를 극복하고 지속 성장할 수 있는 길이 제조업의 O4O 비즈니스 모델로의 진화이다.

---

🔍 **ONE POINT LESSON**

### '현재 기존 제조업의 문제점'의 의미란?

현재 제조업은 시장 변화와 상품 진화, 그리고 노동 환경과 의식의 변화라는 3중고의 문제를 안고 있다. 이러한 어려움 속에서 제조업은 돌파구를 찾지 못하고 부가가치 하락에 의한 수익성 악화로 현상을 유지하는 수준에 머물고 있다. 이러한 어려움을 타개하는 것은 부문적인 개선으로는 답을 찾을 수 없다.

총체적으로 비즈니스 모델 전체를 바꾸는 노력이 필요한데 그 대안이 O4O 비즈니스 모델로의 진화이다. 시장을 찾는 것도 중요하지만 고객이 무엇을 불편해하고 무엇을 원하는지 고객의 목소리를 통해 좋은 상품을 개발하는 데 필요한 정보와 자료로 수집해야 한다.

업무 진행에서도 직원에게 열심히 하라고만 요구할 것이 아니라 직원이 어떤 방식으로 일하고 싶어 하는지를 파악하여 효과적으로 일하는 방식을 도입·실행하는 기업이 코로나19를 넘어서는 기회를 얻을 수 있다.

# 12장

# 전통 제조업의 한계 극복 방안

전통적인 제조업의 한계를 극복하고
새로운 경쟁력을 갖춘 제조업의 방향은 무엇인지
제조업의 미래를 들여다보아야 한다.

## 전통적인 제조업의 한계

전통적인 제조업은 미래가 없다. 저성장기에 극다품종화로 변화하면서 기존의 체제로 효율을 지속하기는 어려운 상황이다. 제조원가의 의미도 상실했다. 가성비와 가심비로 가격이 책정되는 시장의 흐름은 전통 제조업을 더욱 어렵게 한다.

물량의 감소는 고정비를 극복하기 어려운 수준이므로 고정비를 축소해야 할 상황이다. 글로벌 소싱의 장애로 공급의 제한을 받는 상황도 벌어지고 있다. 소부장 산업에서 우리나라와 일본 간의 갈등은 그동안 반도체 분야에서 우리가 겪은 경험이다.

그뿐만 아니라 세트와 부품업체 간 기술의 전환기적 시점에 제조업이 놓여 있다. 반도체는 메모리 반도체에서 시스템 반도체로 이전되고 있고, 엔진 자동차는 전기 자동차로 전환하고 있으며, 이동통신은 4G에서 5G로 발전하여 앞으로 가상현실(VR), 증강현실(AR)이 일상화될 것이다.

전통 산업이 고수하던 비용 절감, 생산성 재고라는 경쟁력이 그 의미를 상실하고 있다. 경쟁력으로 버티는 것이 아니라 아이디어가 있어야 이길 수 있는 시대이다. 이제는 기존 사업의 경쟁력을 만드는 것이 중요한 것이 아니고 '어떻게 하면 비즈니스 모델을 변화시켜 사업의 구조를 전환 할 것인가?'를 고민해야 한다.

## 제조업 변신의 방향 1_비즈니스 모델 전환

제조업의 변신을 위해서는 비즈니스 모델로 전환시킬 로드맵이 필요하다.

### 비즈니스 모델 로드맵

첫째, 기존 사업의 구조조정이다. 기존 사업에서 경쟁력이 없고 더 이상 성장 가능성이 없는 영역을 버려야 한다. 버리는 것이 먼저이다. 버려야 새것으로 채울 수 있다. 불필요한 시장, 고객, 제품, 조직, 사람, 장비를 버려야 한다. 누더기를 벗어야 새 옷을 입을 수 있다. 생존하려 노력하지 말고 버릴 것이 무엇인지 생각해야 한다.

둘째, 선택 사업을 강화하는 것이다. 버릴 것을 버리고 나면 그 다음 남은 것이 선택 사업이다. 성장 잠재력이 있고, 수익 창출의 기회가 있으며, 우리 회사가 가장 잘할 수 있는 사업군을 강화시켜 1등을 만들어 가야 한다. 지금까지는 넓은 시장에서 많은 제품으로 승부했다면 이제는 내가 선택한 좁은 시장에서 소수의 제품, 대표 제품으로 승부해야 한다.

셋째, 일하는 방식을 바꾸어야 한다. 부가가치는 일하는 방식과 절차에서 만들어진다. 지금까지는 제품이 제공하는 부가가치가 컸기 때문에 일하는 절차나 방식은 그렇게 중요하지 않았다. 일하는 가운데 낭비와 불량은 있을 수 있다고 생각하고 그러한 낭비를 제품이 가진 이익으로 극복할 수 있었다. 그러나 지금은 박마진 시대이다. 제품에는 더 이상 부가가치가 없다. 일하는 가운데서 부가가치를 획득해야 한다. 이를 밸류체인의 가치라고 한다. 작은 몸짓으로 운영하는 기업을 큰 기업은 이기지 못한다.

규모가 큰 기업이 되어 시장에서 리더십을 가져가고 스케일 메리트를 활용해 구매 경쟁력을 갖든지, 작은 조직으로 비용 경쟁력을 갖든지 해야 생존이 가능한 시대가 되었다. 지금은 중소기업의 수난 시대이다. 중소기업은 작아질 수 있다면 더 작아져야 한다.

## 제조업 변신의 방향 2_업무의 지적 자산화

업무는 일하는 과정이며, 직무라고도 한다. 이것을 지금까지는 지식과 경험의 축적으로 제품을 만드는 일을 하는 과정의 지원활동이라고 생각했다. 주로 간접 인원들의 활동으로 늘 하던 전통과 관습대로 일하는 것이 당연하다고 여겼다. 그러나 지금은 복잡 다원화된 시대가 되었고, 고객의 요구가 다양하며, 수시로 시장과 고객의 생각이 변하는 상황에서 지원 조직의 역할이 경쟁력이 되었다. 수주의 예측력이 높을수록 재고의 부담을 줄일 수 있고 계획 수립의 정확도가 높을수록 생산의 효율성이 높아진다.

설계에서 실수와 에러가 발생하지 않아야 원재료 비용을 낮출 수 있다. 설계의 정확도는 영업이 가져온 고객이 요구하는 사양의 정확도에 따라 결정된다. 생산 도중에 사양이 바뀐다. 부품의 재구매가 필요한 사항이다. 구매하는 동안 생산이 중단되고 지연된다. 결국 납기가 지연되어 투입 자원을 강화하여 해결한다. 이 모든 것이 비용이다. 이러한 손실 비용이 기업이 얻는 수익보다 많다면 어디에 업무를 집중해야 하는가? 업무의 스마트가 경쟁력인 이유이다.

생산은 지시한대로 계획한대로 이루어져야 한다. 생산은 선택권이 없다. 간접 인력이 정한 기준과 계획에 따라 생산의 효율과 가동률, 부하율이 결정된다. 간접 인력의 스마트화가 필요한 이유이다. 그동안 숨겨져 있었던 기업 경쟁력의 사각지대이다. 간접 인력의 생산성과 업무의 품질이 그 어느 때보다 중요한 시대가 되었다.

## 암묵지에서 형식지로

중소기업의 경우 간접 인력의 모든 업무는 암묵지화되어 있다. 사람의 경험과 기억과 체험 속에 녹아 있다. 사람에 의해 생산성과 효율이 달라진다. 사람 의존형 경영을 해온 것이다.

우수한 사람 중심으로 일이 진행되는데 우수한 사람일수록 노하우가 속인화된 사람이다. 따라서 한두 사람에 의해 기업이 운영된다. 그 한두 사람이 회사를 그만두면 경영은 흔들린다. 사람이 그만두면 노하우와 정보가 동시에 나간다.

이것이 중소기업의 현실이다. 실업자가 이렇게 많지만 구인난에 허덕이는 이유가 그 일을 할 만한 사람이 없기 때문이다. 왜 그런가? 업무가 암묵지화되어 있어서 그렇다. 이제는 암묵지를 형식지로 바꾸어야 한다.

숨겨진 노하우를 누구든 보고 일할 수 있도록 형식지화해야 학습이 가능하고 여러 사람이 정보를 공유할 수 있다. 정보 공유는 중소기업이 도전해야 할 중요한 과제이다. 베테랑 사원의 업무를 형식지화하여 다른 사람들이 같은 노하우를 갖도록 해야 한다. 노하우는 숨겨진 정보란 뜻이다. 알고 나면 특별한 것이 아니라도 직원들이 알아차리기 어려운 정보이다.

형식지가 되면 표준화할 수 있다. 회사가 정한 양식과 규격대로 표준화가 된다. 표준화가 가진 업무의 효과와 효율을 생각해 보아야 한다. 표준화가 된다면 코드화할 수 있고 코드화하면 데이터 축적이 가능하게 된다. 축적된 자료를 디지털로 전환시키면 언제 어디서든지 검색할 수 있고 접속하여 사용 가능한 구조로 바뀌니 회사 입장에서는 지적 자산이 만들어지는 것이다.

이는 기업의 역사가 만들어지는 과정이다. 영업사원이 5년간 근무했다면 5년의 역사가 기록으로 남아 있어야 한다. 그래야 그 사람이 그만두더라도 후임자가 역사를 보고 미래를 만들어 갈 수 있다. 장비가 설치된 지 5년이 되었다면 그 장비의 5년 역사가 기록으로 남아 있어야 한다. 기계가 고장이 나든 불량이 나든 역사를 보고 개선방안을 찾아야 하는데 역사가 없으면 미래를 설계할 수가 없다.

고객 정보, 시장 정보, 제품 정보, 설비 정보, 가격 정보, 구매 정보, 부품 정보, 경쟁사 정보 등 수없이 많은 정보들이 분산되어 있고 속인화되어 있다. 우리 회사에 정보가 있더라도 막상 찾아서 사용하려 할 때 검색을 할 수 없다면 무슨 소용이 있겠는가? 업무의 지적 자산화는 제조업 도약의 출발점이다. 디지털로 전환하기 위한 전제조건이다.

## 제조업 변신의 방향 3_리질리언스 경쟁력

지금까지 말한 모든 내용은 간접 부문의 생산성과 정확도에 관한 이야기이다. 직접 부문의 경쟁력은 한계 상황에 놓여 있다. 제조원가 경쟁력은 회사마다 동일하다. 제품을 분해해 보면 어떤 부품을 사용했는지 어떤 구조로 되어 있는지 경쟁사는 알 수 있다. 경쟁사가 만들었다면 나도 만들 수 있고 내가 만들었다면 경쟁사도 만들 수 있는 세상이 되었다.

중국이 한국과 대등한 위치가 된 것이 그 사례이다. 장비와 설비가 제품을 만들기 때문에 투자 능력만 있다면 흉내낼 수 있다. 제품의 라이프 사이클이 짧아진 이유이기도 하다. 선발 기업은 계속 앞서가고 후발 기업은 지속적으로 선발 기업을 추격한다. 결국 같아지는 순간 레드오션 영역에 들어가 무한경쟁 상황이 되는 것이다.

이제는 눈에 보이는 제품으로 경쟁력을 만들 수 없다. 눈에 보이지 않는 업무 방식에서 차별화하여 블랙박스 경쟁력을 만들어야 한다. 일하는 방식은 숨길 수 있기 때문에 경쟁력이 보이지 않는 영역이다.

기업 간의 손익분석을 비교해 보면 제조원가 수준은 비슷하지만 판관비에서 차이가 발생한다. 그 차이가 발생하는 이유는 일하는 방식이 다르다는 것을 의미한다. 간접 인원 비율과 간접 인원의 생산성에 따라 발생하는 차이이다. 영업 사원, R&D 인력, 구매자재 관리인력, 총무인사, 재무 관련 인력, 생산관리 및 품질관리 인력 등의 업무효율을 말한다.

## 회복 탄력성 경쟁력

리질리언스 경쟁력이란 '회복 탄력성 경쟁력'을 말한다. 코로나19 이후에 경제가 정상화되어 수요 증가가 있을 때 그에 대응할 수 있는 경쟁력이다. 생산 능력은 보유 시설과 설비 능력으로 커버한다고 볼 때 간접 인력의 능력은 얼마나 스마트한 수준인가에 달려 있다.

수요가 없을 때 자원을 축소하거나 인력의 감축을 통해 생존력을 유지한 기업이 다시 수요가 증가하여 수주를 받을 경우 그때 필요한 자원투입을 해서 대처하면 경쟁력은 약해진다. 적은 인력으로 크고 많은 일을 처리할 수 있는 능력을 갖추는 것이 진정한 경쟁력이다.

고정비를 낮추고 낮은 물량으로 생존할 수 있는 구조를 가진 기업이 수요가 증가했을 때 스마트한 업무 능력으로 처리할 수 있는 것을 리질리언스 능력이라고 한다.

코로나19로 수요가 감소하여 여유가 있을 때 업무의 스마트화를 추진해야 하는 이유가 바로 여기에 있다.

# 제조업 변신의 방향 4_탄력근무 가능구조

노동 환경이 변하고 있다. 기업이 고용을 보장해 주지 못하기 때문에 직원도 기업을 믿지 않는다. 회사에 대한 충성심과 애정도 점점 약해지고 있다. 종신 고용의 개념은 사라진 지 오래고 직장보다는 직업의 개념으로 생각하고 선택한다. 직장을 자신의 목적과 뜻을 이루는 단순한 과정으로 여기며, 자신이 하고 싶어 하는 프리랜서와 같은 일을 선호한다. 직장에서 삶의 가치를 발견하는 것보다 자신의 일과 삶 속에서 가치를 발견하려는 젊은 사람들에게서 욜로(YOLO)를 중시하는 태도가 점점 커지고 있다. 이는 안정성이 점점 없어지는 불안한 환경에서 스스로를 지키기 위한 방편인 것이다.

출근하고 일하는 방식이 유연한 직장을 선택하는 경향이 커지고 있다. 탄력근무의 제도적 보장을 원하고 있는 것이다. 시차근무방식과 재택근무도 원하고 있다. 따라서 기업이 이러한 방식의 근무 제도를 운영하지 못한다면 우수한 인재를 채용하기 어려워진다.

2000년대 후반부터 실시하던 CIC(Company in Company) 제도 운영을 다시 논의하는 회사도 늘고 있다. 사내 소사장 제도 운영은 인재의 유출을 막기 위해 자신의 독립적인 회사를 회사 안에서 운영하는 방식이다. 회사에 속한 직원이 아니라, 회사와 계약한 기업주인 셈이다.

근무 방식에서 탄력성을 가지려면 출근의 개념이 없어야 한다. 정해진 시간과 장소에 모여 일하는 방식으로는 더 이상 유지하기 어려운 환경이 되었다. 코로나19가 이런 상황을 앞당겼다.

## 일하는 방식의 변화

과거에는 우수한 인재를 사내에서 육성했지만 지금은 우수한 인재를 밖에서 찾는다. 밖에서 찾은 인재를 일정 기간 계약직으로 활용하는 방식으로 직원을 운영한다. 생산뿐 아니라 관리와 경영도 아웃소싱하는 시대가 되었다. 고도의 전문화된 인재를 일시적으로 활용하려면 탄력근무가 가능해야 한다. 주간 7일을 근무하는 사람도 있고 3일만 근무하는 사람도 있어야 한다. 탄력근무제도를 어떻게 만들 것인지를 고민해야 한다.

이것이 가능해지면 굳이 정규직 인력을 많이 고용할 필요가 없다. 최소한의 필요 인력만 정규직으로 고용하고 나머지 인력은 수요와 환경의 변화에 따라 유연성 있게 일하도록 하는 것이다. 비정규직을 정규직보다 훨씬 더 많이 운영하는 방식이다. 이것이 기업이 생존할 수 있는 길이다. 고정비를 변동비화하는 것이다. 고정비가 낮다는 것은 작은 매출에도 생존할 수 있다는 것을 말하며, 물량과 수요가 증가하면 아웃소싱을 활용하게 된다.

이미 애플이나 나이키 같은 거대한 글로벌 기업이 공장 없이 제조를 한다. 생산은 100% 아웃소싱이다. 오직 사무실 인력만으로 전 세계의 수요를 충족시키고 있다. 이것이 대한민국 제조업의 미래 모습이다. 공장이 존재하더라도 작은 인력으로 운영하는 방식이다. 직접 인원만으로 가동되는 공장이라면 가장 경쟁력을 갖춘 공장이라 할 수 있다. 현물을 다루는 작업자는 필수 요인이 되지만 지원 인력은 얼마든지 합리적으로 운영할 수 있는 것이다.


4차 산업혁명의 흐름은 스마트 공장을 만들고 스마트 업무를 수행하는 방향으로 가고 있다. 스마트 공장은 무엇인가? 자동화와 데이터화를 접목하여 사람 의존의 판단과 일을 시스템 의존의 판단과 일로 바꾸는 것이다. 이미 정부가 주도적으로 이러한 작업에 투자를 하고 있다. 하지만 정부가 하는 일은 시동을 거는 수준이다. 따라서 민간이 주도적으로 지속적으로 추진해야 할 과제이다.

반드시 스마트 공장을 스마트 업무로 이어지게 해야 한다. 데이터 수집 자체가 목적이 아니라 경영자의 의사결정을 돕기 위한 데이터이어야 한다. 경영자의 의사결정 항목 선정이 스마트 업무 영역인 것이다. 이런 제조업을 어떻게 만들 것인가? 이것을 우리는 제조업의 O4O 비지니스 모델이라 한다.

---

**🔍 ONE POINT LESSON**

### '전통 제조업의 한계 극복 방안'의 의미란?

제조업이 지금까지는 제조 원가 경쟁력을 기준으로 경쟁을 해왔다. 그러나 이제 제조 원가 경쟁 시대는 끝났다. 재료비와 노무비, 기타 경비는 매출 규모와 제품을 통해 역산하여 추정이 가능하다. 경쟁사 간 제품 가격을 비교하기 위해 경쟁사의 가격을 분석하지만 원가에서는 큰 차이가 없다. 그렇다면 어디서 경쟁력을 찾을 수 있을까? 지금부터는 판관비와 간접비의 경쟁 시대라고 할 수 있다.

제품에 공통 경비 배분율이 어느 정도인지에 따라 원가는 달라진다. 회사별로 직접비는 유사하기 때문에 간접비의 차이가 경쟁력을 만든다. 간접비는 고정비의 성격이 크다. 물량이 커지지 않으면 고정비는 분산 효과가 없기 때문에 제품에 그대로 반영된다. 저성장 시대, 적은 물량으로 생존해야 하는 상황에서 높은 고정비는 원가의 커다란 압박 요소이다.

그렇다고 고정비를 줄이겠다고 작업 인원을 줄이고 조직을 축소할 수는 없다. 대체 인력 없이 짜인 조직이라서 꼭 필요한 인원만 있는 구조에서는 인원 조정도 쉽지 않다. 그렇기 때문에 이제부터는 간접 인력의 업무 생산성을 높이고, 반복적인 업무는 자동화하며, 온라인상에서 정보를 공유하여 빠르고 쉽게 일할 수 있는 환경을 만들어야 한다. 작은 인력으로 많은 일을 할 수 있게 하고, 디지털 사원을 채용하여 24시간 일하게 해야 한다.

주 52시간이 법제화된 상황에서 직원에게 많은 업무 할당은 불가능하다. 늦게까지 일하라고 요구할 수도 없다. 오늘 할 일을 오늘 끝내지 못하더라도 퇴근시켜야 한다. 업무의 지연, 대기가 예상된다. 업무의 리드 타임이 길어진다. 사람이 문제가 아니라 일할 시간의 부족이 문제다. 유일한 대안은 디지털 사원을 채용하는 것이다. 디지털 사원은 비용도 적게 들고 24시간 일한다. 업무의 중단, 대기, 지연이 없다. 경쟁력은 여기서 만들어진다.

# 13장

# 제조업의 O4O 비즈니스 모델 구축 환경

◇◇◇◇◇◇◇◇◇◇◇◇◇◇◇◇◇◇◇◇◇◇◇◇◇◇◇◇◇◇◇◇◇◇◇◇◇

제조업은 오프라인에 온라인을 접목하여
새로운 비즈니스 모델을 만드는 변신이 필요하며,
그 변신을 통해 지속 가능한 블랙박스 경쟁력을 만들어
도약과 비상을 할 수 있어야 한다.

◇◇◇◇◇◇◇◇◇◇◇◇◇◇◇◇◇◇◇◇◇◇◇◇◇◇◇◇◇◇◇◇◇◇◇◇◇

## 사람들 간의 협업 환경 구축

그림 4-3 ≫ 업무 협업 환경의 혁신(Smart Work)

자료 / IBM 자료 인용

업무는 사람과 정보, 프로세스를 통하여 이루어진다. 사람들끼리 일하는 절차에 따라 정보를 주고받는 것이 업무이다. 회의하는 것이라든지, 보고하는 것, 연락하는 것, 소통하는 것들이 사람 간에 일하는 방법이며 그러한 협업을 잘하는 것에 따라 업무의 효율이 결정된다. 그 효율의 결과는 업무와 서비스 속도를 결정하며, 업무의 정체 · 대기 · 중단을 줄여 오퍼레이션의 비용을 절감할 수 있다. 그뿐만 아니라 각종 기회 손실을 막을 수 있는데 판매 기회 손실의 리스크와 자산의 리스크를 줄일 수 있다.

시간이 경영자원이다. 경영의 핵심 이슈가 속도이다. 얼마나 빠르게 대응하는지의 여부가 기업의 경쟁력이다. 단납기 대응력, 변화 대응력, 기동성이 기업의 경쟁력인데 이것은 사람 간의 정보의 전달과 소통의 속도에 비례한다.

## 코스트 자원

코스트도 경영의 자원이다. 가장 뜨거운 경쟁의 요소이다. 제조원가가 결정 코스트라면 오퍼레이션 코스트는 발생 코스트이다. 이러한 발생 코스트에서 경쟁력이 생긴다. 경쟁사와 우리 회사 간 제품의 수준 차이는 거의 없다. 국가 대표선수들끼리 싸우는 환경이다. 모두가 다 우수한 선수들인 것이다. 승패는 극소수의 차이로 결판난다. 과거에는 5~10%의 차이라면 지금은 0.1~0.2%의 차이에서 당락이 결정된다. 일하는 과정에서 발생하는 비용 절감으로 0.1~0.2% 차이에서 앞서야 한다.

비즈니스는 부가가치를 만드는 활동이긴 하지만 리스크를 줄이는 활동이기도 하다. CEO의 역할은 주로 회사의 주요 사안에 대한 의사를 결정하는 일인데 의사결정의 50%는 리스크에 대한 결정이다. 리스크는 CEO의 판단력을 근거로 하지만 CEO 판단에 결정적 영향을 주는 것은 정보력이다. 정보의 정확도와 속도에 따라 의사결정의 질이 달라진다. 중요한 결정에 필요한 정보를 효율적으로 사용할 수 있도록 누구나 참여할 수 있는 환경을 만드는 것이 첫 번째 일이다.

## 사람들 간의 소통 환경 구축

업무는 직원들 간의 수평적 혹은 수직적인 소통으로 이루어진다. 수직적인 소통은 상하 간의 소통이다. 적시에 지시하고 적시에 보고하므로 업무가 이루어진다. 공장엔 현물의 흐름과 정보의 흐름이 있는데 정보와 현물의 흐름이 일치할 때 고효율 공장이 된다. 이같이 고효율 업무 실현을 위해서 적시 지시와 적시 보고는 중요한 요인이다. 업무 책임자와 업무 담당자 간의 수직적 소통 수준은 고효율 업무를 결정짓는 지표이다. 업무의 조절과 조정의 기능인 소통 수준을 실시간으로 이루어지게 하는 것이 업무의 경쟁력이다.

그림 4-4 ≫ 제조업 O4O 비즈니스 모델 구조_업무 협업 환경의 혁신(People-To-People)

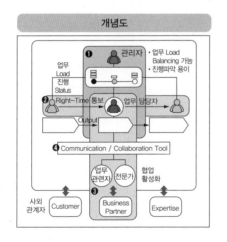

자료 / IBM 자료 인용

다음은 담당자와 담당자 간의 업무 협조 문제이다. 업무는 전후 공정, 전후 부서 간의 정보를 주고받는 활동으로 상호 정보를 공유하고 소통하여 토의할 수 있는 환경이어야 한다. 정보가 숨겨져 있다면, 정보가 잠복해 있다면 업무의 도착 시간과 지연 시간이 발생하고 통보 전달의 문제가 발생한다. 업무의 대기·정체·누락이 발생한다. 이 모든 것이 손실 비용을 발생시킨다. 업무의 속도를 떨어뜨리고 비용을 증가시키는 요인이 된다.

## 정보 공유 협업 환경

필자의 경험으로 보면 이와 같은 손실은 기업이 획득한 영업이익을 상회할 것이다. 영업사원이 단납기 수주를 한 후에 고객 사양을 결정하는 일이 지연되어도면 설계가 늦어진다. 설계를 먼저 진행한 후에 사양 변경이 되면 자재 발주 후 재발주가 생긴다. 재발주가 일어나 자재가 입고되는 기간 동안 생산은 중단된다. 자재가 늦게 도착한 후 납기를 지키기 위해 기본 인원 외 투입을 한다. 잔업과 특근으로 표준 시간 이외의 인원이 투입되므로 가공비, 인건비, 오퍼레이션 비용이 증가한다.

그렇기 때문에 사내 관련자 간 정보를 공유하고 협업할 수 있는 환경을 구축하는 것은 경쟁력을 만드는 길이다. 언제 어디서든지 접속이 가능한 소통 체계야말로 진정한 경쟁력이 되는 것이다. 데이터화된 정보의 공유는 그동안 ERP시스템을 활용하여 업무를 수행했다. 수주 정보를 기반으로 생산 계획을 수립하고 계획을 근거로 자재를 발주한다. 자재 입고 후 생산 지시와 진도 관리로 업무를 이어서 전개하였다.

그러나 일하는 가운데 발생한 예상치 못한 상황과 일상적인 결정에 대한 정보는 회의나 보고서에 의존했다. 이제 이러한 정보는 일정한 규칙과 원칙에 따라 공유하고 축적하여 시계열적인 변화를 알 수 있도록 해야 한다. 고객과 시장의 범위가 점점 넓어지면서 사내에서만 일하는 것은 아니다. 사외에서 일하는 사람이 늘어나고 해외에서 근무하는 조직도 증가하고 있다. 시공간을 초월한 정보공유는 필수가 되었다. 특별히 재택근무를 한다면 더더욱 필요한 상황이 된다. 집에서 회사 업무에 접촉 가능한 구조를 만드는 일이 시급해졌다.

## 사람들 간의 경험 접촉 환경 구축

기업의 지식 자산 중 80%는 구성원들의 머릿속에 존재하며, 이 암묵지를 활용할 수 있는 지식 경영 인프라를 구축하여 활용할 수 있다면 기업의 경쟁력은 배가 될 것이다. 작은 규모의 중소기업일수록 모든 업무의 정보는 개인화되어 있다. 사람이 곧 정보이다. 사람이 그만두면 정보도 단절된다. 대부분 사람 의존형 업무를 수행하기 때문이다.

그림 4-5 » 제조업 O4O 비즈니스 모델 구조_업무 협업 환경의 혁신(People-To-Information)

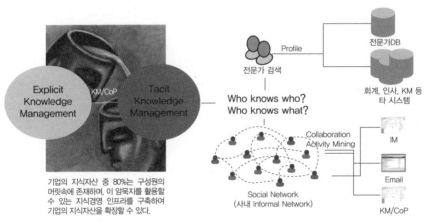

기업의 지식자산 중 80%는 구성원의 머릿속에 존재하며, 이 암묵지를 활용할 수 있는 지식경영 인프라를 구축하여 기업의 지식자산을 확장할 수 있다.

자료 / IBM 자료 인용

어떤 특정한 문제를 해결하려면 사내에 그 분야의 전문가나 경험자가 있어야 한다. 문제해결을 할 수 있는 사람의 정보를 알고 그와 쉽게 연결할 수 있다면 쉽게 문제가 풀리겠지만 그 노하우를 가진 사람이 누구인지 모른다면 시행착오를 거쳐 문제가 풀릴 것이다. 경험자는 5분만에 풀 수 있는 문제를 비경험자는 1주일이 지나도 풀지 못한다. 우리 회사에서 누가 무엇을 알고 있는지 파악할 수 있는가? 안타깝게도 우리 회사의 노하우는 암묵지화되어 있다. 이러한 노하우를 100% 형식지화하여 데이터베이스를 만들지 않았다면 정보 네트워크 체계를 만들어야 한다.

필자가 컨설팅을 하면서 기업을 파악하는 과정 가운데 정보의 잠복이 얼마나 일을 힘들게 하고 불필요한 업무를 하게 하는지 경험한 적이 있다. 반도체 장비를 만드는 기업이었는데 새롭게 판매할 장비제작 소요시간을 산출하는 것이 중요한 이슈였다. 장비를 만들어 언제 공급 가능한지를 공급처에 제공해야 했는데 공급 시기를 알려 주지 못하면 수입 장비로 대체하거나 다른 회사의 제품을 발주할 수밖에 없는 상황이었다. 제품가가 10억원이 넘었기 때문에 이 회사에서는 중요한 거래였다. 담당자는 정보를 몰라 답답해하고 있다가 기간을 놓쳐 입찰에 참여하지 못했다. 놀라운 사실은 담당자가 고민하던 내용에 대해 사장은 쉽게 해결할 수 있었다는 것이다. 2개월이 지난 후에 공유한 담당자의 글을 보고 사장은 할 말을 잊고 말았다.

사람들이 갖고 있는 정보를 제도적으로 공유할 수 있는 시스템이 얼마나 중요한지 알려 주는 사례이다. 누가 정보를 갖고 있고, 경험을 갖고 있는지, 과거에는 어떤 정보가 수집·분석되어 있는지를 조직원들이 알 수 있도록 하는 것이 업무의 효율과 속도, 정확도를 높이는 길임을 알아야 한다.

# 일 추진 과정의 발생 정보 축적 환경 구축

중소기업을 관찰해 보면 이메일과 유선 또는 무선전화로 연락하고 회의를 통해 자료를 배포하는 형태로 일이 이루어진다. 일은 수행되지만 일하는 가운데 발생한 정보는 휘발성 정보가 되든지 본인만 아는 정보가 되어 버린다. 개인정보에 머물고 마는 것이 일반적인 현상이다. 과거 정보를 확인하려면 시간이 걸리고, 찾기가 쉽지 않으니 다시 작성하는 사례가 비일비재하다. 이런 원인으로 중복된 업무, 업무 누락, 업무 지연이 발생한다. 이것은 일하는 절차상에서 발생한 정보 관리의 원칙과 균일한 소통 툴이 없기 때문이다.

그림 4-6 ≫ 제조업 O4O 비즈니스 모델 구조_업무 협업 환경의 혁신(People-To-Process)

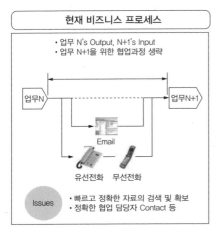
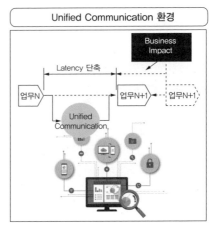

자료 / IBM 자료 인용

통일된 소통의 툴이 있다면 진행형 정보들이 축적될 것이고 필요시 검색하여 재활용이 가능하지만 개인화된 정보는 확인할 방법이 없기에 회사 업무 수행 중에 발생한 정보임에도 회사의 지적 자산이 되지 못한다.

모 회사의 영업사원을 지도할 때의 일이다. 그 회사의 영업사원들은 고객을 만나 얻은 정보가 회사의 중요한 자산임에도 불구하고 대부분 결과만 보고할 뿐 과정 중에 입수한 정보의 기록이나 진행상황에 대한 보고를 하지 않았다. 기업 고객은 대체로 제품 구매를 결정하면, 가격을 결정하는 사람과 조직, 사양을 결정하는 사람과 조직이 따로 존재한다. 구매 담당자가 제품에 대한 구매 의사결정을 하면, 기술 담당자는 사양을 검토하고 품질에 대한 의사결정을 한다. 생산 담당자는 직접 제품을 사용할 작업자이기 때문에 작업의 편리성을 고려하고, 회계 담당자는 비용을 중점적으로 검토한다. 각자가 자신의 분야에서 보기 때문에 작은 정보 하나가 전체에 미치는 영향이 큰 데 이 중요성을 영업사원은 모르는 경우가 많았다. 고객이 급하게 생각하는 것과 중요하게 생각하는 것을 수집하여 전략적으로 어떤 가치를 제공하고 어떻게 프로모션을 할 것인가에 관심을 기울여야 한다.

영업사원은 시계열적으로 고객의 생각을 읽어 내야 하고, 계층별·밸류체인별로 니즈를 파악해야 한다. 그렇게 하려면 시계열적으로 정보를 통일된 소통 툴에 입력해야 한다. 이것이 경쟁력이다. 제품을 만드는 것은 규격과 도면에 의해 결정되는 것이지만 고객의 의사결정과 선택은 정보에 의해 이루어지는 것이다.

수주가 없으면 생산이 없고, 생산이 없으면 매출도 이익도 없다. 간접 인력과 지원 인력, 사무기술직 인력들의 생산성과 효율성을 높이는 일이 중요해졌다. 수요가 넘치게 많다면 이런 과정상의 관리가 의미 없겠지만 경쟁이 치열하고, 의사결정에 따라 결과가 달라지며, 전략적·선행적 투자를 해야 기회를 만들 수 있는 환경이라면 정보의 수집은 제품을 만드는 것보다 더 중요한 과정이다.

## 업무의 통합 관리를 통한 변혁 추진

간접 업무는 통합되어야 한다. 상호 독립적이지 않고 연계되어 있으며 정보의 공유와 소통을 통해 일이 이뤄지는 구조이기 때문이다. 조직 간의 역할이 명확해야 하고 직무가 오버랩되어 상호 견제가 되어야 한다. 사용하는 기준 정보가 통일되어 사용할 수 있어야 하며, 판단의 기준이 통일되어야 의사결정의 오류를 막을 수 있다.

고객 정보와 제품 정보는 반드시 정해진 코드체계 아래 표준코드에 따라 정리되어야 공유되고 축적되어 빅데이터화할 수 있다. 과거에는 점 단위 정보를 개인이 가진 경험과 느낌에 따라 의사결정하였다. 따라서 개인이 가진 통찰력에 따라 결과가 달라졌다. 그러나 지금은 트렌드에 따라 결과를 예측한다. 유행이든 기술이든 사람들의 생각은 어느 날 갑자기 변하는 것이 아니라 서서히 변화하면서 바뀐다. 반드시 트렌드, 즉 경향을 가지고 있다. 기술은 로드맵에 따라 변하고 기술의 변화에 따라 제품이 변한다.

사람들의 습관과 행동도 환경의 변화에 적응하면서 바뀐다. 트렌드를 기반으로 관리 가능한 구조를 만드는 것이 조직의 통찰력을 키우는 방법이다. 이것이 업무의 통합이 필요한 이유이다.

그림 4-7 ≫ 제조업 O4O 비즈니스 모델의 강점_업무 협업 환경의 혁신(Integration)

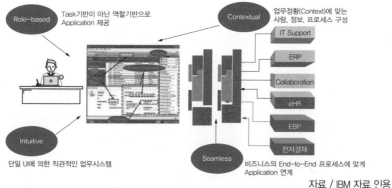

자료 / IBM 자료 인용

최근 제조업은 극다품종소량생산이 되면서 수주 예측이 매우 어려워졌다. 영업사원은 확정 수주만 등록한다. 고객의 요청 납기는 2~3주인데, 자재 발주부터 생산까지 걸리는 리드 타임은 한 달이 넘는다. 외국에서 도입하는 부품이 있는 경우는 3달 이상이 소요되는 경우도 있다. 그러나 고객이 그러한 상황을 인정하지 않고 2~3주 안에 납품을 요구한다면 선행 발주해서 재고를 확보하지 않고는 대응이 불가능하다. 요즘은 부품공급 업체가 대형화되어 있어서 오히려 갑의 위치에 있다. 3개월 선행 발주뿐 아니라 6개월 물량을 발주해야 가격을 인하한다. 울며 겨자 먹기 식으로 6개월 물량을 발주하지만 고객으로부터 재발주가 없으면 악성 재고가 된다. 따라서 고객 주문의 경향을 관리해야 한다. 수주의 정확도를 관리하기 위한 트렌드 분석이 중요해진 이유이다.

업무를 통합 관리하고 정기적인 롤링이 필요하다. 영업사원별 수주 정보를 확정이든 미정이든 등록하고, 과거와 현재까지 변화의 움직임을 관찰해야 한다. 재고 정보도 공유할 수 있어야 하고 고객의 상황과 변화의 움직임을 보고 있어야 한다.

## 조직의 스킬을 높이는 콘텐츠

조직별로 이러한 활동을 한다면 조직의 콘텐츠가 만들어진다. 영업 부서는 영업 백서가 만들어진다. 구매 부서는 구매 소싱 정보, 제품 부품 정보, 협력사 정보 등 구매 백서가 만들어진다. 설계 부서는 설계 이력과 변경 이력, 수정사항 등 설계 백서가 도면과 함께 만들어진다. 이것이 조직이 가지고 있는 콘텐츠이며, 이러한 콘텐츠가 풍부할수록 조직의 스킬(Skill)이 높아진다. 조직의 스킬(Skill)은 리더십과 조직원의 역량에 따라 결정된다고 일반적으로 말하지만 조직의 스킬(Skill)은 조직이 갖고 있는 콘텐츠의 크기만큼 달라진다는 것을 알아야 한다.

축적된 정보가 콘텐츠이다. 모아진 콘텐츠를 조직들이 공유하고 사용할 수 있는 환경을 만드는 것을 업무의 통합 관리라고 한다. 회사 일은 혼자하는 것이 아니라 함께해야 한다. '함께한다'는 것은 무엇을 말하는가? 업무를 진행하면서 통일된 방식으로 함께 전개해 나가는 것이다.

시스템이 이러한 일이 가능하도록 만들어 준다. KTX라는 고속열차로 전국을 연결해 놓으니 전국민 간 빠른 연결이 가능해진 것과 같다. 수도권과 지방 간의 차이가 없어졌다. 시스템으로 연결한다는 의미가 이러한 것이다. 업무의 고속도로, 업무의 시스템화 추진이야말로 기업들이 지금부터 추진해야 할 중대한 과제이자 경쟁력을 만드는 유일한 길이다.

스마트 공장 추진이 먼저가 아니라 스마트 업무 체계 구축이 먼저이다. 그렇게 하는 이유는 무엇을 관리할 것인가를 정한 후에 스마트 공장에서 어떤 데이터를 수집할 것인가를 정해야 하기 때문이다. 스마트 공장 구축은 데이터 수집 구조를 만드는 것이고, 스마트 업무는 수집된 데이터를 활용하는 것이다. 업무 통합을 통하여 어떤 결과를 얻을 것인가 먼저 설계해야 한다. 모아진 데이터로 콘텐츠를 만들어 조직의 어떤 스킬(Skill)을 올리려는지 먼저 결정하는 것이 중요하다.

## 관리자보다 스마트 워커가 필요한 시대

기업들의 협업 수준과 통합 수준을 평가한다면 지금까지는 개인 중심으로 일을 하면서 개인과 개인 간의 회의와 미팅을 통해 협업을 해왔다. 그러다가 ERP 시스템이나 그룹웨어가 도입되면서 일부 정보가 공유되고 활용되는 수준으로 발전해 왔다. 일을 하는 데 필요한 정보를 부서 간에 공유할 수 있는 시스템이 구축되었다. 그러나 진정한 협업인 프로세스 통합은 이루어지지 않은 상태이다.

프로젝트별로 진도 관리와 진척 관리를 통해 제약 조건을 발굴하고 문제를 해결하는 수준은 아니다. 정보의 공유가 일의 편리성을 위한 것이라면 프로젝트 통합과 협업은 성과 창출의 활동이라고 할 수 있다.

지식정보 수준의 협업에서 주인의식(Ownership)을 가지고 업무를 수행하는 능력을 가진 사람을 스마트 워커라고 한다. 업무가 디지털로의 전환이 되었을 때 가능한 이야기이다.

그림 4-8 ≫ 제조업 2.0의 실현과 O4O 비즈니스 모델_업무 협업 환경의 혁신(Smart Worker)

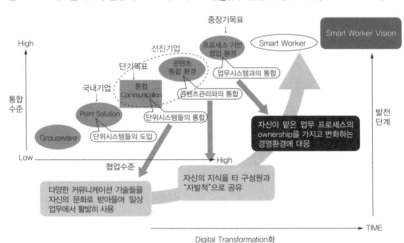

반도체 장비를 만드는 회사의 컨설팅 과정에서 있었던 일이다. 이 회사에서는 반도체 관련 여러 종류의 장비를 개발하고 제작하는 프로젝트를 수행할 때, 주간 회의를 통하여 진행사항과 문제점을 해결하는 방식으로 운영하였다. 그런데 프로젝트 진행시 항상 발생하는 공통적인 문제는 사양의 미확정, 설계의 변경 등에 의한 자재 재발주, 품질 문제의 발생이었다. 이런 문제가 발생하면 납기에 쫓기게 되고 시간이 부족하여 자원 투입을 통하여 문제를 해결하였다. 그러한 고질적인 문제를 해결하기 위해서 프로젝트별 관리시스템을 만들어, 프로젝트별 이벤트를 점검하고 문제를 사전에 발굴하여 관리하면서 하부 공정에서 발생하는 문제점을 상당 부분 해결할 수 있었다. 장비 설치 시에 발생한 문제는 사내 공유 앱을 통하여 설계에 알리고 설계 부문에서는 도면 수정을 통해 문제를 즉시 해결하므로 일의 속도가 빨라지고 고객의 불만을 사전에 차단할 수 있었다.

스마트 워크를 통하여 빠르고 쉽게 일을 처리하는 방식의 개선이 일어난 것이다. 지금까지는 유능한 관리자가 필요했다. 사람을 리딩하고 조정하여 일의 효율을 향상시키는 것에 초점을 맞추었다. 왜냐하면 일은 사람이 하기 때문이다. 그런데 이제부터 일은 사람과 시스템이 동시에 해야 한다. 시스템을 통해 사람이 일을 편하고 빠르게 할 뿐 아니라 정확하게 할 수 있게 해야 한다.

코로나19로 해외 출장이 어려운 상황에서 장비를 수출한 후, 장비 사용 중에 문제가 발생하여 해외 고객의 서비스 요청을 받은 업체에서의 일이다. 서비스 담당 직원이 출장을 갈 수 없는 상황에서 해외에서 발생한 문제에 난감한 상황이었다. 그래서 이 문제를 스마트 워크를 통하여 해결하였다. 일단 문제가 발생한 부문에 대한 내용을 이메일로 정확히 파악한 후 고객이 사용하고 있는 장비의 문제 부분을 해결하는 장면을 회사에서 동영상으로 촬영하여 글로벌 플랫폼에 업로드했다. 그리고 해외 고객에게 동영상을 볼 수 있는 URL을 보내 주었다. 해외 고객들은 동영상을 보면서 스스로 학습하여 현지에서 문제를 해결하였다. 스마트 워크의 힘이다.

## 어려움을 극복하는 스마트 워크

줌으로 화상통화를 하거나 사진과 동영상을 편집·제작하여 동영상 플랫폼에 업로드하는 업무처리는 디지털기기를 사용할 줄 알아야 할 수 있는 능력이다. 스마트 워커가 필요하다. 일은 디지털기기를 통하여 시스템이 한다. 그동안 우리가 해왔던 물리적인 방식이 아닌 사이버 공간에서 일이 이루어져야 한다. 기업의 모든 영역이 이렇게 바뀌어야 한다. 영업 방식은 대면이 아닌 비대면으로 미리 접속하고 협의한 후에 최종 단계에서 직접 만나 완성시킨다. 우리 회사와 우리 상품을 소개한 후 거래조건을 확인하고, 사용 실적과 사용자의 사용 소감을 확인하는 모든 일은 이제 디지털 공간에서 이루어진다.

설계하는 사람도 이제는 고객과 미팅을 물리적 공간에서 하는 것이 아니라 사이버 공간에서 한다. 자료를 주고받고, 확인하며, 검증하는 모든 일이 사이버 공간에서 이루어진다. 결재와 품의를 결재판을 통해 하는 것이 아니고 전자결재를 통해 한다. 사무 공간과 회의 공간이 축소되고 있다. 강남지역 사무실의 공실률이 높아지는 이유가 일이 줄거나 경기침체에 의한 것이 아니라 기업들의 일하는 방식이 변했기 때문이다.

일하는 방식이 아날로그 방식에서 디지털 방식으로 바뀌고 있다. 사이버 공간에서 일하기 때문이다. 이와 같이 일하는 사람들을 스마트 워커라고 부른다. 모든 부문의 일을 디지털화해야 한다. 지금부터의 경쟁력은 기업의 디지털 전환 수준이 될 것이다. 아날로그 방식은 물리적 제약과 시간 제약을 받는다. 만날 공간이 필요하고, 약속 시간을 준수해야 한다. 하지만 디지털 방식은 이러한 제약이 없다. 어디서든 일할 수 있으니 사무실이 필요 없다. 자신이 선택한 시간에 일할 수 있다. 24시간 어디서든 언제든 접속만 가능하다면 선택적으로 일을 한다. 시스템이 24시간 일할 수 있는 환경을 제공한다. 사람들은 기업과 약속한 계약대로 결과를 만들어 주기만 하면 된다.

책을 쓰고 있는 지금 시간이 새벽 5시이다. 출판사와 계약한 날짜를 지키기 위해 자신을 스스로 통제한다. 미팅은 사이버 공간에서 하고, 일은 집에서 한다. 제조업이 이렇게 바뀌어야 한다. 직접적으로 생산에 참여하는 작업자만 물리적 공간을 사용하고, 나머지는 100% 사이버 공간으로 이전해야 한다. 물리적 공간에서 사이버 공간으로 이동시켜야 한다. 두렵고 가보지 않은 세상이다. 그러나 세상은 그쪽을 향해 가고 있으니 어찌할 것인가? 제조업에 남아 있는 유일한 혁신의 영역이다. 그동안 생산과 품질, 납기를 위한 혁신은 많이 진행되었지만 간접부문의 조직과 사람들의 혁신 활동은 상대적으로 미흡했다. 이제부터는 이 부분의 혁신이 대대적으로 일어날 것이다. 만들어진 데이터를 활용하고 사용하는 영역으로 시공간을 초월하여 일할 수 있는 조직이 되어야 한다. 제조업이 O4O 비즈니스 모델로 전환하여 제조업의 서비스화 시대가 열리게 되는 것이다.

## 🔍 ONE POINT LESSON

### '제조업의 O4O 비즈니스 모델 구축 환경'의 의미란?

O4O는 오프라인에 온라인이 날개를 달아 뛰어가던 사람들에게 날아갈 수 있는 환경을 만들어 주는 것이다. 똑같은 사람인데 걷고 뛰기만 하던 사람에게 날아다닐 수 있는 능력을 부여하여 편리하고 빠르게 활동할 수 있게 하는 것이다. 그 사람이 가진 생각과 경험, 노하우는 변하지 않지만 일하는 속도에는 엄청난 변화가 생긴다.

지금부터 기업의 경쟁력은 속도이다. 여기에서 속도란 일하는 속도와 업무처리 속도를 의미한다. 소품종대량생산으로 연속 생산하던 시절에는 업무의 속도가 중요하지 않았다. 동일한 제품을 반복 생산하는 것이니 생산의 리드 타임이 중요했다. 사이클 타임의 단축이 리드 타임 단축의 중요한 요소였다. 정체 대기를 줄여서 흐름 생산이 가능한 구조를 만드는 것이 제조업 체질 혁신의 중요 과제였다. 그러나 지금은 다품종소량, 변종변량, 개별사양 생산시대이다. 100인 100색의 주문을 소화해야 하므로 생산의 리드 타임보다 업무의 리드 타임이 전체 리드 타임에서 더 큰 비중을 차지한다. 사양을 결정하는 시간, 설계하는 시간, 사양대로 발주를 조달하는 시간, 입고 배송 시간 등이 생산 시간보다 더 길어졌다. 간접 부문의 업무 리드 타임의 단축이 단납기 대응에 기여하는 비중이 커졌다. 이것이 간접 업무의 생산성과 속도를 늘려야 하는 이유이다.

간접 업무는 어떻게 이루어지는가? 정보의 공유, 데이터베이스의 활용, 부서 간 협업과 소통으로 이루어진다. 생산 라인은 직선으로 흐르지만 간접 업무는 수직과 수평적으로 동시에 움직인다. 수직적 의사결정을 받으면서 수평적 업무를 전개한다. 그래서 리드 타임이 길다. 업무의 리드 타임은 정보 공유와 소통에 의한 의사결정 속도에 따라 달라진다. 온라인상에서 소통하고 데이터베이스를 활용하면 업무의 정확도를 높이고 속도를 높일 수 있다. 이러한 업무를 디지털화해야 가능하므로 업무의 디지털 환경 구축이 중요해진 것이다.

# 14장
# 제조업의 O4O 비즈니스 모델 구축 방법

제조업이 아날로그 방식에서 디지털 방식으로
전환한다는 것이 무엇을 의미하는지
여러 사례를 통해 그 효과를 인지해야 한다.

## 직무의 디지털 전환 방법

기업에는 어느 회사든 조직이 있다. 조직은 기능별로 나누어져 있고, 기능 간에는 협업을 통해 일이 이루어진다. 협업은 소통으로 가능하며, 이것을 아날로그 방식에서는 회의라는 수단을 활용하여 진행했다. 소통과 협업이 잘 되지 않는 기업일수록 회의가 많다. 회의의 좌장이 일방적인 회사일수록 회의 시간은 길어진다. 정보를 주고받는 자리가 아니라 질책과 비난과 책임추궁의 장이 된다. 이러한 문화라면 이미 이 기업은 경쟁력을 잃고 있는 것이다. 지금은 그러한 시대가 아니다. 남의 이야기를 먼저 경청하고 데이터를 공유하며, 이해관계자 간의 역할을 명확히 하고 실행력과 창의력을 발휘하는 아이디어 창조의 장이 회의여야 한다.

이러한 문화가 만들어지지 않는 원인은 무엇일까? 그 원인은 문제의 본질에 접근하지 못하고 겉도는 이야기만 하다 보니 책임론, 문책론 이외에는 답을 찾지 못하기 때문이다. 큰소리치는 것이 리더의 역할은 아니다. 리더란 문제의 본질을 파악한 후에 해법을 찾아가는 길을 제시하는 사람이어야 한다. 그렇게 하려면 데이터가 있어야 한다. 데이터로 말하고 판단하는 것이 진정한 리더이다. 데이터(DATA)를 통해 일하는 방식이 디지털 방식이다.

## 데이터를 통해 일하는 방식

첫째, 조직 간의 소통이 횡적으로 이루어지는 구조를 만들어야 한다.

정보를 공유하고 연락할 수 있는 시스템이 필요하다. 수평적 정보 공유 방식은 너무도 많다. 줌이나 스카이프의 동영상회의 기능을 활용할 수 있고, 카카오톡을 사용할 수도 있다. 데이터의 크기와 양, 그리고 소통의 수준에 따라 소통하는 툴(TOOL)을 선택해야 한다. 문자로 주고받을 것인지, 사진을 보면서 이야기할 것인지 필요한 자료에 따라 소통방식을 정해 진행해야 한다. 일대일 혹은 일대다 회의에 참여하는 사람의 수에 따라 회의 방법을 달리해야 한다. 회의에 참여하는 사람의 장소에 따라서도 국내와 해외 참석자가 있을 경우 그들이 쉽게 접근할 수 있는 툴을 이용하는 것도 성공적인 회의를 만드는 요소이다. 어떤 형태의 회의를 하더라도 리더가 사용 방법을 능숙히 다룰 수 있어야 한다.

회의 소집과 진행 역할은 리더에게 있기 때문에 회의 소집 방법과 진행 방법을 리더는 잘 알아야 한다. 이제는 회의 방식을 상황에 따라 대면 방식과 비대면 방식으로 진행해야 한다. 앞으로 빈도가 높아질 비대면 소통은 코치 방식으로 사전에 준비된 자료의 공유를 통해 질문하는 방식의 토의가 이루어져야 한다.

**그림 4-9 ≫ 제조업의 Digital Transformation**

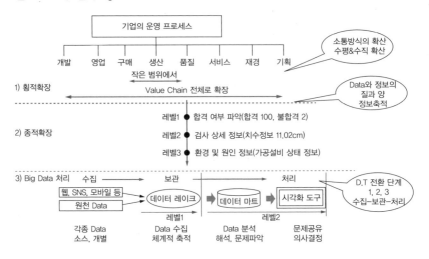

둘째, 업무의 종적인 데이터를 관리하는 것이다.

업무에서 발생하는 데이터는 종적으로 3종류의 레벨이 있다. 검사를 예로 들어 설명해 보자. 검사 업무의 데이터 레벨1은 합격의 결과이다. 불량률, 합격률, 불합격 수량같이 결과를 알려 주는 데이터이다. 레벨2는 합격한 제품의 평균값이 얼마인지 알려 주는 데이터이다. 평균값이 얼마이고 산포는 어느 정도이며 상한치와 하한치의 차이와 범위는 얼마인지 알려 주는 데이터이다. 레벨3은 작업 중에 발생한 설비의 고장빈도와 내용은 무엇인지, 작업자는 누구였는지, 작업조건은 무엇인지를 알려 주는 데이터이다. 낮은 레벨의 데이터는 결과이고 높은 레벨의 데이터는 원인에 해당하는 과정상의 데이터, 원인 제공 데이터이다. 데이터의 양과 질을 말한다.

만약에 결과만을 알기 원한다면 낮은 수준의 데이터면 충분하다. 그러나 문제의 해결을 원한다면 원인에 해당하는 데이터를 알아야 한다. 현상을 아는 것과 문제를 해결하고자 하는 것은 다르다. 지속적인 체질 개선을 하려면 깊이 있는 데이터 관리가 필요하다. 따라서 목적에 따라 데이터의 종적인 관계는 달라진다.

모 회사의 영업 부문 회의에 컨설턴트 자격으로 참석했던 적이 있었다. 영업 부문 회의였기에 매출에 관한 내용이 대부분이었다. 매출 목표를 초과 달성한 부서에 특별 상여금이 수여되었다. 결과를 중심으로 매출액 목표 달성율과 향상율을 측정해서 인정해 주고 칭찬해 주는 자리였다.

어느 부서는 매출 목표에 미달하였다. 단순히 매출이 미달되었다는 사실만 발표되었다. 매출이 미달된 이유에 대해서는 아무런 코멘트가 없었다. 경쟁사에게 빼앗긴 경우라면 결과만 보고받는 것으로 충분하지 않다. 반드시 원인이 무엇인지 알아야 한다. 가격인지, 품질인지, 성능인지 알아야 하고 매출 달성에 필요한 조건과 인자에 대한 정보가 있어야 한다. 그러한 정보가 전략을 수립하고 재발 방지를 할 수 있는 중요한 데이터가 된다. 목표를 달성한 매출액보다는 미달된 매출액에 대한 분석이 더 중요하다. 지역별, 고객별, 장비별 매출액의 변화를 알고 미달된 지역의 문제점을 찾아야 한다.

이 회사의 컨설팅을 진행하면서 미달한 부서의 실패 요인을 분석해 본 결과 자사의 제품이 가격과 성능면에서 우수함에도 경쟁사에게 밀렸다는 이유를 알아냈다. 그렇다면 실패 원인은 무엇이었을까? 클레임 처리 속도와 서비스의 부실이 요인이었다. 뒤늦었지만 서비스의 기준과 보증 기간의 변경, 사전 서비스 방식 도입으로 고객 이탈을 막았다.

데이터를 종류와 깊이로 구분하여 축적하는 것이 기업경영의 기초 단계인 수집 단계이고, 수집되어 축적된 정보가 빅데이터(BIG DATA)이다.

셋째, 빅데이터(BIG DATA)를 데이터 마트에 진열해야 한다.

마치 상품을 진열하듯이 트렌드를 알 수 있도록 데이터를 진열한다. 지역별,

고객별, 장비별, 시계열별 매출 현황을 알 수 있도록 진열하면 누구든지 쉽게 문제를 인식하고 행동의 변화를 일으킨다. 목표를 달성한 곳과 미달된 곳이 보이면 그와 관련된 업무를 하는 담당자는 시장이 변화하는 것인지, 자사 제품의 경쟁력에 문제가 있는 것인지를 생각하게 된다. 어떤 부문의 데이터를 깊이 있게 분석해야 할지를 알게 된다.

실행력을 높이려면 실행의 4원칙을 지켜야 한다. 중점 부문을 먼저 선정하고 결과에 영향을 미치는 선행 지표를 관찰하며 선행 지표의 트렌드를 가시화하여 스코어보드에 게시한다. 그리고 해당 조직과 직원이 스코어보드에 게시된 내용대로 책임과 직무를 수행했는지 여부를 점검하면 조직의 실행력이 올라간다.

빅데이터(BIG DATA)는 정기적으로 분석하고 게시하므로 위력을 발휘한다. 데이터 축적 후 마트에 진열하는 것이 중요하다. 일정한 방식으로 트렌드를 분석해서 조직이 알 수 있도록 해야 한다.

**그림 4-10 》 데이터관리 시스템**

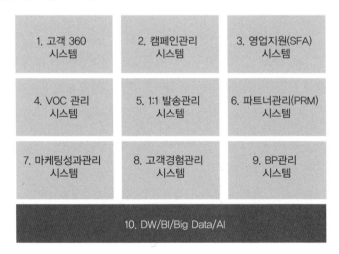

| 1. 고객 360 시스템 | 2. 캠페인관리 시스템 | 3. 영업지원(SFA) 시스템 |
| --- | --- | --- |
| 4. VOC 관리 시스템 | 5. 1:1 발송관리 시스템 | 6. 파트너관리(PRM) 시스템 |
| 7. 마케팅성과관리 시스템 | 8. 고객경험관리 시스템 | 9. BP관리 시스템 |
| 10. DW/BI/Big Data/AI | | |

데이터 마트(Data Mart, DM)는 데이터 웨어하우스(Data Warehouse, DW) 환경에서 정의된 접근 계층으로, 데이터 웨어하우스에서 데이터를 꺼내 사용자에게 제공하는 역할을 한다. 데이터 마트는 데이터 웨어하우스의 부분이며, 대개 특정한 조직, 혹은 팀에서 사용하는 것을 목적으로 한다. 그렇게 하기 위해서는 각 부문별로 발생한 데이터를 수집하여 필요시에 꺼내어 사용할 수 있는 데이터 저장창고가 필요하다. 재고가 다양한 고객의 요구를 만족시켜 주는 것 같이 다양한 의사결정을 데이터 마트가 해결해 주는 것이다.

## 기업 내외부 간 비대면 소통 방법

온택트(ONTACT) 시스템 구축의 첫 번째는 소통 체계를 구축하는 것이다. 기업에 따라 국내와 해외 고객과의 소통이 필요하므로 로컬 소통 체계와 글로벌 소통 체계로 나누어 생각해야 한다. 로컬 소통은 줌을 이용하여 화상으로 회의한다. 회사 내 각종 회의체를 만들고 멤버를 구성한 후 단톡방을 개설하여 필요시 부를 수 있도록 준비한다. 개인별로 회의가 필요할 때에는 줌의 회의실 ID와 비밀번호를 알려 주어 접속하고, 여러 명이 참석할 때에는 미리 만들어 놓은 단톡방을 이용하여 회의에 참석하도록 한다.

화상 회의를 하면서 내용을 기록할 수도 있고, 자료를 공유하면서 그 자료에 표시하거나 메모를 할 수 있다. 성공적인 화상 회의를 위해서는 회의체 구성 목적과 회의체 운영 담당자를 정해 소통창구와 소통방식을 사전에 정하여 운영하는 것이 필요하다.

**그림 4-11 ≫ 제조업의 Digital Transformation 1단계 – 소통 체계**

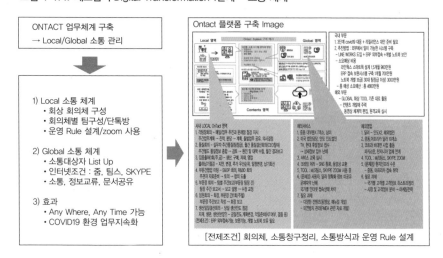

회의체는 각 부서장 간의 소통, 품질 회의, 집중출하 회의, 부문 간 협업, 개발 회의, S&OP회의, 임원회의 등 다양하게 구성하여 운영한다.

글로벌 소통 체계 구축도 중요하다. 글로벌 소통 체계는 로컬과는 방식이 다르다. 국가별로 인터넷 수준이 다르고 인프라가 다르기 때문에 해당 나라에서 사용 가능한 툴을 선택하는 것이 중요하다. 줌이나 팀스, 스카이프 등 다양한 소통 툴이 있다. 소통의 내용에 따라 문자, 화상, 사진, 동영상 등 회의에 어떤 콘텐츠가 많이 사용하는가에 따라 적절한 툴을 선택해야 한다. 주로 해외 고객과의 소통은 주문 정보, 고객 정보, 서비스 정보에 관한 소통이다. 딜러들과 해외 법인들과 소통이 주를 이루며, 필요시 사용자와 직접 소통을 하는 경우도 있으므로 상대방이 누구인가에 따라 툴을 선정하는 세심함이 필요하다.

줌 방식은 소통만 하는 기능이다. 플랫폼 안에서 일하는 것보다 소통 중심의 단독 기능 방식이다. 회의를 개최하는 사람이 개별 초대를 해야 하는 불편함이 있다. 회사 업무를 좀 더 효율적으로 수행하고 일의 스피드와 정확도를 높인 협업을 하려면 회사 내 소통도 플랫폼 안에서 이뤄지면 유리하다. 현재 필자가 사용하는 네이버웍스에서 가능한 소통 체계를 소개하겠다.

네이버웍스는 필요한 사람은 물론 모여 있는 그룹의 전원과 콜 없이 소통할 수 있는 구조로 되어 있다. 즉시성과 신속성 있는 소통을 할 수 있다.

**그림 4-12 ≫ 제조업의 Digital Transformation 2단계 - 효율적 소통 체계 구축**

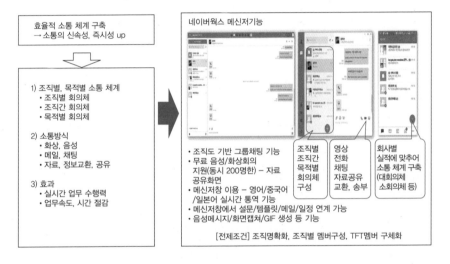

네이버웍스의 메신저 기능을 활용하여 소통하기 위해서는 조직별, 목적별 소통 체계를 구축해야 한다. 조직도에서 조직별, 조직간, 목적별 회의체를 구분하고 참여 멤버를 나누어 그룹을 만든다. 그러면 영상, 전화, 채팅, 자료공유, 자료교환과 송부 등 오프라인상에서 회의하는 것보다 더 편리하게 소통할 수 있다. 줌과 달리 별도 참석자를 초대하지 않고 즉시 회의 소집이 가능하다. 각 기업의 실정에 맞게 소통 체계 구축의 변경과 조정이 가능하고 최대 200명까지 참여가 가능하다.

사내이든 사외이든 언제나 회사 내 직원들과 소통이 가능하다. 추가로 소통하고 싶은 경우에는 그룹에 직원 등록을 하면 가능하다. 비대면 소통은 당연하고 사내에서도 옆방에 있는 직원을 호출하지 않고 메신저 기능으로 초대하여 이야기할 수 있다. 스마트폰으로도 똑같은 기능을 이용할 수 있어 위치에 상관없이 언제나 소통이 가능하다. 즉시성이 가장 큰 장점으로, 간접 인력 등의 업무 효율과 스피드를 높일 수 있는 좋은 툴이다.

## 업무 계획의 공유와 결산 체계의 구축

회사에는 사업 계획이 있으며 사업 계획은 조직별로 월간 및 주간 계획에 반영하여 이루어진다. 조직별 업무 계획을 같은 공간에서 공유하고 관리하며 결산하는 방식이 있는데 일반적으로는 정기적인 임원회의, 팀장회의를 통해 보고하는 방식으로 운영한다.

네이버웍스 플랫폼에는 일정 관리와 캘린더 기능이 있다. 이곳에 회사 전체 사업 계획을 등록하고 각 조직별로 자신의 월간 계획을 수립하여 정기적인 결산을 할 수 있다. 업무 일정 관리가 가능하다. CEO의 일정부터, 회사 전체의 일정, 조직별 일정을 등록한다. 프로젝트가 있다면 프로젝트별로 일정을 등록한다. 회사의 살림살이와 움직임을 종합적으로 볼 수 있는 스케줄링 스코어 보드판이라고 할 수 있다. 각 부서별로 진행하는 업무 계획과 실적도 볼 수 있다. 진도관리, 진척관리가 가능하다. 자신이 해야 할 일도 확인할 수 있고, 변경된 돌발 업무도 알 수 있다. 업무의 PDCA 사이클을 전개하는 영역이라고 할 수 있다.

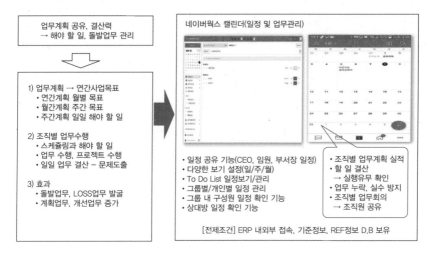

그림 4-13 ≫ 제조업의 Digital Transformation 2단계 - 업무계획 공유, 결산력

업무가 계획대로 진행되는지 결산하고 미달된 업무, 지연된 업무 등의 원인과 과제를 발굴하여 문제 개선 활동을 일상적으로 할 수 있다. 회사의 매니지먼트란 목표 설정과 계획 수립, 계획 대비 실적 분석을 통해 차이를 관리하는 것이다. 이는 목표, 계획, 실적, 차이 분석, 문제점을 동시에 알 수 있는 공간이다. 마치 회의실 CEO 앞에서 업무를 보고하고 있는 것 같은 활동이 일어난다. 조직별, 프로젝트별, 밸류 체인별, 개인별 업무를 종합적으로 파악 및 관리가 가능하다.

## 업무 중 발생 정보의 축적 · 보관 방법

업무 수행 중 발생한 각종 자료와 정보를 대부분은 개인이 보관하든지 일부는 보고서 형태로 보고하고 원본은 부서 내 보관 또는 개인 PC에 보관한다. 회사의 정보가 감추어지는 것이고 집중 관리할 수 없어 지적 자산화가 이루어지지 못한다. 시계열적으로 축적하는 데 어려움이 생기므로 정보의 트렌드 분석과 활용이 어렵다. 동일 자료를 동료가 가지고 있음에도 정보 공유가 안 되면 이중 작성을 해야 하는 일이 생긴다. 이전에 조사한 적이 있는 정보와 자료가 있음에도 재작성하게 됨에 따라 업무의 효율과 스피드가 떨어지는 경우가 비일비재하다. 업무상 발생한 자료는 반드시 보관해야 하고 검색이 가능해야 하며 시계열적으로 변화를 알 수 있도록 보관해야 한다. 이러한 각종 정보와 자료를 데이터베이스화하여 관리하는 기능이 네이버웍스의 드라이브 기능이다.

그림 4-14 》 제조업의 Digital Transformation 2단계 - 정보, DATA의 축적 및 활용

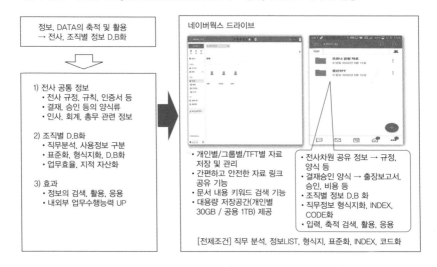

전사 공통으로 사용하는 정보와 조직별 사용하는 정보를 구분하고, 목적별·주제별·장비별·고객별·시기별 검색이 가능하도록 코드화하여 축적 보관하며, 검색이 가능하게 해야 한다. 회사 전체가 공통으로 사용하는 양식 즉 보고서 양식, 품의서 양식 등을 표준화하여 모든 조직이 필요시 즉시 사용할 수 있게 한다. 정보를 찾는 데 시간을 소비하지 않게 하고 사용한 정보는 반드시 등록하게 한다.

조직별로도 직무를 구분하고 직무상 발생한 자료와 정보를 코드체계화하여 사용한 후 보관 · 축적하여 검색이 가능하게 하고 재활용이 가능하게 해야 한다. 암묵지를 형식지화하고 형식지를 표준화하여 등록하면 데이터베이스가 된다. 충분한 데이터베이스를 조직원들이 활용할 수 있게 하면 업무의 효율과 스피드는 높아지고 업무의 정확도가 향상되어 간접 인력의 생산성을 높일 수 있다. 정형화된 정보이든 비정형화된 정보이든 모든 정보가 드라이브 기능에서는 가능하다.

회사의 모든 부서가 자신의 조직 내 자료를 같은 장소에 보관 · 관리하고, 이를 검색하여 재활용할 수 있게 하면 회사의 지적 자산 정보의 창고가 만들어진다. 디지털 시대에는 기업의 경쟁력이 이렇게 만들어진다.

## 업무 추진의 공통 메일 사용 방법

공식적인 업무와 회사의 일은 모든 직원이 같은 메일을 쓰게 해야 한다. 자료의 유입과 유출의 창구가 단일화되기 위한 방법이다. USB를 사용하지 않고 메일을 통하여 문서 유입과 유출을 관리해야 정보 보안이 지켜진다. 네이버웍스에는 메일 기능을 이용하면 가능하다. 모든 조직이 같은 메일을 쓰면 조직 내 이동되는 문서의 흐름과 정보의 흐름 관리가 쉬워진다. 자료의 백업과 정보이력 관리가 가능해지는 것이다.

그림 4-15 » 제조업의 Digital Transformation 2단계 – 대내외 업무연락, 수행

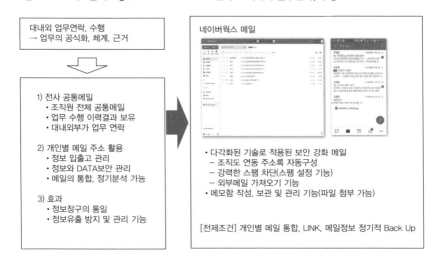

공식적인 활동의 모든 내용은 기록에 남아야 하고 과정이 추적될 수 있어야 한다. 이것이 통합 메일을 쓰는 이유이다. 각 개인 메일을 배제하고 회사 메일로 주소를 통합해야 한다. 개인의 활동과 대내외적인 정보관리 활동 내용이 저장되고 기록으로 유지되므로 분석을 통하여 전체 흐름과 문제를 발견할 수도 있고 일의 진척 관리도 가능하게 된다.

## 조직문화 발전방향의 가시화 방법

조직문화란 직원들의 평상시의 활동 습관을 말한다. 기업에서 직원들이 바람직한 활동을 하며, 자발적으로 일을 하고 싶은 의지가 작동되게 하는 것이다. 개인들이 가진 고충을 듣고 이해하며 해결해 주는 활동이다. 상하 간의 소통을 통하여 협업과 피드백을 전달받기 때문에 일하고 싶은 마음이 생긴다. 누군가의 지시를 받지 않고 자신의 일을 찾아 자발적으로 실행할 때 가장 높은 효율이 나

온다. 정기적으로 직원들의 생각과 고충을 조사하여 개선하고 회사의 발전에 대한 제안을 일상화하는 것이다.

그림 4-16 ≫ 제조업의 Digital Transformation 2단계 – 동기부여, 고충처리력

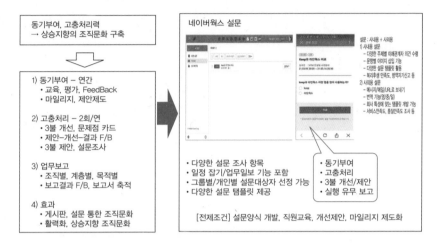

연간교육계획을 수립하고 실행하는 일, 마일리지 제도를 통해 자신의 업적과 발전상을 알 수 있도록 하는 일, 제안 제도를 통하여 개선 활동을 일상화하는 일은 동기부여 차원에서 중요하다. 매년 정기적으로 고충처리 과제를 등록하여 단계적으로 개선 지원을 한다. 문제점 카드 작성과 3불 고발 활동 등을 통하여 일하는 가운데 발생하는 문제점을 지속적으로 개선해 나가야 간다.

업무 보고한 내용들을 시계열적으로 정리하여 조직원들이 볼 수 있도록 정리한다. 공지사항을 공지하여 전체가 알 수 있도록 하는 게시판 기능을 네이버웍스에서는 설문 기능에서 진행할 수 있다. 이러한 활동의 결과는 조직을 상승 지향적인 문화로 발전시켜 나아갈 수 있게 한다. 설문 운영 방식을 다양한 형태로 만들어 운영해 간다면 회사와 직원 간의 소통이 활성화될 것이다. 동기부여, 고충처리, 3불 개선 활동과 제안제도 활동을 활성화시킬 수 있다면 회사 전체를

한눈에 볼 수 있게 된다.

## O4O 비지니스 모델 전체상

O4O 비즈니스 모델이란 아날로그 업무 방식에서 디지털 업무 방식으로 전환하는 것을 말한다. 전환을 위해서는 2가지 핵심 방향이 있다. 첫째는 온라인(ON LINE)화를 하는 것이고, 둘째는 스마트워크를 하는 것이다.

그림 4-17 》 O4O 비즈니스 모델의 전체상

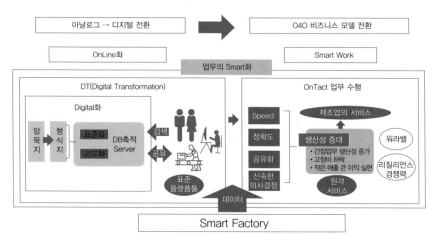

이 두 가지가 합쳐져서 유기적으로 돌아가는 것을 업무의 스마트화라고 한다. 온라인은 아날로그로 이뤄지던 활동을 디지털로 전환시키는 것이다. 스마트 워크는 온택트(ONTACT)을 통하여 이루어진다. O4O의 시작을 위해서는 업무의 디지털화를 먼저 추진해야 한다. 업무의 디지털화는 암묵지를 형식지로 바꾸고 형식지로 바뀐 업무를 표준화·코드화해서 데이터베이스에 축적하는 활동을 말한다. 이것이 이루어지면 자료와 정보의 검색과 공유가 가능해진다.

온택트의 효과는 업무의 스피드가 빨라지고 정확도가 높아지며 정보를 상호공유하므로 빠른 업무 추진이 가능하다는 점이다. 빠른 업무 추진이 이뤄지면 간접 업무의 생산성과 효율성이 올라간다. 간접 업무의 효율성이 올라가면 직접 부문의 효율 상승에 영향을 주어 직접 부문의 성과가 커지는 효과를 얻을 수 있다. 영업 부문이라면 매출이 올라가고, 생산 부문이라면 생산성이 올라가며, 구매 자재 부문이라면 납기 준수의 가능성이 커진다.

## O4O 비즈니스 모델 효과

제조업이 O4O 비즈니스 모델로 전환하게 되면, 세 가지 방면의 혁신 효과를 가져올 수 있다.

### 리스크 관리

리스크 관리란 캐시플로우 관리와 지구력 경쟁력이다. 수주 관리를 선행하며 향후 발생할 수지 관리를 준비함으로써 자금의 변동을 사전에 예측하여 준비해야 한다. 자금의 안정화가 이뤄지면 작은 지출에 이익이 나는 구조로 전환되므로 지구력 경쟁력을 확보할 수 있다.

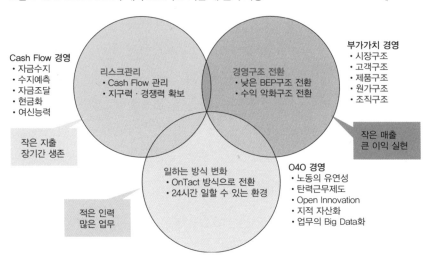

그림 4-18 » 포스트 코로나 대비 코로나19 기간 내 준비 사항

### 경영구조의 전환

경영구조의 전환이란 시장, 고객, 제품, 원가, 조직의 5대 구조를 전환하여 손익분기점을 낮추는 효과를 얻는 것이다. 이런 전환을 통해 작은 매출에 이익이 나는 회사를 만드는 것이다. 수익이 악화되는 요소를 발굴하여 배제하거나 축소하고, 철저한 분석과 개선을 통하여 손익의 누수 현상을 막고 손익분기점을 낮추는 것이다.

### 일하는 방식의 전환

아날로그 방식으로 일하던 방식을 디지털 방식으로 전환하여 온택 환경에서 일할 수 있게 되면 노동의 유연성도 커지고 탄력근무가 가능한 구조가 되면서 시스템으로 일하는 환경이 구축된다. 24시간 일할 수 있는 환경에서 필요에 따라 선택적으로 일하는 성과와 결과 중심의 업무가 되어 간접 부문의 생산성 효율 증대가 직접 부문의 성과증대로 나타나는 결과를 얻게 될 것이다.

# O4O 비즈니스 모델 컨설팅 순서

O4O 비즈니스 모델 전환은 다음 6개 STEP을 통해 추진 가능하다.

## 1 STEP - 경영분석

직접 부문의 성과를 측정한다. 매출액, 손익, 고객 만족도, 생산성, 품질, 원가력을 분석하여 현재 성과 측면에서 문제가 무엇인지를 파악한다. 매출의 증가가 나타나지 않는다면 왜 매출의 증가가 없는지를 분석한다. 이때 나타난 결과가 판매력이 취약한 것이 원인으로 나타났다면 온택의 주제를 마케팅 프로세스의 혁신으로 정한다.

## 2 STEP - 직무분석

마케팅 프로세스 수준과 절차를 조사하고 직무를 분석한다. 직무분석 결과 영업사원들이 고객을 개척하는 능력이 부족하다든지, 대리점 관리 능력이 부족하여 매출 향상을 하지 못한다는 결과를 얻을 수 있다. 고객 개척이 문제라면 고객가치 창출(Customer Value Creation) 프로세스를 개발하여 적용한다. 잠재고객 확보, 목표고객 선정, 고객 접촉, 고객 요구사항 파악, 고객 가치 개발, 프로모션 제안, 고객 반응 측정, 2차 제안, 샘플 제출, 승인, 견적 제출, 합의 조정, 계약, 수주로 이어지는 과정을 설정하고 일하는 방법을 개발한다. 직무의 부족한 부분을 개발을 통하여 직무 수행능력을 높이는 활동이다.

## 3 STEP - 표준화 단계

고객 개척 프로세스와 새로운 직무를 개발한 것을 형식지화하여 양식을 표준화하고 자사의 내용을 적용하여 실제 고객 개척 활동을 추진한다. 고객 개척 활동을 추진하는 가운데 필요한 각종 데이터와 정보와 자료를 정의하고 자료의 표준화와 코드화를 설계하여 시계열적으로 자료와 정보가 축적되도록 정리한다, 다양한 영업 관련 정보가 정리된다. 해당 산업 관련 시장 정보, 경쟁사 정보, 글로벌 유사 업종의 트렌드, 잠재 고객 리스트, 고객별 개별 정보 등이 모아질 것이고, 목표 고객을 선정하는 가운데 잠재 고객의 평가와 거래처 정보, 진입 가능 분석보고서 등이 산출물로 나온다. 이러한 정보를 고객 개척 프로세스별로 정리하며 표준화하는 것이다.

그림 4-19 ≫ 해외 일상업무 ONTACT 프로세스

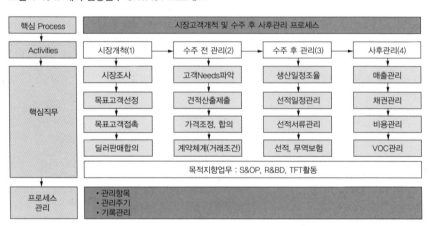

직무분석은 프로세스를 선정하는 것과 프로세스상의 이벤트별 직무를 정의하는 것이다. 이벤트별로 업무가 있으며 업무를 수행하는 양식과 자료들이 있다. 자료에는 1차 자료인 원본과 2차 자료인 요약집, 3차 자료인 목차가 있다. 3차 자료인 목차에 코드를 설정하고 코드별로 자료를 저장하면 유사 동일 자료가 축적되므로 시계열적 흐름을 분석할 수 있고, 검색할 수도 있게 된다.

## 4 STEP - 데이터베이스(D.B)화

아날로그에서 발생한 자료를 모델링하여 코드와 인덱스로 구조화해서 논리적 데이터 구조를 만드는 일부터 시작하여 구조화된 데이터를 저장하는 순서로 전개한다.

그림 4-20 》 아날로그 자료 DB화 작업순서도

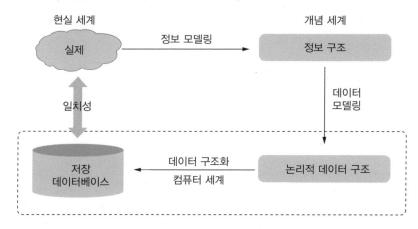

데이터를 구조화하지 않으면 정보와 자료가 개인화, 분산화되어 1회성 정보로 끝난다. 기업에서 발생하는 업무 낭비의 대표적인 경우이다. 유사한 자료를 매번 만들고 만들 때마다 새롭게 되니 투입자원이 증대하는 것이다. 관리가 잘 안되는 회사마다 늘 동일한 현상은 '사람이 없다', '바쁘다'이다. 부가가치가 없는 일을 하면서 늘 입버릇처럼 말한다.

## 5 STEP - 디지털 트랜스포메이션(Digital Transfomation)

저장된 데이터베이스를 온라인상에서 접속할 수 있도록 하려면 일반적으로 기업에서 사물인터넷(IoT), 클라우드 컴퓨팅, 인공지능(AI), 빅데이터 솔루션 등 정보통신기술(ICT)을 플랫폼으로 구축·활용하여 기존 전통적인 운영 방식과 서비스 등을 할 수 있게 하는 것이다.

디지털 트랜스포메이션의 의미를 IBM 기업가치연구소의 보고서(2011)는 "기업이 디지털과 물리적인 요소들을 통합하여 비즈니스 모델을 변화시키고, 산업에 새로운 방향을 정립하는 전략"이라고 정의하고 있다. 디지털 트랜스포메이션을 위해서는 아날로그 형태를 디지털 형태로 변환하는 전산화(Digitization) 단계와 산업에 정보통신기술을 활용하는 '디지털화(Digitalization)' 단계를 거쳐야 완성된다.

표 4-1 ≫ 디지털 전환 관련 용어의 구분

| Digitization | Digitalization | Digital Transformation |
|---|---|---|
| 종이문서, 사진, 음성 등과 같은 아날로그적 물리적 자원을 디지털 데이터로 변환 | 디지털 기술과 디지털화된 데이터를 활용하여 비즈니스 프로세스를 활성화, 개선, 또는 변환 | 기업이 디지털 역량을 활용하여 새로운 비즈니스 모델, 제품 및 서비스를 창출함으로써 고객 및 시장의 파괴적 변화에 적응하거나 이를 추진하는 지속적인 프로세스 |

자료 / KDB미래전략연구소

그림 4-21 ≫ 디지털 전환 환경의 변화 방향

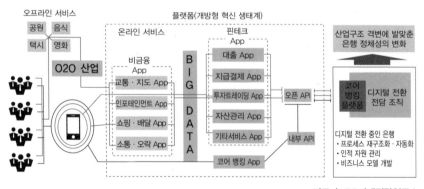

자료 / KDB미래전략연구소

제조업이 본격적인 디지털화로의 전환이 필요한 시기이다. 은행 업무는 90% 이상 디지털화되어 창구가 없어졌고, 인터넷 거래가 활성화되어 은행 고객은 시공간을 초월하여 서비스를 이용하고 있다.

그림 4-22 ≫ 제조업의 디지털 TOOL을 활용한 솔루션 이미지 - 제조 + 공급처 + 설계

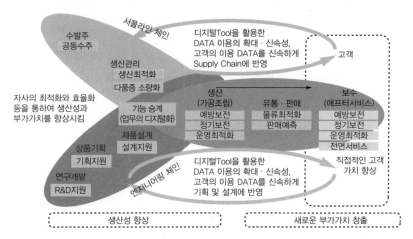

이제는 제조업 차례이다. 제조업의 디지털화는 다른 산업에 비해 가장 늦은 상황이다. 제품 생산이 제조업의 주요한 업무로 생각했기 때문에 디지털화에 대한 준비가 부족했다. 생산은 서비스 활동이고 지원 조직과 업무에서 부가가치를 만든다는 시대의 변화를 받아들여야 한다. 서플라인 체인, 엔지니어링 체인, 고객관리 체인, 서비스 체인이 생산을 중심으로 전후방에 배치되어 디지털 Tool을 활용하여 생산성 향상과 새로운 부가가치 창출에 역할을 하게 된다.

## 6 STEP - 플랫폼 구축

업무 협업에 필요한 협업툴을 나무위키 내용을 참고하여 정리하여 소개한다.

## [협업툴 상품 종류] 2

**글로벌 상품** : Slack(슬랙), Microsoft Teams(Microsoft Office), Facebook workplace(워크플레이스)

글로벌 시장에서 점유율 1,2위를 다루는 협업툴은 슬랙과 팀즈다. 슬랙은 타 서비스와의 연동이 가장 큰 장점이며, 디자인과 사용성이 직관적이라는 의견도 있다. 하지만 한국어를 지원하지 않는다는 것이 큰 단점이다. 2020년 10월부터 한글화가 되었지만 외국 벤더 상품이어서 사용 중 문제가 발생했을 때 CS에 대한 불만이 크다. 데이터 센터가 외국에 있어서 국산 협업툴에 비해 반응 속도가 느리다는 단점도 있다.

MS의 협업툴 팀즈는 오피스 365에서 최적화된 메신저다. 한국어를 지원하지만 CS에 대한 불만과 데이터 센터가 해외에 있어서 생기는 느린 반응 속도는 단점으로 지적된다.

**국내 상품** : 네이버웍스, 콜라비, 잔디, 티그리스, 플로우

국내에서 개발한 협업툴의 사용자도 많아지고 있다. 메신저에 업무관리 기능을 더한 플로우, 네이버웍스, 잔디가 있고, 메신저 기반 협업툴이 아닌 업무 관리, 조직 내 업무, 일정, 할 일 관리가 가능한 팀 협업툴은 콜라비가 있다. 시장을 선점하기 위해 업체별로 많은 프로모션이 진행되고 있으며, 특히 코로나19로 인해 확대되는 재택근무로 인해 점점 더 사용하는 기업들이 늘어나고 있다.

네이버웍스는 기업용 네이버 메일, 캘린더, 드라이브 서비스를 제공하는 LINE WORKS와 결합하여 WORKPLACE에서 함께 사용할 수 있다. 즉 메신저, 메일, 드라이브는 라인에서 제공하고 나머지 출퇴근 관리와 결재 기능 등은

---

2 https://namu.wiki/w/%ED%98%91%EC%97%85%ED%88%B4

워크플레이스가 제공하지만, 둘을 함께 사용할 수도 있다.

콜라비는 원페이지 협업툴이다. 콜라비는 실리콘밸리 개발자들이 사용하고 있는 슬랙, 아사나, 트렐로, 노션을 통합한 올인원 협업툴로 알려져 있다. 특히 콜라비 메신저는 기존의 메신저들이 서비스하지 않는 대화 히스토리와 업무 관리가 가능하다. 출시 후 애플 앱 스토어(Apple App store)에 '오늘의 앱', '에디터스 초이스', '이 주의 앱'으로 선정될 정도로 차별점과 완성도를 인정받고 있다.

잔디는 우리나라뿐만 아니라 일본, 대만, 말레이시아, 아랍에미리트, 베트남 등 다른 나라에서 200만명 이상이 사용하고 있다. 쉬운 사용 방법으로 누구나 쉽게 이용할 수 있다는 특징으로 업무 효율성을 높이는 데 유용하다. 주제별 대화방 개설과 스마트 파일 검색, 파일 드라이브, 화상 회의, 외부 서비스 연동 기능 등을 사용할 수 있다.

티그리스는 뉴스피드 기반의 협업툴이다. 이메일, 전자결재와 같은 그룹웨어 기능도 지원하며 근태관리 시스템까지 한 페이지에 포함한 올인원 서비스를 제공한다. 팀, 프로젝트 단위로 구분이 가능한 커뮤니티 생성 기능으로 업무 관리와 협업이 가능한 기능을 가지고 있다. 메신저, 캘린더, 파일 검색, 전자 결재, 인사/근태 관리까지 가능하며, 사용자 수에 상관없이 무제한으로 파일을 올리고 다운로드할 수 있다.

플로우는 국내 협업툴 중에 대기업에서 전사적으로 사용하는 레퍼런스를 가장 많이 보유하고 있는 협업툴이다. 메신저 중심의 다른 서비스와는 다르게 타임라인 방식의 프로젝트 업무관리 기능과 기업용 메신저를 한 곳에서 사용할 수 있다는 점이 매력적이다. 한국적인 UX/UI 채용으로 사용자의 접근성을 쉽게 하고 있다.

제조업은 클라우드 공유 협업 플랫폼이 필요하다. 장소와 단말기 그리고 환경에 영향을 받지 않아야 하기 때문이다.

그림 4-23 » 클라우드 현장 협업 플랫폼 개념

"장소와 단말기기 환경에 구애받지 않고 클라우드 접속을
통해 업무 데이터 공유 및 협업 가능"

   제조업은 클라우드 공유 협업 플랫폼이 필요하다. 장소와 단말기가 사용하고
자 하는 환경에 영향을 받지 않아야 효과를 볼 수 있기 때문이다. 또한 제조업이
가치를 만들 수 있는 구조가 되기 위해서는 4가지 관점의 관리가 가능한 구조여
야 한다.

- ✅ 클라우드 기반의 공유 협업이 가능해야 한다.
- ✅ 지능형 검색과 전체 조직과 통합 커뮤니케이션이 가능해야 한다.
- ✅ 이동 중에 현장 업무를 볼 수 있는 모바일 환경으로 접속이 가능해야 한다.
- ✅ 사용자 콘텐츠 중심의 업무 환경을 만들어 언제든지 고객과 사용자에게 정보 제공이 가
  능해야 한다.

만약 협업 플랫폼을 도입하려고 한다면 위에 설명한 4가지 관점의 관리가 가능한지 확인해야 한다. 필자는 네이버웍스를 사용하고 있는데 위의 기능을 대부분 수행할 수 있다. 화상소통, 메신저, 게시판, 드라이브, 캘린더 기능 등을 통하여 회사 전체 조직과 소통하고 협업하고 있다.

# 040 비즈니스 모델 구축 후 모습

O4O 비즈니스 모델이 구축된 후에는 4가지 방면에서 변화가 일어나게 된다.

### O4O 비즈니스 모델 구축 후 4가지 변화

첫째, 사람들 간에 소통이 원활해지고 동시에 일할 수 있는 환경이 만들어진다.

사람이 어디에 있든지 필요시 접속이 가능한 환경이 만들어진다. 대면이든 비대면이든 소통은 일의 본질적인 수단이다. 소통의 속도와 타이밍이 경쟁력이라는 사실은 상식이다.

둘째, 정보의 공유와 활용 역량이 증대된다.

사무 기술직 직원의 업무는 정보를 만들어 공유하고 전달하는 일이다. 업무의 효율과 속도가 빨라지고 동일한 정보나 자료는 부문을 초월하여 활용 가능해지므로 업무에 대한 부하가 줄어들고 업무의 연결성과 정확도가 올라가 정확도 경쟁력이 생긴다.

셋째, 팀워크 효율이 높아진다.

일은 혼자 하는 것이 아니다. 전후 직무 간에 협업을 통하여 하는 것이며, 관련 부서와 협업을 통하여 일이 진행된다. 기업에서 혼자서 일을 하는 경우는 없다. 상하 간에 수평적으로 협력과 협업으로 이루어진다. 협업에는 팀워크가 중요하다. 서로 돕고 협력하는 것이 가장 좋은 수단이다. 왜냐하면 사람의 감정 요소가 배제되어 목적 중심으로 협력이 가능해지기 때문이다.

넷째, 언제/어디서든 업무를 할 수 있다.

이제는 출퇴근의 개념이 달라져야 한다. 출퇴근하면서 발생하는 시간 낭비를 없앨 수 있다. 회의 때문에 빼앗긴 시간을 활용할 수 있다. 기존 구조의 사무실이 꼭 필요하지 않다. 연결만 할 수 있는 환경이라면 물리적인 공간의 제약에서 벗어나 일을 할 수 있다.

4차 산업혁명의 꽃이 피어오르고 있다. 서둘러 준비해야 한다. 남들이 달리고 있기 때문에 가만히 있으면 그만큼 경쟁력에서 뒤처지는 것이다.

"Right Now!" "지금 당장!" 시작해야 한다.

제조원가 경쟁력의 시대는 끝났다. 제품만으로는 경쟁하기 어렵다. 기술의 보편화로 경쟁사도 우리가 만드는 제품을 유사하게 만들어 낸다. 생산과 제품은 서비스 기능이다. 제품은 품질이 좋아야 팔린다. 제품에서 하자가 있다면 사업을 포기해야 한다. 고객은 즉시 선택을 바꿀 수 있다. 품질과 납기에 선택의 여지가 없다. 무조건 맞추어야 한다. 남은 건 유일하게 코스트이다.

코스트 경쟁력은 유일하게 비용 경쟁력이다. 비용 경쟁력은 일하는 방식의 혁신에서 만들어진다. 일하는 방식을 어떻게 바꿀 것인가? 온택트(ONTACT) 방식으로 전환해야 한다. 온택트가 이루어지려면 디지털 전환이 필요하다. 모든 업무를 디지털화할 필요는 없다. 전략과 연동하여 프로세스와 직무분석이 필요한 이유이다.

산업 현장에서 지금도 혁신 활동을 업으로 하면서 스마트 업무가 스마트 공장보다 먼저 가야 할 주제임을 뼈저리게 느끼고 있다. 이제 선택은 여러분들의 몫이다.

"아들아! 오랜만에 너와 긴 이야기를 나누는 기회가 아이러니하게도 코로나19

때문이었다는 사실을 기뻐해야 할지 슬퍼해야 할지 모르겠구나."

내 이야기를 듣고 빙긋이 웃음 지으며 아들은 아무 말도 하지 않았다. 외국이라는 거리적인 제약도 있었지만 서로 바쁘다는 이유로 서로에게 무심했던 사실에 아버지로서 미안한 마음이 든다.

한동안 말없이 깊은 생각에 빠져 있던 아들이 말을 꺼냈다.

"외국에 있다는 이유로 연락을 자주 드리지 못하는 게 당연하다고 저를 합리화했던 것 같아요. 지금 코로나19로 인해 자유로이 만남을 갖지 못하는데도 비즈니스는 이루어지고 있는 걸 보면 모든 일은 자기가 하려는 일을 꼭 하겠다는 마음가짐에 달려 있는 것 같아요."

"아버지 말씀 중에, 똑같은 어려운 환경을 맞이하지만 누구에겐 기회이고 누구에겐 위협이라는 이야기가 제 가슴을 강하게 울렸습니다. 코로나19가 발생하기 전 세상이 얼마나 우리에게 많은 기회를 주고 있었는지 몰랐다는 사실에 부끄럽기까지 합니다."

"그래! 그런 깨우침이 생겼다니 아버지는 너무 기쁘고 너에게도 고마움을 느낀다."

"고맙다. 아들아!"

오랜만에 두툼해진 아들의 손을 잡으며 생각했다.

'코로나19를 화두로 이야기 꺼내기를 잘 했구나.'

우리 기성세대보다는 편안하고 안전한 세상을 살아온 젊은 세대들을 보면서 물가에 내놓은 아이들처럼 항상 마음이 놓이지 않았던 게 사실이다. 그러나 아들과 이야기를 나누면서 그런 걱정이 줄어들었다. 그들도 똑같이 염려하고 있으며 한 번도 경험하지 못한 어려움이지만 슬기롭게 뚫고 나가고 있다는 생각이 들었기 때문이다.

코로나19가 아들과 나와의 대화를 시작하게 하여 서로의 마음을 알게 된 것처럼 위기의 대한민국 중소 제조기업도 코로나19로 새로운 기회를 맞이하고 있다는 사실을 알게 되기를 바랄 뿐이다.

## '제조업의 O4O 비즈니스 모델 구축 방법'의 의미란?

제조업의 O4O 비즈니스 모델 구축의 궁극적 목적은 간접 업무의 정확도와 스피드를 향상시켜 업무의 생산성과 리드 타임을 축소하는 것이다. 그런데 이것을 구축하려면 전제 조건이 있다. 업무를 표준화해야 한다. 표준화는 암묵지로 된 업무를 형식지로 바꾸는 일과 기준과 원칙 없이 각자의 스타일대로 일하는 것을 표준화하는 일이다. 표준화가 이뤄지면 코드화를 하여 코드화된 업무를 일정한 규칙으로 축적한다. 정보는 축적되고 검색 가능하게 되어 재활용과 재사용이 가능하게 된다. 이런 상태의 정보를 데이터베이스라고 하며, 데이터베이스를 디지털화하는 것을 디지털 트랜스포메이션이라고 한다.

업무가 디지털화되면 온라인 상태에서 언제든, 어디서든 접속이 가능하고 시공간을 초월하여 일을 할 수 있게 된다. 회사 안에서 업무를 하던 밖에서 일하던 장소와 관계없이 일을 할 수 있는 구조가 되는 것이다.

직접 업무는 간접 업무의 지시를 받게 되어 있다. 현물이 움직이고 기계가 가동되는 것은 직접 업무이지만 가동되도록 지시를 하는 것은 간접 업무이다. 간접 업무의 정확도는 직접 부분의 낭비를 줄이는 효과가 있으며 간접 부문의 업무의 속도는 직접 부문의 리드 타임을 줄이는 효과가 있기에 단납기 대응과 다품종 대응력이 향상되는 것이다. 이제부터 제조업이 해야 할 일은 간접 부문의 효율과 생산성을 높이는 일이다. ERP나 MES를 통하여 이뤄진 일은 프로세스상의 데이터 공유와 활용에는 도움이 되지만 상하 및 수평적 조직 간의 소통과 협업에는 기여하지 못했다.

이제는 ERP 안에 있는 데이터를 소통의 수단으로 빠른 의사 결정의 수단으로 시공간을 초월하여 활용할 수 있어야 진정한 경쟁력이 생긴다는 의미이다. ONTACT 시스템이 되어야 한다. 제조업의 O4O 구조는 ONTACT 시스템이 만들어 준다.

# 코로나 이후 제조업이 나아가야 할 방향

책을 쓰기 시작해서 출판사에 원고를 넘기는 순간까지 코로나19는 숨 쉴 틈 없이 우릴 옥죄고 있다. 나라별로 4차 대유행의 예고는 연일 매스컴의 헤드라인을 장식하고, 특히 인도의 하루 35만명 이상의 환자 발생은 미국 대통령까지 나서서 인도 백신 공급에 대한 발표를 하는 사태까지 맞고 있다.

코로나19는 제조업의 선진국 진입의 역할을 자극하고 있다. 제조업이 한 번 더 변혁하면 확실히 대한민국은 선진국이 될 수 있다고 필자는 확신한다.

지금까지 제조업은 외형의 성장과 모방을 통하여 현재에 이르렀다. 저임금의 상황과 고학력의 효과, 그리고 근면 성실의 근무 자세로 만들어진 빠른 대응력과 판단력이 오늘의 대한민국을 만들어 주었다. 우리의 성장 동력이다. 그런데 이러한 성장 동력의 힘을 잃게 한 것이 코로나19이다.

국가 간의 봉쇄 조치는 빠른 경쟁력이 갖는 의미를 상실하게 했다. 저성장과 경제의 중단 현상은 저임금도 의미를 잃게 했다. 비대면의 환경은 고학력의 지식과 판단력, 근면 성실을 무력하게 했다. 여기에 산업화 시대의 부작용인 적폐를 청산하는 사회적 분위기와 민주화 흐름에 맞는 분배 위주 정책은 제조업의 대변혁을 부추기고 있다. 4차 산업혁명의 기운이 사회 저변에서 제조업의 턱밑까지 다가왔다. 그러한 어려움을 이겨내기 위해 4차 산업혁명과 제조업과의 관계를 설명하기 위해 이 책을 썼다.

지금까지의 성장역량이 힘을 잃고 있으며 제조업의 본질 경쟁력인 품질, 납기, 원가 측면에서 품질과 납기는 당연한 준수 항목이 되었고 기술과 역량의 보편화로 기업 간 평준화가 이루어졌다. 중국 제품, 한국 제품, 일본 제품이 동등하다. 시장의 세분화를 통해 각 나라의 제품은 자신의 시장을 찾아 자신의 위치를 확보하고 있다. 이제 남은 유일한 경쟁력은 원가 경쟁력이다.

원가의 무한 경쟁시대가 열리고 있다. 다품종 소량 방식이 다품종 대량 방식으로 전환하면서 원가는 상식 이하로 내려가고 있다. 기존의 유통 체계가 붕괴되어 오프라인이 온라인으로 바뀌면서 고객들은 선주문, 핫딜 방식으로 무한대 원가 인하를 요구하고 있다. 수주 방식 또한 제품을 계획 생산할 수 있어야 생존한다. 무재고 생산방식의 리스크를 깨고 재고를 생산하되 악성 재고를 ZERO화 할 수 있어야 생존한다. 신상품 및 신제품의 개발 기간을 과거 대비 50~70% 단축해야 생존할 수 있다. 사양의 미확정과 생산을 동시에 추진하되 리스크가 없도록 관리할 수 있어야 생존할 수 있다. 주 52시간의 근무시간을 준수하되 24시간 일을 시킬 수 있어야 생존할 수 있다. 인건비를 높여 경쟁사보다 더 높은 임금을 보장하고 인건비율이 경쟁사보다 낮아야 생존할 수 있다. 조직으로 일하던 과거의 패턴에서 조직의 리더십이 없어도 일이 진행될 수 있는 구조가 되어야 생존할 수 있다. 상상을 초월하는 변화를 생각하도록 코로나는 우리들을 자극하고 있다. 이러한 생산방식을 필자는 O4O 생산방식이라고 규정했다.

제조원가 경쟁력은 이미 바닥이다. 더 이상 내려갈 수 없는 단계까지 내려갔다. 남은 원가의 사각지대는 비용 부문이다. 환경 대응 비용이다. 직접비 경쟁력에서 간접비 경쟁시대로 변화하고 있다. 직접비만으로 판매한다면 경쟁력이 어찌되겠는가? 간접비 ZERO에 도전하는 시대가 되고 있다. 간접부문의 생산성이 최대의 관심이 되고 있다. 다양성을 증대하면서 고효율 생산이 가능한 모순 속의 질서를 찾는 지혜로 경쟁력을 만드는 시대가 4차 산업혁명의 요구이다.

공장은 스마트 공장이 되어야 하고, 사무실은 스마트 관리가 되어야 하며, 개인은 스마트 워크를 할 수 있어야 한다. 스마트 공장은 자본과 기술로 구현하는 것이며 스마트 관리는 지혜와 지식으로 구현할 수 있고 스마트 워크는 SKILL 습득으로 구현할 수 있다.

이제부터 제조업의 경쟁력은 위에 설명한 3가지 스마트화 구현 속도이다. 프로세스를 통해 일할 수 있는 구조가 되면 작은 조직으로 운영이 가능해진다. 데이터베이스가 만들어지면 많은 경험과 지식이 없어도 높은 기술과 고경력자의 일이 가능해진다. 축적된 데이터베이스가 BIG DATA가 되고 AI가 이것을 해석·분석해 준다면 통찰력과 고급 정보력이 없이도 미래 예측이 가능해진다.

사람은 주 52시간 이상 일을 시킬 수 없지만 디지털 사원은 24시간 일을 시킬 수 있다. 노동강도가 문제가 되지 않는다. 3D 업종에서 사람 구하기 힘든 상황은 이제 고민

할 필요가 없어진다. 로봇이 대신할 수 있기 때문이다. 회사를 홍보하고 영업하기 위해 영업사원의 출장이 의미를 잃어가고 있다. 얼마든지 회사 소개, 제품 소개가 가능한 플랫폼이 있다. 플랫폼 경영을 시작해야 한다.

지금까지 일하던 방식과 생각을 리셋하고 다시 그림을 그려야 한다. O4O 비즈니스 방식으로 다시 그려야 한다. 먼 이야기가 아닌 2~3년 이후의 일이다. 발등에 불이 떨어진 상태이다. 코로나19가 이러한 것을 앞당기도록 요구하고 있다. 이제 어찌할 것인가? 질문한다!

대한민국 중소기업 종사자, 관리자, 임원, CEO 여러분! "Right Now!"이다.

2021년 4월
ACCS 미래의 방에서 경영컨설턴트 이한희 & 김우찬

## 문의 및 접속 방법

1. ACCS 이한희 대표 개인 홈페이지
   https://hhlee3131.modoo.at

2. ACCS 카페 – 이반장의 열린 공장 / 혁신자료 창고
   https://cafe.naver.com/comapanyinnovation

# 좋은 책을 만드는 길
# 독자님과 함께하겠습니다.

## 코로나 이후 제조업의 대전환

| | |
|---|---|
| 초 판 발 행 | 2021년 5월 6일 (인쇄 2021년 4월 30일) |
| 발 행 인 | 박영일 |
| 책 임 편 집 | 이해욱 |
| 저 자 | 이한희, 김우찬 |
| 편 집 진 행 | 김준일 · 김은영 · 이보영 |
| 표지디자인 | 안병용 |
| 편집디자인 | 양혜련 · 채현주 |
| 발 행 처 | (주)시대인 |
| 공 급 처 | (주)시대고시기획 |
| 출 판 등 록 | 제 10-1521호 |
| 주 소 | 서울시 마포구 큰우물로 75 [도화동 538 성지 B/D] 9F |
| 전 화 | 1600-3600 |
| 팩 스 | 02-701-8823 |
| 홈 페 이 지 | www.edusd.co.kr |
| I S B N | 979-11-254-9761-5 (93320) |
| 정 가 | 16,000원 |